바이브 코딩 with

구글 안티그래비티

바이브 코딩
with 구글 안티그래비티

ISBN 978-89-314-8318-5

독자님의 의견을 받습니다.

이 책을 구입한 독자님은 영진닷컴의 가장 중요한 비평가이자 조언가입니다. 저희 책의 장점과 문제점이 무엇인지, 어떤 책이 출판되기를 바라는지, 책을 더욱 알차게 꾸밀 수 있는 아이디어가 있으면 팩스나 이메일, 또는 우편으로 연락주시기 바랍니다. 의견을 주실 때에는 책 제목 및 독자님의 성함과 연락처(전화번호나 이메일)를 꼭 남겨 주시기 바랍니다. 독자님의 의견에 대해 바로 답변을 드리고, 또 독자님의 의견을 다음 책에 충분히 반영하도록 늘 노력하겠습니다.

주 소 : (우)08512 서울특별시 금천구 디지털로9길 32 갑을그레이트밸리 B동 10층

이메일 : support@youngjin.com

※ 파본이나 잘못된 도서는 구입처에서 교환 및 환불해드립니다.

STAFF

저자 노성환 | **총괄** 김태경 | **진행** 박소정 | **디자인·편집** 김효정

영업 박준용, 임용수, 김도현, 이윤철 | **마케팅** 이승희, 김근주, 조민영, 김민지, 김진희, 이현아

제작 황장협 | **인쇄** 제이엠

코드 한 줄 몰라도
내 손으로 만드는 12가지 웹/앱 서비스

바이브 코딩 with

구글 안티그래비티

노성환 저

YoungJin.com Y.
영진닷컴

누구나 위대한 개발자가 될 수 있다

지금(필자가 글을 쓰는 2025년 기준)은 바야흐로 AI로 인한 대격변의 시대이다.

대학교 학부생부터 포함하면 소프트웨어 개발 경력이 20년 가까이 되는 필자에게도 생성형 AI의 등장은 결코 가볍지 않은 변화였다. 소프트웨어 개발의 역사는 2022년 챗GPT^{ChatGPT}가 대중에게 알려지기 이전과 이후로 나뉜다고 해도 과언이 아니다. 마치 서양 역사에서 예수님이 태어나기 전과 이후를 기념하기 위해서 연도를 BC, AD로 구분하듯, IT 산업에서는 2022년은 그만큼의 무게를 가진 분기점으로 기억될 것이다.

생성형 AI를 이용한 소프트웨어 개발의 부상은 각자의 위치에 따라 전혀 다른 의미로 다가온다. 소프트웨어 개발 역량으로 먹고 살아왔던 개발자들에게는 자신의 밥그릇이 순식간에 뺏길지도 모른다는 불안감으로, 반대로 높은 인건비와 고고한 소프트웨어 엔지니어들을 감당하기 버거웠던 기업의 경영자들에게는 드디어 엔지니어들을 없앨 기회인가라는 절호의 기회로 읽힐 수 있다. 같은 현상을 두고 누군가는 위기를, 누군가는 돌파구를 보는 것이다.

그러나 이 변화가 가져오는 가장 큰 의미는 어쩌면 개발 업계 바깥에 있을지도 모른다. 그동안 개발에 관심은 있었지만 높은 진입 장벽 앞에 망설였던 사람들, 개발 공부를 시작했다가 어느 순간 자신의 두뇌에 한계를 느끼고 포기했던 사람들, 바쁜 일상 속에서 꾸준히 배울 여유를 갖지 못했던 사람들에게 생성형 AI는 지금까지와는 다른 새로운 가능성의 문을 열어 주고 있다.

생성형 AI들은 세상에서 가장 친절하고 상냥하며 똑똑한 프로그래밍 동반자다. 또 조금만 잘 다룰 줄 알면 코딩 천재 부하직원이자, 연봉 10억 이상의 뛰어난 설계 수준을 가진 시스템 아키텍처이자, 어떤 질문에도 막힘없이 척척 답하는 만물박사이다. 생성형 AI를 잘 이용하는 방법만 터득하면, 이제는 누구나 소프트웨어 개발을 할 수 있다.

오픈AI^{OpenAI} CEO인 샘 올트먼은 이런 얘기를 했다.

"AI를 잘 다루는 1인이 거대기업과 경쟁하는 시대가 곧 온다."

거대 AI 기업의 CEO가 그런 비전을 가지고 있다는 것은 향후 AI들이 그런 일이 가능하도록 더 발전할 것을 의미한다. 그렇기 때문에 지금 이 시점에서 모든 사람이 관심을 가지고 자신의 커리어와 능력을 향상시키기 위해서 필수로 가져가야 하는 교육 주제는 '얼마나 AI를 잘 다룰 수 있는가'이다.

필자가 이 책을 쓰는 이유는 단순히 돈을 벌기 위해서가 아니다. 바로 지금 이 시점에서 모든 사람에게 가장 중요한 기초 교육이 바로 AI를 잘 활용하는 방법이고, 그중에서 가장 빠르게 발전하고 있고 가장 잘 적용되고 있는 분야 중에 하나가 AI를 이용한 소프트웨어 개발이다.

그래서 필자는 그동안 살면서 배운 다양한 소프트웨어 개발과 컴퓨터 공학 지식, AI를 활용한 개발 방법을 최대한 쉽고 이해하기 편하게 설명하여 누구나 쉽게 바이브 코딩을 하면서 개발자가 될 수 있도록 가르치려고 이 책을 집필했다.

이 책은 컴퓨터 공학을 전공하거나 이미 현업에서 개발자로 일하고 있는 사람들을 위한 도서가 아니다. 그런 사람들이 이 책을 보면 설명이 부족하다거나 너무 요약되어 있다고 느낄 수도 있다.

이 책의 대상 독자는 이전에 소프트웨어 개발이나 프로그래밍에 대한 호기심이 있거나 조금 배워서 얕은 지식을 가지고 있거나 본인 스스로 소프트웨어를 만들어서 창업을 하고 싶거나 은퇴할 나이가 다 되어서 새로운 기술을 배우고 싶은 사람들이다. 그런 사람들은 이 책을 바탕으로 한 달 정도만 열심히 공부해 보길 바란다. 그러면 당신은 충분히 훌륭한 소프트웨어 개발자가 될 수 있는 기본은 갖출 수 있다고 확신한다.

혹시 모르잖는가? 이 책을 통해 AI로 소프트웨어 개발하는 방법을 배운 당신이 미래에 1인으로 거대기업과 경쟁하는 1인 유니콘 기업가가 될 수도…

2025년 11월 9일

저자 노성환

이 책은 코드 한 줄 몰라도 시작할 수 있습니다.

AI 활용 능력을 길러 스펙업을 하고 싶은 직장인/구직자, 나만의 아이디어를 직접 구현하고 싶은 기획자/창업자, 나만의 서비스를 만들고 싶은 사람이라면 누구든 좋습니다.

이 책은 AI 기반 개발 도구인 구글 안티그래비티Google Antigravity를 이용하여 만들고 싶은 서비스를 스스로 개발하는 방법을 알려드립니다. AI와 대화하며 몸으로 익히는 개발 '바이브 코딩'을 경험하게 될 것입니다.

바이브 코딩의 핵심은 '흐름'입니다. 코드를 따라쳐야 한다거나 정해진 프롬프트를 입력해야 하는 것이 아니라, 대화 흐름을 따라가며 AI와 함께 방법을 찾아가는 것입니다. 그렇기에 정답이 없으며 개발 경험이 없어도 시작할 수 있습니다.

이 책은 단계별로 서비스를 만듭니다.

1단계 혼자서 사용하는 단일 프로그램

간단한 웹 사이트나 모바일 앱을 개발하면서 바이브 코딩의 개발 흐름을 익힙니다.

✦ 자기 소개 페이지, 컴퓨터와 대결하는 땅따먹기 게임, 귀금속 실시간 가격 조회 사이트, 복합 타이머 앱

2단계 네트워크를 이용하는 프로그램

네트워크를 이용하여 여러 사용자가 모여 소통하거나 콘텐츠를 업로드하는 프로그램을 만듭니다.

✦ 1:1 실시간 채팅 사이트, 친구와 즐기는 포커 게임, 관심 있는 뉴스 자동 수집 사이트, 나만의 공유 드라이브

3단계 실제로 상용화되는 서비스

네트워크 프로그램에서 한발 더 나아가, 사용자끼리 혹은 관리자와 사용자가 소통하고 다양한 정보가 오가는 복잡한 서비스를 핵심 기능만 담아 구현합니다.

✦ 간단한 SNS, 회원 관리 앱, 1인 쇼핑몰, AI를 활용한 영어 학습 서비스

이 책과 함께 서비스를 만들고 나면 나만의 아이디어를 가지고 서비스를 확장해 볼 수 있을 것입니다.

실습 환경

- 구글 안티그래비티를 이용한 바이브 코딩은 인터넷이 연결된 환경이어야 가능하며 크롬 브라우저를 사용하기를 권장합니다.
- 바이브 코딩에는 제미나이 같은 생성형 AI 서비스를 사용하며, 이 서비스는 무료 버전을 이용해도 실습할 수 있습니다.
- 이 책은 Windows 사용자를 기준으로 설명하지만 MacOS 사용자도 충분히 따라갈 수 있습니다.

실습 파일 제공

이 책의 실습 자료는 다음 링크를 통해 제공합니다. 학습에 참고하시되 학습 후에는 이 파일을 활용하여 나만의 서비스를 만들어 보시기를 권장합니다.

실습 자료 링크

 https://myspace-drive-34309.web.app/

영상 제공

이 책과 함께 참고하면 좋을 바이브 코딩 교육 영상을 제공합니다.

유튜브 채널 링크

 https://www.youtube.com/@nobodyvibe

3장 바이브 코딩 무작정 시작하기

3-1. 자기 소개 페이지 만들기

3-2. 컴퓨터와 대결하는 땅따먹기 게임 만들기

3-3. 귀금속 실시간 가격 조회 사이트 만들기

3-4. 복합 타이머 앱 만들기

## 1장

바이브 코딩
이해하기

이 장에서 다루는 것

✦ 바이브 코딩의 이해

느낌적인 코딩, 바이브 코딩은 무엇이고 어떻게 사용해야 바람직한지, 전통적인 개발과 비교했을 때 어떤 차이가 있는지 알아본다.

✦ 바이브 코딩을 왜 배워야 하는지

바이브 코딩을 배우는 것은 어떤 의미를 가질까? 왜 지금 바이브 코딩을 배워야 하는지 그 이유를 4가지로 나누어 알아본다.

✦ 바이브 코딩을 어떻게 하는지

바이브 코딩은 AI를 '도구'로 쓰는 것이 아니라 '파트너'로 활용하며, 바이브 코딩에 사용하는 주요 도구와 AI 모델은 사용자가 자유롭게 고를 수 있다. 어떤 것들이 있는지 알아본다.

✦ 소프트웨어 개발의 미래

AI로 인해 변화하는 소프트웨어 개발의 미래. 개발자의 역할이 변하고, 코딩이 기초 교양이 되는 세상은 어떠할지 간략히 그려본다.

1-1 바이브 코딩은 무엇이고 왜 지금 배워야 하나?

1 바이브 코딩이란?

바이브 코딩Vibe Coding의 바이브는 영어로 Vibe이고 '느낌'이라는 뜻을 가졌다. '~하고 싶은 기분(느낌)이다'라는 표현으로 쓴다. I'm in the vibe for a drink. (나는 지금 술 한잔하고 싶은 기분이야)' 이런 식으로 말이다. 그래서 바이브 코딩을 직역하면 느낌적인 코딩이다. 즉, **문법이 아니라 감각과 흐름을 배우는 코딩**이 바이브 코딩이다.

이 책에서 말하는 바이브 코딩은 다음과 같이 정의할 수 있다.

> "생성형 AI를 도구로 활용하면서 문법 암기보다는
> 프로그램의 흐름, 구조 설계, 문제 해결에 집중하는 코딩 학습 방식"

'이 코드는 정확한가', '이 문법이 최신 문법이고 좋은 코드인가' 같은 디테일하고 세부적인 내용에 집중하는 것이 아니다. 다음의 예처럼 **프로그램 전반적인 맥락이나 흐름을 이해하면서 완성해 가는 것**이 바이브 코딩이다.

> "이 프로그램의 이 부분은 어떤 흐름으로 되어 있나?
> 이 프로그램을 누구에게 어떤 기능들을 제공해야 하나?
> 이런 문제가 발생했는데 어떻게 해결해야 되나?"

비유를 하자면 울창한 숲을 만들 때 나뭇잎 하나하나를 검사하면서 나무 한 그루씩 소중히 심으면서 만드는 것이 아니라 일단 대강 전체적인 구도를 생각하고 나서 숲 전체가 조화롭게 되어 있는지, 숲이 주는 느낌은 어떤 건지 전체를 살피면서 나무 심는 것은 하인에게 시키는 느낌이다.

▲ AI로 생성함

바이브 코딩에서 중요한 것은 언어의 세부 문법을 외우고 따라서 타이핑하면서 익히는 것이 아니라 구조와 흐름을 느끼는 감각이다.

그래서 바이브 코딩은 기존의 코딩과 다르게 펀Fun하고 쿨Cool하고 섹시Sexy해야 한다.

머리 아프게 억지로 공부할 필요 없이 마치 게임을 즐기듯이 다양한 프로그램을 바이브 코딩으로 개발하다 보면 프로그램을 개발하는 데 필요한 지식들과 경험을 자연스럽게 습득할 수 있다.

그렇게 어느 정도의 경지에 오르면 프로그래밍 언어가 바뀌어도 빠르게 적응할 수 있고, AI가 생성해 준 코드도 '그냥 돌려보는 수준'이 아니라 점검하고 수정하면서 점점 더 고수준의 프로그램을 개발할 수 있게 된다.

그럼 바이브 코딩은 언제부터 시작되었을까?

2 생성형 AI 이후 코딩의 규칙이 바뀌었다

과거에는 코딩을 배운다는 것은 곧 프로그래밍 언어의 문법을 외우는 것과 거의 같은 의미였다. 세미콜론을 빼먹으면 에러가 나고, 괄호 위치를 하나만 틀려도 프로그램이 실행되지 않다 보니 코딩은 '실수하면 바로 혼나는 과목'처럼 느껴지기 쉬웠다.

그래서 프로그래밍을 하는 개발자들은 굉장히 똑똑한 사람들이라는 인식이 있었다. 무표정한 얼굴과 차가운 말투, 다양한 프로그래밍 언어의 문법을 모두 알고 있으면서 수십, 수백만 줄Line의 암호와 같은 코드를 해석하여 이해하고, 거기에 추가로 복잡한 논리와 수학공식들을 자유자재로 다루면서 새로운 코드들을 창조하는 엄청난 능력의 보유자라고 말이다.

그러나 생성형 AI, 특히 코드를 이해하고 생성하는 AI가 등장하면서 상황이 크게 달라졌다. 챗GPT가 처음 공개된 2022년에 사람들의 말을 잘 알아듣는 생성형 AI가 당시에는 이렇게 빨리, 그리고 이렇게 완벽하게 소프트웨어 개발 업무를 대체할 것이라 예상한 사람은 적었을 것이다. 당시만 해도 대다수는 그냥 챗GPT처럼 생성형 AI는 사람들의 질문에 응답을 해주는 챗봇인 줄 알았다. 하지만 생성형 AI의 정말 놀라운 점은 AI가 인터넷을 통해 학습한 데이터를 바탕으로 사람이 생성하던 많은 컨텐츠들을 사람보다 더 잘 생성한다는 것이었다.

그중에 가장 빠르게 생성 가능한 것이 프로그래밍 언어, 즉 코딩이었다. 왜냐하면 모든 프로그래밍 언어는 인터넷에 사용법과 많은 참고용 코드, 그리고 전 세계 개발자들이 공유한 많은 시행착오의 내용이 인터넷에 다 있었기 때문이다. 그렇기 때문에 AI는 인터넷에 넘쳐나는 프로그래밍 지식을 바탕으로 단숨에 모든 프로그래밍 언어의 마스터가 된 것이다.

예를 들어 개발자들이 인터넷을 통해 검색해야 했던 복잡한 알고리즘을 "이 부분에서 어떤 알고리즘을 사용하는 코드를 작성해 줘"라고 사람에게 대화하듯 요청하면, 프로그래밍 언어에 맞춰서 AI가 알아서 코드를 생성한다.

> "이 변화는 단순히 편리함의 문제가 아니다.
> '코딩을 배운다'는 말의 의미 자체가 바뀌고 있다."

이전에는 프로그래밍에서 문법을 외우고 사용법을 정확히 이해하는 것은 기본이었고 다양한 알고리즘 사용법, 좋은 코드 만드는 법, 다양한 프레임워크 사용법 등을 엄청나게 공부하여 숙지해야 하는 것이 많았다. 그러나 이제는 AI를 포함한 도구들을 이용해 문제를 정의하고, 구조를 설계하고, 결과를 검증하는 능력이 더 중요해지고 있다.

더 이상 머리 좋고 암기 잘하고 논리력 만렙인 사람들만 프로그래밍을 하는 것이 아니라 이제는 누구나 AI를 잘 다루는 법만 알면 프로그래밍을 할 수 있게 된 것이다.

구분	전통적 개발	바이브 코딩
개발 주체	개발자가 모든 코드를 직접 작성	AI가 코드를 생성, 개발자는 검증 · 수정요청
핵심 능력	문법 이해, 알고리즘 구현	문제 정의, 기능 기획, 검증
작업 속도	느림 — 설계 · 작성 · 테스트 단계 분리	빠름 — 설계와 구현이 실시간으로 통합
에러 처리	수동 디버깅, 로그 분석	AI가 오류 원인 제시 및 수정 제안
협업 방식	문서 중심, 단계적 리뷰	AI와 대화형 피드백 중심
학습 경로	언어 · 프레임워크 문법 암기 및 학습	개념 · 패턴 중심 감각적 학습

3 지금 바이브 코딩을 배워야 하는 이유

그렇다면 왜 '지금' 바이브 코딩을 배워야 할까? 몇 가지 이유를 논리적으로 정리해 보자.

첫 번째, 코딩의 진입 장벽이 가장 낮아진 시점이기 때문이다.

예전에는 코딩을 배우려면 개발 환경을 직접 설치하고, 책이나 강의를 보며 문법을 하나씩 외우고, 에러 메시지를 혼자 해석하며 긴 시간을 보내야 했다. 이제는 AI가 예시 코드, 오류 해결, 리팩토링까지 도와준다. 그리고 궁금한 게 있으면 바로바로 전문적인 지식을 바탕으로 아주 친절하게 설명해준다. 즉, 처음 시작하기 가장 쉬운 시대가 바로 지금이다. 진입 장벽이 낮아졌을 때 먼저 들어간 사람이, 나중에 들어오는 사람보다 훨씬 여유 있게 다음 단계를 준비할 수 있다.

두 번째, 'AI를 쓸 줄 아는 사람'과 '그냥 소비만 하는 사람'의 격차가 커지기 때문이다.

모두가 AI를 쓴다고 해서, 모두가 같은 수준으로 활용하는 것은 아니다. 어떤 사람은 AI를 검색 엔진처럼만 쓰고, 어떤 사람은 AI를 이용해 반복 업무를 자동화하고, 자신만의 시스템을 만들고 새로운 콘텐츠를 만들어서 판매한다.

이 차이를 만드는 핵심 요소가 바로 얼마나 AI를 잘 다룰 줄 아느냐이다. AI를 단순히 '궁금한 것을 찾아주는 존재'가 아니라 함께 일할 수 있는 도구로 쓰려면 바이브 코딩을 통해서 AI와 어떻게 소통하는지를 배우고 활용하는지를 많은 시간을 들여서 경험해 보아야 한다.

세 번째, 앞으로의 일자리는 'AI와 함께 일할 수 있는 사람'을 요구하기 때문이다.

많은 직업에서 '코드를 직접 짜는 사람'의 수요는 줄어들 수 있다. 그렇지만 AI를 활용해 서비스를 기획하고, AI를 활용하여 데이터 흐름과 사용자를 분석하고, AI를 활용하여 테스트하는 사람에 대한 수요는 갈수록 커질 수밖에 없다.

AI를 자유자재로 다루는 사람은 지금도 유망하지만 앞으로는 혼자서 할 수 있는 능력이 더욱 다양화되고 고도화되면 그때는 1인으로 거대한 기업의 업무를 혼자서 다 해결하는 능력자가 될수도 있다. 마치 영화 〈아이언맨〉의 토니 스타크가 혼자서 AI와 함께 다양한 아이언맨을 개발하는 것처럼 말이다.

네 번째, 바이브 코딩에서 AI의 능력이 급속도로 발전하고 있기 때문이다.

AI를 이용한 코딩이 개발자들 사이에 점점 알려지기 시작한 게 고작 1~2년 정도지만 이제는 AI를 이용하지 않는 개발자는 퇴물 정도로 여겨지기 시작했다. 그리고 AI로 가능한 업무들도 매년 점차 더 범위가 넓어지고 정교해지고 있다. 사람의 영역으로만 생각했던 UI/UX 설계, 디자인 등도 생성형 AI들이 해내기 시작하고 있고 테스트 자동화, 배포 자동화 등도 AI가 해주고 있다.

이렇게 급변하고 발전하는 기술 속에서 바이브 코딩을 통해 AI로 할 수 있는 일들을 체험해 본 사람과 그렇지 못한 사람은 앞으로 더 새로운 기술들이 나올 때 뭐든지 쉽고 빠르게 적용할 수 사람과 점점 더 적응하기 어려운 사람으로 격차가 더 벌어지게 된다.

그렇기 때문에 바이브 코딩을 통해서 AI 활용 방법에 대한 기초 체력을 길러 준다. 처음부터 완벽한 개발자가 되지 않아도, AI와 협업할 수 있는 수준의 개발 감각을 가진 사람이 되는 것이 이 책의 목표이다.

따라서 이 책은 개발자가 되기 위한 자격증 교과서가 아니라 'AI 시대에 코딩을 이해하고 활용할 수 있는 사람으로 성장하기 위한 기초 교과서'이다.

지금 이 시점에 바이브 코딩을 배우는 것은 단순히 하나의 기술을 익히는 것이 아니라, AI와 함께 일하는 시대에 필요한 새로운 문해력을 갖추는 일이다. 이 장을 다 읽은 시점에서 독자는 'AI와 함께라면 뭐든지 할 수 있을 거 같다'라는 자신감을 갖게 되는 것이 목표이다.

1-2 바이브 코딩은 어떻게 하나?

1 AI를 '도구'가 아니라 '개발 파트너'로 활용한다

과거에는 사람이 코드를 직접 설계하고 작성했으며 Visual Studio, Eclipse, IntelliJ 등의 IDE^{통합개}는 단순히 코드를 관리하는 편집기 역할에 머물렀다. 하지만 바이브 코딩에서는 AI가 기획, 설계안을 다듬어 주고, 실시간으로 코드를 제안하고, 오류를 수정하고, 설명까지 제공한다. 개발자는 AI가 제대로 일을 수행했는지 감시하고 결과를 보면서 자신이 기획한 방향과 내용대로 진행되고 있는지를 검사한다. 즉, 개발의 주도권과 책임은 여전히 사람이 가지고 있지만 실제적인 일에 해당하는 대부분의 업무는 AI에게 위임하여 처리한다.

이 방식은 마치 개발팀장이 스스로 코딩은 하지 않지만 여러 명의 개발팀원들에게 업무를 정확히 지시하고 문제가 생기면 같이 해결 방법을 고민하여 솔루션을 제시하고 개발이 목표에 맞게 진행되고 있는지 수시로 확인하면서 제대로 된 방향을 제시하는 그런 역할과 같은 것이다.

2 바이브 코딩을 실현하는 주요 도구와 모델

코드 생성형 AI 모델

- GPT

오픈AI^{OpenAI}가 개발한 대표적 대규모 언어 모델^{LLM} 시리즈로, 자연어 이해·코드 생성·멀티모달 처리 전반에서 업계 표준으로 평가된다. GPT-4, GPT-5는 복잡한 문제 해결·논리 추론·코딩 지원·데이터 분석 등 다양한 작업에서 높은 정확도를 보이며, 생태계(플러그인, API, 에이전트 기능)가 매우 풍부하다.

- 제미나이^{Gemini}

구글^{Google}이 개발한 범용 멀티모달 AI 모델로, 텍스트·이미지·코드 이해 능력이 균형 있게 뛰어나다. 구글 제품군(워크스페이스, 안드로이드, 크롬)과의 연동 강점이 있다.

- 클로드^{Claude}

앤스로픽^{Anthropic}이 개발한 AI 모델로, '안전성'과 '심층 추론'에 강점을 둔다. 문맥을 길게 유지하는 능력이 우수하여 장문 분석, 요약, 문서 작업에서 활용도가 높다.

AI 기반 개발 도구

- 안티그래비티^{Antigravity}

2025년 구글에서 출시한 AI 기반 소프트웨어 개발 플랫폼이다. 복잡한 프로그래밍 과정을 AI 에이전트^{AI Agent}를 이용하여 계획, 코딩, 웹 검색, 실행 등의 개발 과정을 획기적으로 단순화하는 도구이다. 이 책에서 바이브 코딩을 할 때 이 도구을 이용한다.

- 커서^{Cursor}

코드 편집기 기반의 AI 개발 환경으로, 프로젝트 전체 구조를 분석해 수정해야 할 파일을 자동으로 찾아 변경해 준다. 프롬프트로 요구사항을 전달하면 여러 파일에 걸친 리팩토링·버그 수정·기능 추가까지 일괄 처리할 수 있어 'AI 페어 프로그래머^{Pair programmer}'에 가까운 경험을 제공한다.

- 클로드 코드^{Claude Code}

앤스로픽의 클로드 모델을 기반으로 한 개발용 인터페이스. 긴 문맥 처리 능력을 활용해 대규모 코드베이스 분석, 문서화, 리팩터링^{refactoring} 가이드를 제공한다. 코드 리뷰와 구조 분석에서 특히 강점을 보인다.

이러한 도구들을 조합하면, 한 명의 개발자가 기획부터 프로토타입, 배포까지 전 과정을 'AI와의 대화'를 통해 완성할 수 있다.

1-3 AI가 바꿀 소프트웨어 개발의 미래

AI의 발전은 이미 소프트웨어 개발 산업을 송두리째 바꾸고 있다.

아마존Amazon 등 주요 기업들이 AI 중심 전략 전환을 이유로 대량 감원을 단행하고 있다. 예컨대 아마존은 약 14,000명 규모의 직원을 정리하면서 "AI 투자를 늘리고 관료체제를 축소하겠다"라고 밝혔다.

마이크로소프트는 약 20~30%의 코드가 이미 AI에 의해 작성되고 있다고 밝혔으며 향후 5년 이내 코드의 약 95%가 AI에 의해 생성될 것이라고 예측했다.

엔비디아의 CEO인 젠슨 황은 엔지니어 100%가 커서Cursor를 사용하여 개발한다고 밝혔다.

전체적으로 미국 테크 업계에서 2024년에는 약 95,667명 이상의 감원이 있었고, 2025년 들어서도 100,000명 이상이 이미 영향을 받고 있다는 추정이 나온다. 즉 전 세계의 IT와 소프트웨어를 주도하는 미국의 빅테크 기업들이 가장 빠르게 AI를 적극적으로 활용하고 있는 것이다.

이제는 과거의 소프트웨어 개발이라는 개념을 완전히 바꿔야 한다.

AI가 발전으로 바뀐 소프트웨어 개발 산업

- 아마존, 14,000명 직원 정리
  URL   https://www.nbcwashington.com/news/national-international/amazon-cuts-14000-corporate-jobs/4007636/?utm_source=chatgpt.com

- 마이크로소프트, 사내 코드의 20~30%는 AI로 생성됨
  URL   https://www.aipostkorea.com/news/articleView.html?idxno=7663

- 엔비디아, 엔지니어 전원이 AI를 활용해 개발
  URL   https://techstartups.com/2025/10/09/nvidias-ceo-endorses-cursor-100-of-our-engineers-now-code-with-ai/

- AI 도입으로 인한 미국 기업 감원
  URL   https://www.hankyung.com/article/2025110710111

개발자의 역할은 '코더'에서 '문제 해결사'로

앞으로 개발자는 더 이상 코드를 작성하는 코더^{Coder}가 아니다. 대신 문제를 정의하고, AI에게 명확한 목표를 제시하고, 그 결과를 검증하고 해결하는 '문제 해결사^{Problem Solver}'로 변화할 것이다.

AI는 이미 수십만 개의 오픈소스 코드와 수많은 사례를 학습해 사람보다 빠르고 정확하게 동작 코드를 생성할 수 있다. 그래서 이제 인간이 해야 할 일은 코드를 만드는 것이 아니라 '어떤 문제를 어떻게 해결할 것인가' 같은 근본적인 질문에 접근하고, 그 질문을 해결하기 위해 소프트웨어 개발이 필요하면 AI에게 의뢰하거나 AI와 함께 개발하는 방향으로 바뀐다.

아직까지 AI가 스스로 문제를 발견하고 해결하려는 능동적인 태도는 배우지 않았다. 그렇기 때문에 아직은 사람만이 실생활에서 발생하는 많은 불편함이나 문제를 발견하고 그것을 어떻게 해결할 수 있다.

코딩은 '전문 기술'에서 '기초 교양'으로 바뀐다

AI가 대부분의 구현을 대신하게 되면 코딩은 더 이상 전문가만의 영역이 아니다.

우리가 자연스럽게 언어를 읽고 쓰듯이, 코드를 이해하고 다룰 줄 아는 능력이 모든 세대가 갖춰야 하는 디지털 교양이 된다. 예를 들어 어린아이들이 글자를 배우듯 초등학생들이 'AI에게 명령을 내리고 간단한 프로그램을 만드는 법'을 배우게 될 것이다. 바이브 코딩은 그 과정에서 문법보다는 사고와 감각을 중심으로 'AI와 논리적으로 의사소통하는 방법'을 익히게 하는 교육이 된다. 그렇기 때문에 이 책을 성인들뿐만 아니라 청소년이나 학생들까지 공부를 하면서 어떻게 바이브 코딩으로 개발하는지 배우기를 바란다.

지금까지의 내용을 요약하자면 AI가 코드를 짜는 시대가 오면서 사람의 역할은 줄어드는 것이 아니라 변화한다. 손으로 코드를 작성하는 시대는 끝나지만 어떤 문제와 어떤 더 편리한 기능을 제공할 것인가에 대한 의문을 제기하고 상상하고 창조하는 역할은 여전히 사람이 담당하게 될 것이다.

그리고 점점 더 바이브 코딩이 대중화되고 기술이 발전하면 앞으로는 스마트폰으로 가족과 통화하듯 AI와 음성으로 대화하면서 바이브 코딩을 하게 될 것이다.

바이브 코딩은 더 이상 손으로 하는 것이 아니라 머리와 가슴으로 하는 것이다.

▲ AI로 생성함

## 2장

안티그래비티 소개

이 장에서 다루는 것

✦ 안티그래비티의 특징

이 책에서 사용할 바이브 코딩 도구인 구글 안티그래비티란 무엇이며 어떤 특징과 장점이 있는지 알아본다.

✦ 안티그래비티 설치

안티그래비티를 처음으로 설치하고, 안티그래비티의 두 가지 화면 (Editor와 Agent Manager)을 살펴본다.

✦ 안티그래비티 기본 사용법

안티그래비티를 이용한 바이브 코딩은 Agent Manager에서 주로 한다. Agent Manager의 주요 기능을 살펴본다.

바이브 코딩을 할 수 있게 해주는 프로그램인 안티그래비티를 설치하자. 다양한 바이브 코딩 프로그램들이 있지만 필자는 안티그래비티를 이용하여 바이브 코딩을 하는 방법을 위주로 설명하겠다. 왜냐하면 필자가 다양한 AI 코딩 도구^{Tool}을 써봤을 때 초심자가 가장 쉽게 사용할 수 있도록 UI/UX가 잘 되어 있는 것이 안티그래비티이기 때문이다.

2-1 안티그래비티란?

안티그래비티^{Antigravity}는 구글에서 2025년 11월 20일에 출시한 AI 협업 프로그래밍 도구^{Tool}이다. 그냥 바이브 코딩을 위한 프로그램이라고 생각하면 된다.

다양한 기능이 있지만 특징 위주로 설명하면 다음과 같다.

1 Agent Manager와 Editor를 분리한 UI

Agent Manager는 여러 개의 AI Agent(여기서 AI Agent는 AI 직원 한 명이라고 생각하면 된다.)를 관리하고 사용할 수 있게 해준다. 그리고 Editor는 실제로 프로그램 코드를 작성하고 개발하는 프로그램이다.

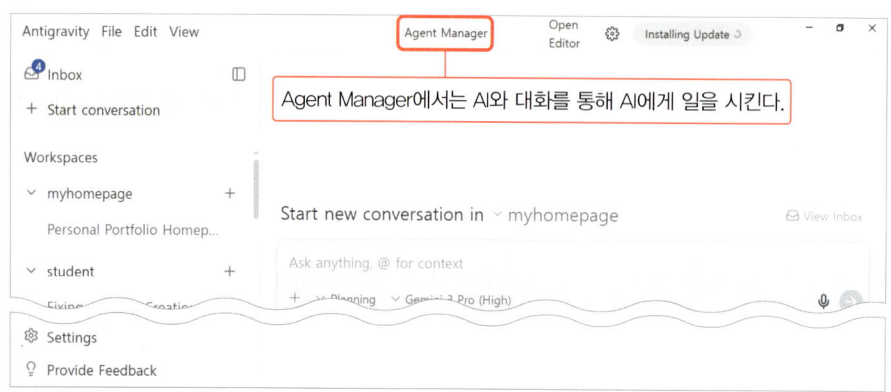

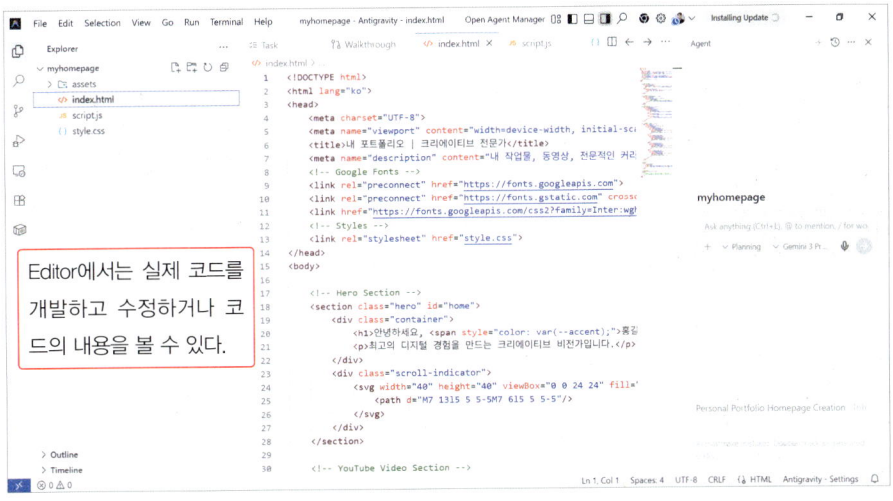

Editor에서는 실제 코드를 개발하고 수정하거나 코드의 내용을 볼 수 있다.

Agent Manager와 Editor를 분리하여 사용자는 코드의 변경사항을 굳이 보지 않고 Agent Manager에서 AI와 대화하면서 프로그램 개발에 대한 상담, 기획, 설계, 개발된 내용 보고 등을 받을 수 있다. 마치 개발을 대신해 주는 사람과 채팅으로 소통하듯이 말이다.

안티그래비티에서는 Agent를 여러 개 생성하여 서로 업무를 나누어서 수행하는 것도 가능하다. 예를 들어 어떤 책의 다국어 번역이 필요하다면 각 나라의 언어로 번역하는 Agent를 생성하여 동시 다발적으로 번역하도록 할 수 있다.

한편 안티그래비티의 Editor는 커서Cursor나 VS Code 같은 개발자들이 흔히 사용하는 코드 편집기Editor의 스타일을 그대로 사용할 수 있다. 코드를 직접 고치고 싶을 때 이용하면 된다.

2 크롬 내장 브라우저를 활용한 자동 테스트 및 보고

Agent Manager에서 Agent는 웹에서 실행 가능한 프로그램이면 크롬 브라우저를 자동으로 실행하여 개발 중인 웹 애플리케이션을 실행하면서 테스트를 진행하고 그 결과를 스크린샷이나 영상으로 촬영하여 사용자에게 보고한다.

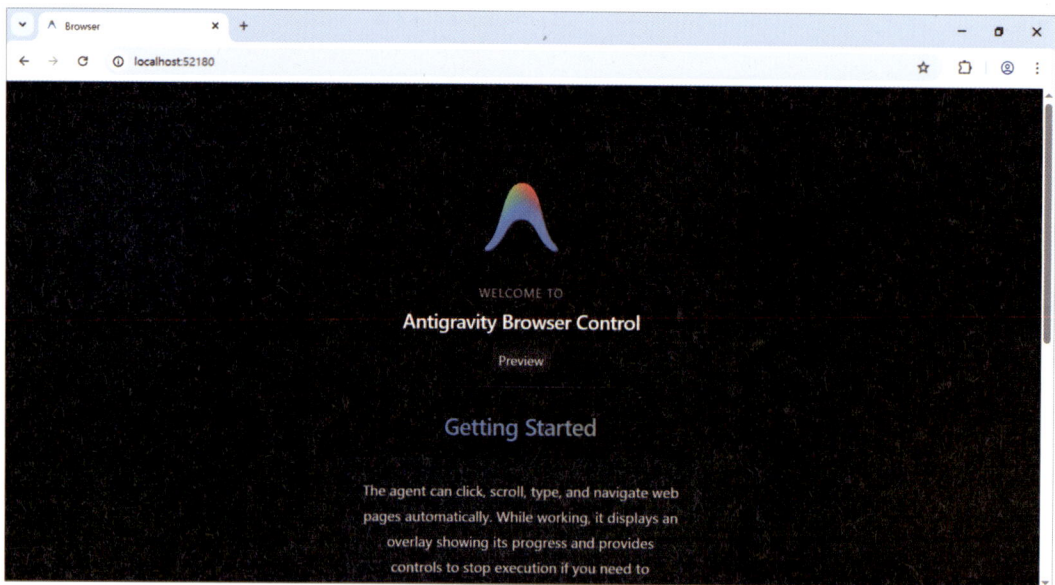

3 다양한 MCP 연동

안티그래비티는 UI 제작 도구(Figma), 데이터 저장(DB), 세션·캐시 관리(Redis), 결제 대행 서비스(Stripe), 백엔드 서비스(Firebase, Supabase) 등 다양한 서비스와 쉽게 연동할 수 있다.

다양한 MCP 연동을 통해서 Agent는 UI 제작, 개발, 코드 관리, 배포 등 개발의 모든 과정을 완전 자동화할 수 있도록 설정할 수 있다.

> MCP란?
>
> MCP^Model Context Protocol^는 AI 모델이 외부 도구, 데이터, 시스템과 표준화된 방식으로 연결되도록 만든 프로토콜이다. 프로토콜이란 두 대상이 서로 통신(인터페이스)할 때의 규약, 규칙을 말한다. 그래서 MCP는 AI와 다른 서비스와의 연결 방식을 표준화한 것이다.
>
> MCP 서버 설정을 하면 안티그래비티와 같은 AI 개발 도구에서 외부의 서비스에 접근하여 이용이 가능하다. 예를 들어 파이어베이스 MCP와 연결하면 AI가 파이어베이스 프로젝트에 접근하여 데이터베이스 관리, 스토리지 관리 등등이 가능하게 된다.
>
> MCP를 사용하지 않으면 개발하는 사람이 직접 특정 서비스에 접속하여 하나 하나씩 설정을 해야 한다. 반면에 MCP를 사용하면 AI가 알아서 설정까지 해 줘서 상당히 편리하다.

▲ AI로 생성함

이외에도 다양한 세부적인 기능이 있지만 쉽게 요약하면 AI와 대화를 통해서도 충분히 개발이 가능하도록 해주는 프로그램이다.

2-2 안티그래비티 설치 및 실행

1 안티그래비티 설치

크롬이나 다른 브라우저에서 'Antigravity'를 검색하거나 URL을 직접 입력하여 접속한다.

URL https://antigravity.google/

다운로드 페이지로 가서 자신의 운영체제에 맞는 안티그래비티 버전을 설치한다.

Note 안티그래비티 홈페이지 우측 상단의 [Download]를 클릭하면 다운로드 페이지가 나온다.

Vibe Up 운영체제 버전 확인하는 방법

MacOS 사용자 — Apple Silicon인지 Intel인지 확인!

① 화면 왼쪽 위(Apple 메뉴) 클릭

② 이 Mac에 관하여(About This Mac) 클릭

③ 칩(Chip) 또는 프로세서(Processor) 확인

④ 표시 문구 예시

　　Apple M1 / M1 Pro / M1 Max / M2 / M3 … → **Apple Silicon** (ARM) 모델

　　Intel Core i5 / i7 / i9 … → **Intel Mac**

Windows 사용자 — x64인지 ARM64인지 확인!

① [Win] + [I] → 설정 열기

② 시스템 → 정보 → '장치 사양' 항목 확인

③ 표시 문구 예시

64비트 운영 체제, x64 기반 프로세서 → x64(AMD64/Intel64)

64비트 운영 체제, ARM 기반 프로세서 → ARM64

설치한 안티그래비티를 실행하면 편집기 프로그램이 열린다(앞으로는 Editor라고 표현하겠다).

2 안티그래비티 실행

Editor에서는 폴더나 프로젝트를 열고 코드를 직접 수정할 수 있다. 또는 우측의 AI Agent(앞으로는 Agent라고 표현하겠다)에게 수정 사항을 요청하면 Agent가 코드를 생성하거나 수정해 준다. 이 편집기는 다른 AI 개발 도구^{Tool}도 모두 비슷한 구성을 하고 있다.

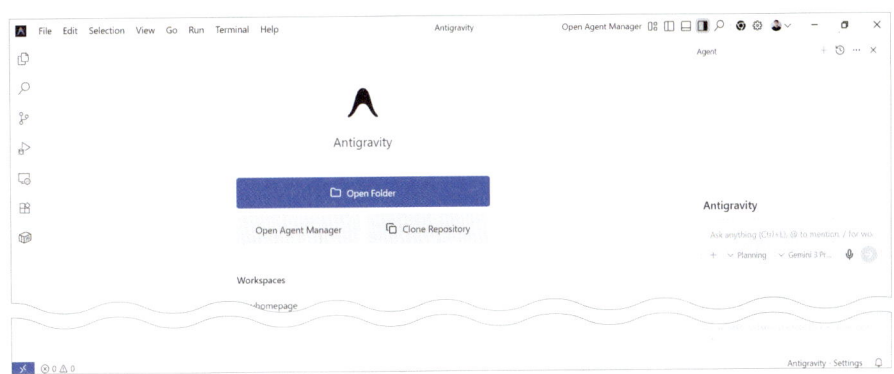

Editor에서 상단 우측에 있는 [Open Agent Manager]를 클릭하거나 Ctrl (혹은 Command)+E 를 눌러보자. Editor와 조금 다른 프로그램 하나가 표시되는데 이것이 Agent Manager이다.

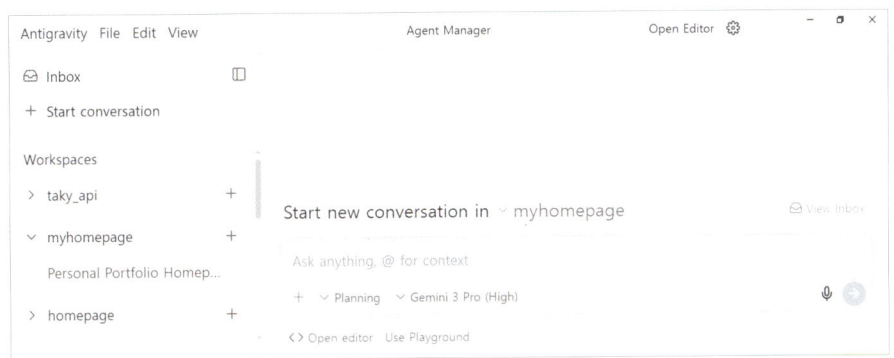

Agent Manager에서는 우리가 평소 챗GPT, 제미나이를 사용할 때처럼 AI와 대화하며 바이브 코딩을 할 수 있다. 안티그래비티를 이용한 바이브 코딩은 대부분 Agent Manager를 통해 진행된다. 만약 코드들이 어떻게 생성되고 어떤 코드들로 되어 있는지 공부를 하고 싶으면 Editor로 화면을 전환해서 어떻게 코드들이 변경되는지 살펴보면 된다.

Note 앞서 누른 단축키 Ctrl (혹은 Command)+ E 를 이용해 Agent Manager와 Editor 화면을 자유롭게 전환할 수 있다.

2-3 안티그래비티 기본 사용법

Agent Manager의 주요 기능을 살펴보자. Agent Manager만 잘 써도 바이브 코딩은 충분히 할 수 있다.

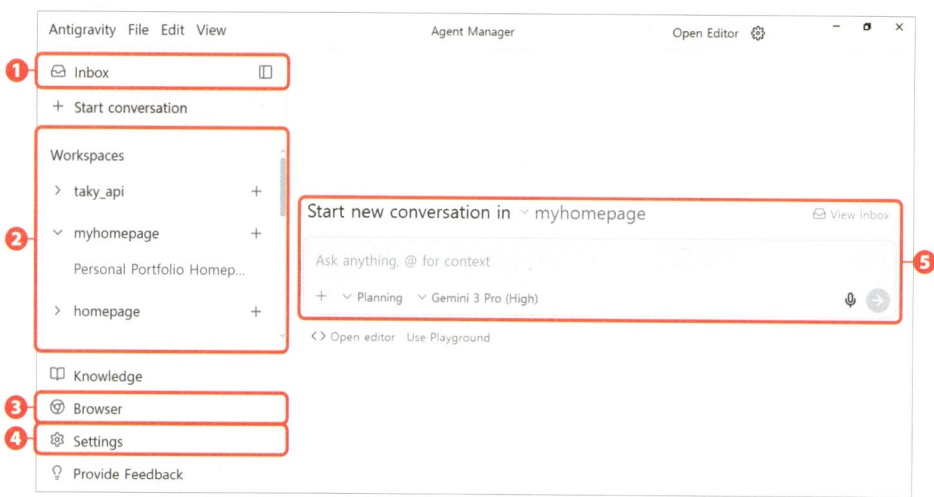

1 Inbox

Inbox에는 Agent들이 수행했던 업무들을 리스트로 표시한다. 만약 여러 Agent를 사용했으면 여러 개의 리스트가 표시되고 각 Agent들이 일을 하고 있는지, 쉬고 있는지 등의 상태가 표시된다. 기존의 업무를 이어서 하고 싶으면 리스트를 선택하여 그 Agent와 하던 일을 이어서 할 수 있다

2 Workspaces

Workspaces에는 기존에 개발을 했던 워크스페이스(프로젝트)들이 표시된다. 처음 설치하고 Agent Manager에 들어오면 아무것도 없을 것이다. 안티그래비티로 다양한 프로젝트를 개발을 하다 보면 Workspaces에 프로젝트들이 차곡차곡 모여 표시될 것이다. 프로젝트를 이어서 하고 싶으면 해당 Workspace를 선택하면 된다.

3 Browser

Agent가 웹 프로그램을 만들 때 사용하는 브라우저이다. 기본적으로 크롬을 사용한다.

4 Settings

Agent Manager에 대한 설정이다(Editor에서의 설정과는 다르다). Agent에게 어떤 일들을 얼마나 허용할지를 설정할 수 있다.

안티그래비티를 이용하여 개발하다 보면 Agent가 수시로 사용자에게 '이거 할까요?', '확인했나요?' 등의 허락을 요청한다. 그중에 '어떤 일들은 Agent가 알아서 결정하게 할지'를 설정하는 옵션들이 여기에 있다. 이외에도 다양한 설정을 할 수 있지만 다음 소개할 기본 설정만 해도 충분하다.

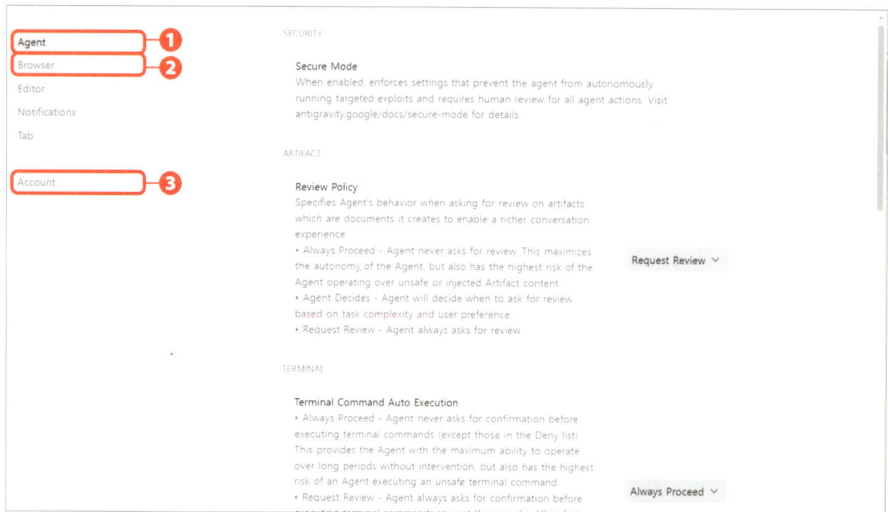

❶ Agent 탭

- **Secure Mode**(혹은 Strict Mode): 이 옵션을 켜면 Agent는 거의 모든 작업에 사용자의 검토를 요구한다. Agent가 함부로 수정하면 안 되는 중요한 프로젝트를 수행할 때는 On을 해야겠지만 일반적으로 학습용이나 비상업용 프로젝트는 Off를 해도 된다.

- **Review Policy**: Agent가 프로젝트의 개요, 개발 계획 등을 작성한 이후에 사용자에게 검토를 요청할 것인지에 대한 설정이다.

  [Request Review]는 항상 사용자에게 검토를 받는 것이고 [Agent Decides]는 Agent가 중요한 사항이면 사용자에게 검토를 받고 아니면 자동으로 다음 단계를 실행하는 것이다. [Always Proceed]는 사용자의 검토를 받지 않고 바로 다음 단계(코드 구현, 테스트 등)을 진행하는 것이다. 기본은 [Request Review]이다.

- **Terminal Command Auto Execution**: Agent가 개발하다가 **터미널** 명령을 자동으로 실행할 것인지에 대한 설정이다. 터미널 명령은 컴퓨터에 대한 직접적인 제어를 할 수 있기 때문에 주의해야 하지만, 터미널에 대한 해박한 지식이 없으면 검토를 하는 것이 힘들기 때문에 [Always Proceed]로 설정하기를 추천한다. [Request Review]는 터미널 명령을 수행 전에 사용자의 허락이 있어야만 수행한다.

  Allow List Terminal Commands와 Deny List Terminal Commands에서는 Agent가 사용을 허가하거나 사용을 못하도록 하는 커맨드 명령어들을 미리 등록할 수 있다. 아무것도 등록 안 해도 무방하다.

> **터미널이란?**
> 터미널^{Terminal}은 키보드로 명령어를 입력하여 컴퓨터와 직접 대화하는 창. 마우스가 아닌 글자로 명령어들을 입력하여 프로그램 실행, 수정, 삭제 등 컴퓨터의 거의 모든 일을 할 수 있다.

- **File Access**: Agent가 어떠한 파일들까지 접근이 가능하게 할 것인지 설정하는 것이다. 전부 활성화해도 무방하다.

- **Automation**: Agent Auto-Fix Lints와 Auto-Continue 설정을 할 수 있다. Agent Auto-Fix Lints는 에러가 발생하면 자동으로 수정하는 것으로 On을 추천한다. Auto-Continue는 AI 사용 제한량에 도달하였을 경우 계속 진행을 할 것인지를 체크하는 것이다. 온디맨드(On-Demand)인 경우 사용하는 만큼 요금이 추가될 수 있기 때문에 웬만하면 Off를 추천한다.

❷ Brower 탭

General에서는 Enable Browser Tools와 Browser Javascript Execution Policy를 설정할 수 있다. Enable Browser Tools는 Agent가 웹 브라우저를 열어서 사이트에 접속, 테스트 등을 할 수 있게 한다. 설정을 활성화하기를 추천한다.

Browser Javascript Execution Policy는 브라우저 내에서 자바스크립트를 실행할 때 사용자의 검토를 받는 것으로 [Always Proceed]는 Agent가 항상 수행하는 것이다. [Request Review]는 사용자의 동의를 얻고 수행하는 것이다. [Disabled]는 브라우저 내의 자바스크립트는 실행하지 않는 것이다. 웹 브라우저의 Javascript에는 위험한 코드들이 담겨 있을 수 있기 때문에 가급적이면 [Request Review]를 추천한다.

❸ Account 탭

현재 로그인된 계정 정보, 사용 중인 Plan(요금제) 등을 확인할 수 있다. General의 옵션은 설정 변경할 필요가 없다.

> **Note** 안티그래비티 버전에 따라 보이는 내용이 다를 수 있다.

5 Conversation 창

Agent와 대화하면서 실질적으로 일을 시키고 Agent로부터 어떠한 개발을 했는지 보고를 받는 대화 창이다. 바이브 코딩에서 거의 모든 일은 이 창에서 진행된다.

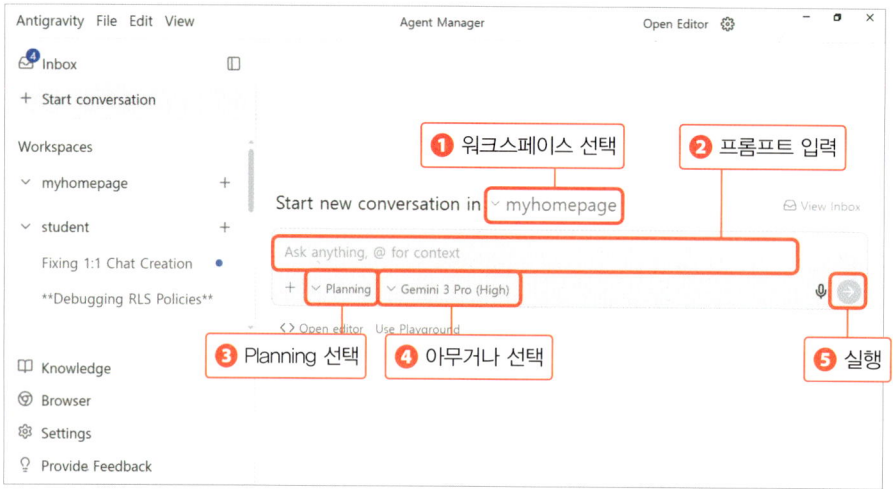

❶ 대화를 시작하기 전에는 워크스페이스를 선택해야 한다. 개발 중인 프로젝트를 선택하면 된다.

❷ Agent에게 전달할 **프롬프트**를 입력하는 곳이다.

> **프롬프트란?**
> 프롬프트^{Prompt}는 AI에게 무엇을 어떻게 해달라고 지시하는 설명 문장이다.

❸ 대화 모드(Conversation mode)는 2가지가 있다. [Planning]은 조금 크거나 복잡한 업무를 맡길 때 쓰면 좋다. 예를 들어 처음 프로젝트를 시작하여 상세한 프로그램에 대한 기능설계, 세부적인 내용 작성, 프로젝트 개요, 대규모 리팩터링^{refactoring} 등이다. 반면 [Fast]는 작은 업무에 유리하다. 예를 들어 일부 화면의 디자인 수정, 오류 수정, 표시해야 하는 데이터 수정 등이다.

❹ AI 모델은 사용자가 아무거나 선택해도 무방하다.

❺ 프롬프트를 입력 후에 실행 버튼을 누르면 Agent가 일을 시작한다.

 **어떨 때 어떤 AI 모델을 사용하는 것이 좋을까?**

AI 모델들은 한두 달을 주기로 최신 버전이 나온다. 최신 모델들은 기존보다 훨씬 높은 수준의 코딩 개발 능력을 탑재한다. 그래서 바이브 코딩을 할 때는 구형 모델보다는 최신 모델을 선택하는 것이 더 정확하게 개발해 줄 가능성이 높다.

(이 책의 집필 시점 기준으로) 예를 들면 최신 클로드 AI 모델인 Opus 4.6는 설계와 기능 명세서, 코드 개발 능력까지 모두 뛰어나다. Gemini 3.0 또한 뛰어난 모델이다. 특히 Gemini 3.0 Pro는 웹 사이트의 UI, GUI에 뛰어나다는 평가가 많다.

안티그래비티에서는 Plan(가격 정책)에 따라서 AI 모델의 사용량(토큰 수)에 제한이 있다. 만약 허용량까지 모두 사용한 경우에는 사용 제한 시간이 표시된다. 작업을 이어서 하려면 이 시간이 끝나기까지 기다리거나 유료 Plan으로 업그레이드하면 된다.

이 정도만 알면 바이브 코딩을 시작할 수 있다. 더 자세한 사용법은 안티그래비티가 제공하는 문서 페이지 혹은 인터넷 검색을 통해 익히자.

URL https://antigravity.google/docs/get-started

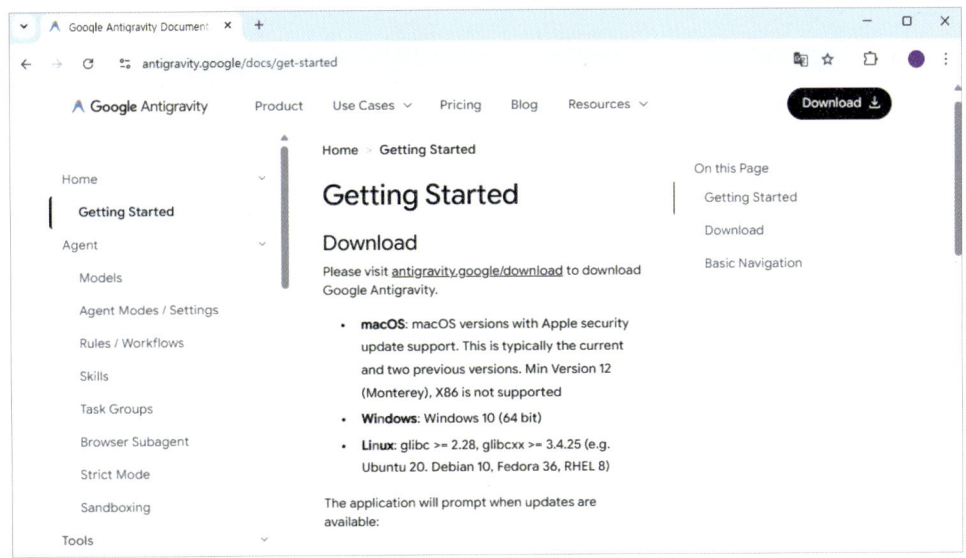

## 3장

바이브 코딩
무작정 시작하기

이 장에서 다루는 것

✦ 자기 소개 페이지
자신을 소개하는 개인 홈페이지를 만들며 안티그래비티를 이용한 바이브 코딩을 처음으로 경험하고, 웹 사이트가 어떻게 개발되고 출시되는지 배운다.

✦ 땅따먹기 게임
땅따먹기 게임은 간단해 보여도 시작 화면, 게임 화면, 결과 화면 등 여러 화면이 필요하다. 이렇듯 많은 화면 설계가 필요할 때 상세한 기능 명세서가 있으면 목적에 맞는 개발을 하기 수월하다. 각 화면에 필요한 기능과 설명, 테스트 시나리오 등을 담은 상세한 기능 명세서를 작성하고 수정하는 방법을 배우며 게임을 만들어 본다.

✦ 귀금속 실시간 가격조회 사이트
바이브 코딩에 OpenAPI와 리액트 프로젝트를 활용해 데이터를 실시간으로 조회하는 사이트를 만들어 본다.

✦ 복합 타이머 앱
바이브 코딩으로 플러터 프레임워크를 사용하여 모바일 앱을 개발한다. 모바일 앱의 개발부터 빌드와 컴파일, 설치까지의 과정을 다룬다.

이제부터는 바이브 코딩을 직접 따라 해보면서 몸으로 체험해 보자.

바이브 코딩의 예제들은 기존의 프로그래밍 교제의 내용과 아주 다르다. 기존의 프로그래밍 방식에는 특정 예제를 보여주기 위해서는 전체 코드Full Source Code를 책에 담아야 했다. 그리고 공부하는 사람은 그 내용을 그대로 따라서 쳐야 했다. 그런데 정말 짜증나는 일은 책을 출시한 이후 그 프로그래밍 언어의 버전이 업데이트되거나 개발환경이 달라지면서 몇 시간에 걸쳐서 따라 친 코드가 제대로 실행이 안 되는 경우이다. 그럴 때는 정말 책을 찢어버리고 싶었다. 그렇지만 바이브 코딩에서는 그럴 일이 없다. 왜냐하면 필자는 코드를 책에 담지 않을 것이기 때문이다. 바이브 코딩에서는 코드가 중요한 것이 아니라 어떻게 개발을 하는지 흐름을 익히는 것이 중요하다.

3장에서는 간단한 웹 사이트나 모바일 앱을 개발하면서 안티그래비티를 이용한 바이브 코딩의 개발 흐름을 익힐 것이다. 4장과 5장에서는 단계별로 조금씩 더 어려운 프로젝트를 개발해 보자.

3장이 너무 쉽다고 해서 바로 4장, 5장으로 뛰어넘어가지는 말자. 3장에도 중요한 MCP 설정법이나 앱 개발 및 웹 개발 도구(안드로이드 스튜디오, 플러터Flutter)의 설치 및 개발 방법이 나오기 때문에 천천히 차근차근 따라하면서 학습하자.

3-1 자기 소개 페이지 만들기

학습 목표 안티그래비티 사용법
안티그래비티에서 파이어베이스로 웹 사이트 호스팅하는 방법

실습 자료 링크

 URL https://myspace-drive-34309.web.app/

쉬운 예제부터 시작해 보자. 그래도 개발을 시작하니까 자신을 소개하는 개인 홈페이지 정도는 기본으로 만들 줄 알아야 되지 않겠는가? 간단한 개인용 홈페이지 하나를 만들어 보자.

자신에 대해 알리고 싶은 정보를 보여 주거나 취업을 하기 위한 포트폴리오용으로 쓰기 좋을 것이다. 이번 예제를 통해서 기본적인 웹 사이트가 어떻게 개발되고 출시되는지를 배울 수 있다. 조금 더 발전하면 회사용 홈페이지나 제품 홍보용 웹페이지 등으로 만들 수 있을 것이다.

전체적인 개발 흐름은 다음과 같다.

⊙ 개발 흐름

1. 프로젝트 폴더 생성
2. 프로젝트 개요와 기능 명세서 작성
3. 코드 구현
4. 실행 및 테스트
5. 웹사이트 배포
6. 문제 해결

1 프로젝트 폴더 생성

안티그래비티를 실행하면 Editor가 먼저 보일 것이다. 파란색 [Open Folder]를 클릭해 파일 탐색기를 열어 보자.

Note 설정한 테마에 따라 버튼 색상은 달라질 수 있다. 만약 다음과 같은 화면이 표시되지 않는다면 상단 메뉴 중에서 [File → Open Folder] 메뉴를 클릭하자.

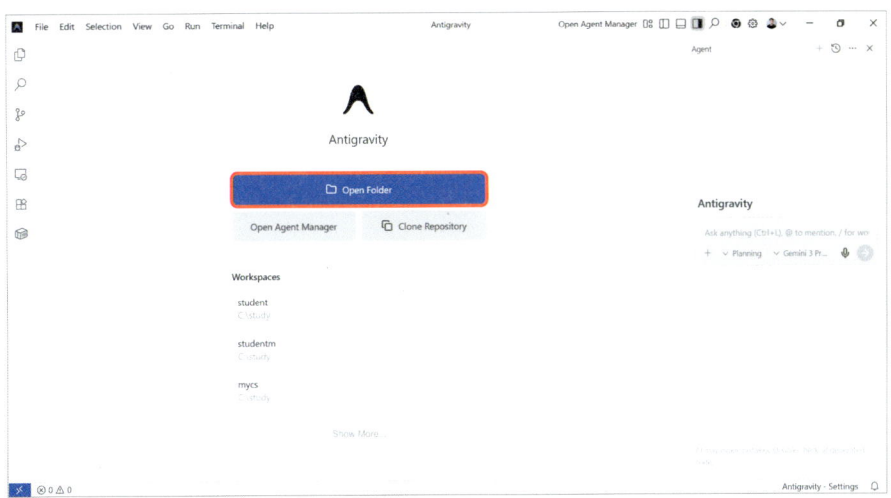

파일 탐색기가 열리면 프로젝트를 관리하기 위한 폴더를 하나 만들자. 필자는 C 드라이브에 Sample이라는 폴더를 만들고 그 아래에 myhomepage라는 폴더를 만들었다.

Note 필자가 설정한 폴더 경로는 C:\Sample\myhomepage이다.

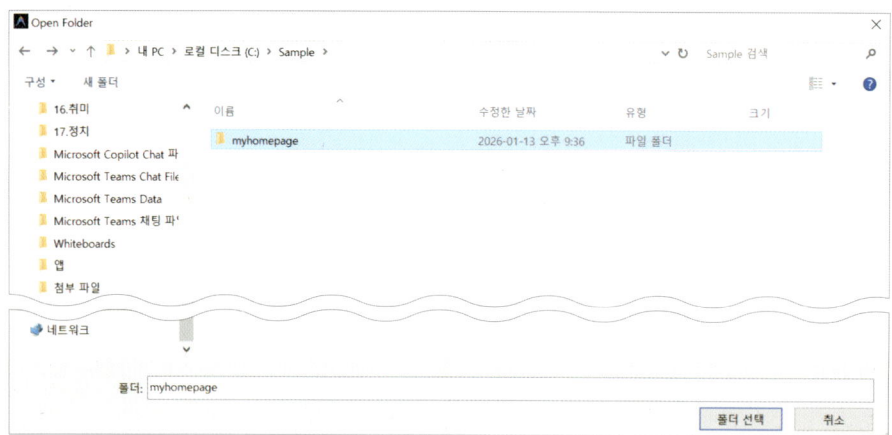

새로운 폴더는 바탕화면에서 마우스 우클릭하여 [새로 만들기 → 폴더]를 선택하면 만들 수 있다. 폴더명은 필자와 동일하게 할 필요는 없으며 웬만하면 영어로 명명하는 것이 좋다. 한글로 지으면 간혹 **인코딩**에 문제를 일으켜서 개발 중에 오류가 발생하는 경우가 있기 때문이다.

인코딩이란?

인코딩^{Encoding}은 문자를 컴퓨터가 이해할 수 있는 숫자(바이트)로 바꾸는 규칙이다. 영어는 알파벳 26개와 숫자, 기호를 포함해도 총 글자수가 128개로, 1바이트(byte)로 충분히 표시할 수 있다. 그러나 한글은 문자 조합이 많기 때문에 한 글자를 표현하는데 2바이트가 필요하다. 그래서 2바이트로 한글을 표현하는 인코딩은 EUC-KR, CP949, UTF-8 등의 방법이 생겼다. 요즘에는 웬만하면 유니코드를 이용하는 방식인 UTF-8 인코딩을 사용한다. 만약 프로그램 내에서 한글이 깨져서 표시되면 인코딩이 달라서 그런 경우가 대부분이다.

생성한 폴더를 선택하면 Editor의 Explorer에 폴더가 표시된다. 이제 이 폴더에 개발을 시작하겠다는 의미이다.

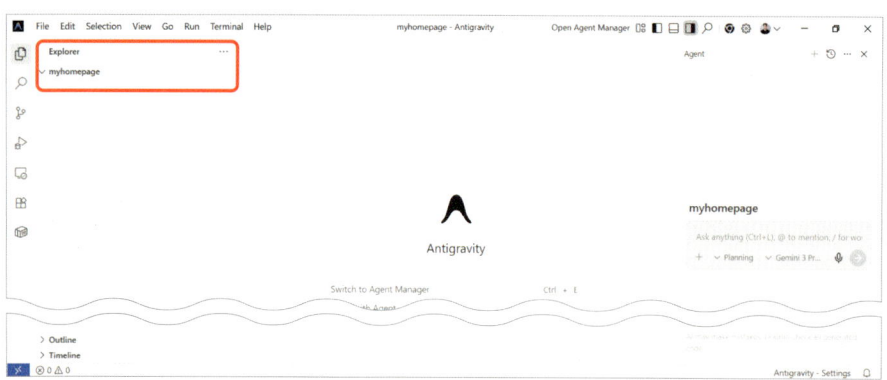

2 프로젝트 개요와 기능 명세서 작성

프로젝트 폴더 생성을 마쳤으면 이제 이 프로젝트가 어떤 프로젝트인지 AI에게 설명하여 개요와 **기능 명세서**를 생성하자.

기능 명세서란?

소프트웨어나 앱이 '무엇을 어떻게 할지'를 문서로 정리한 것이다. 개발자, 디자이너, 기획자 모두가 이해할 수 있도록 작성하는 일종의 설계도이다. 바이브 코딩에서 기능 명세서가 잘 작성되어 있으면 AI가 무엇을 어떻게 개발할지 명확히 알기 때문에 바이브 코딩에서는 특히 기능 명세서의 역할이 중요하다.

안티그래비티 Editor의 상단 우측에서 [Open Agent Manager]를 눌러서 Agent Manager 창을 열자. 우리가 할 바이브 코딩의 대부분은 Agent Manager에서 이뤄질 것이다.

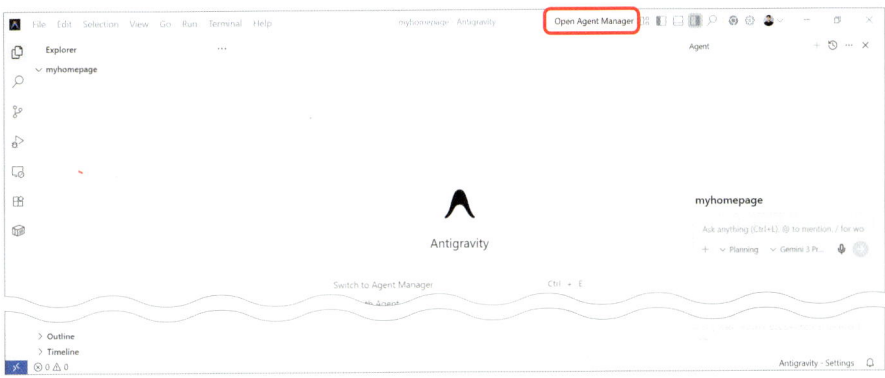

Agent Manager의 Start new conversation에서 앞서 만든 폴더를 선택하자. 필자는 폴더명이 myhomepage였기 때문에 그 폴더를 선택했다.

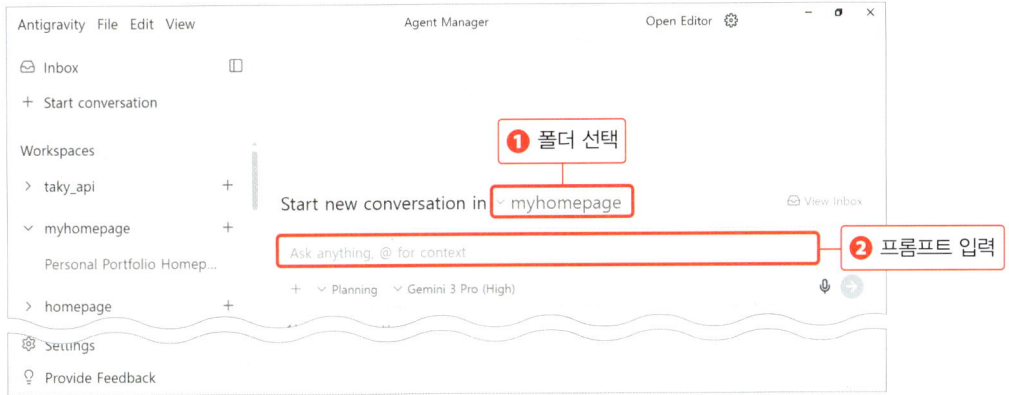

그리고 프롬프트 입력 창에 다음 예시와 유사하게 입력하자. 홈페이지에 들어갈 내용은 개인마다 다 다를 수 있지만, 이 예시에서 중요한 것은 마지막에 프로젝트 개요와 기능 명세서를 생성하라는 내용이다.

> ### 🔮 프롬프트
>
> 간단한 자기소개용 홈페이지를 만들 거야. 유튜브에 있는 영상을 표시하고 내 사진들을 표시할 거야. 그리고 나의 경력, 학력 내용이 연도별로 표시되도록 해 줘. 홈페이지의 가장 아래에는 메일주소를 표시해 줘. 이 프로젝트에 대한 개요와 기능 명세서를 생성해서 보여 줘.

대화 모드와 AI 모델을 선택한다. 지금은 프로젝트 기획에 대하여 Agent와 대화하는 것이기 때문에 그대로 [Planning]을 선택하고 AI 모델을 아무거나 선택해도 무방하다. 그 후 우측 아래에 → (실행 버튼)을 클릭하면 Agent가 동작한다.

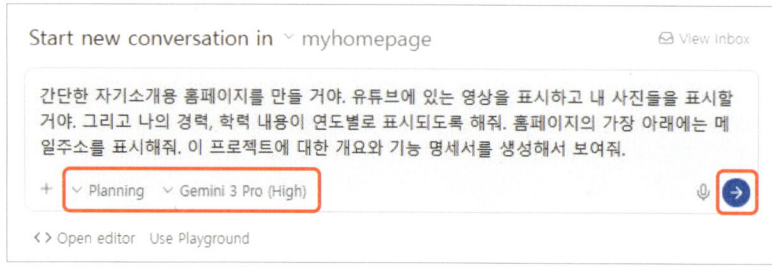

Agent가 일을 다 하고 나면 메시지가 표시될 것이다. 일을 하는 도중에 수락(Accept)을 요구하는 경우가 있을 수 있는데 지금 단계에서는 모두 수락해도 문제가 없다.

필자는 Agent가 일을 한 이후에 **implementation_plan.md**이라는 파일이 생성되었다(파일명은 사람마다 다를 수 있다). [Open] 버튼을 누르면 우측에 AI가 생성한 프로젝트 개요와 기능 명세서가 표시된다.

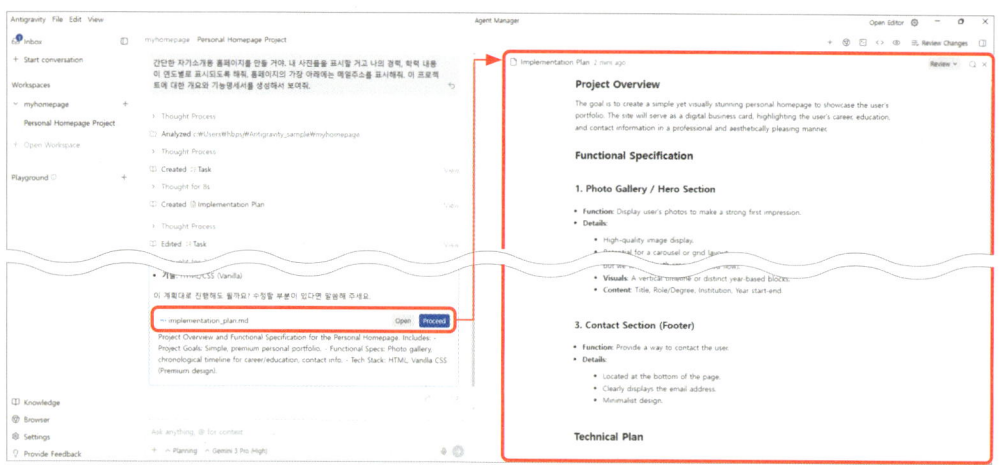

Agent가 만든 프로젝트 개요와 기능 명세서를 살펴보자. 다음 예시는 필자가 요청한 대로 AI가 생성한 프로젝트 개요 및 기능 명세서이다.

Note Agent 응답을 한국어로 받고 싶으면 Agent에게 한국어로 대답해 달라고 하면 된다. 자세한 예시가 궁금하면 뒤에 정리한 [6. 문제 해결]을 참고해 보자.

☾ Agent 응답

프로젝트 개요 및 기능 명세서: 개인 포트폴리오 홈페이지

1. 프로젝트 개요

목표: 현대적이고 반응형이며 미적으로 뛰어난 단일 페이지 개인 포트폴리오 웹사이트를 제작합니다. 이 사이트는 사용자의 개성을 비디오와 이미지로 표현하고, 타임라인을 통해 전문적인 경력을 보여주는 디지털 명함 역할을 합니다.

타겟 사용자: 잠재적인 고용주, 동료, 또는 사용자의 전문적인 여정에 관심 있는 모든 사람.

작업:
- 심플 & 깔끔: 복잡함 없이 콘텐츠에 집중합니다.
- 시각적 요소: 미디어(비디오/사진)를 적극적으로 활용합니다.
- 반응형: 모바일과 데스크톱 모두에서 훌륭하게 보입니다.
- 프리미엄 감성: 현대적인 타이포그래피, 세련된 애니메이션, 정제된 컬러 팔레트를 사용합니다.

2. 기능 명세서

2.1. 구조적 레이아웃

웹사이트는 부드러운 스크롤 탐색이 가능한 단일 페이지 애플리케이션(SPA) 스타일입니다.

섹션	설명	핵심 요소
히어로 / 헤더	첫인상을 주는 영역	– 크고 굵은 소개 문구 – 이름 및 짧은 슬로건 – "아래로 스크롤" 표시기 또는 내비게이션
미디어 쇼케이스	주요 비디오 콘텐츠	– 유튜브 임베드: 특정 유튜브 비디오를 보여주는 중앙 비디오 플레이어. 반응형 리사이징 지원
사진 갤러리	시각적 소개	– 그리드 레이아웃: 개인 사진 전시 – 인터랙션을 위한 호버 효과 (확대/흐림)
타임라인 (경력)	전문적 & 교육적 경로	– 연대기 목록: 연도별 정렬 (내림차순 또는 오름차순) – 시각적 연결선 (타임라인 스타일) – 연도와 설명의 명확한 스타일 구분
푸터	연락처 및 마무리	– 이메일 주소: 명확하게 표시 (mailto 링크). – 저작권 정보

먼저 **프로젝트 개요**에는 이 프로젝트가 뭘 만드는 것인지 간단히 설명되어 있고, **기능 명세서**에는 기술적인 내용이 나온다.

필자는 AI가 작성한 대로 HTML5, CSS3, 자바스크립트만 이용해도 충분할 듯하다. 만약 AI가 React와 같은 **웹 프레임워크**들을 사용하려고 하면 '프레임워크 없이 해 줘'라고 다시 요청하는 편이 나을 것이다.

프레임워크란?

프레임워크^{Framework}는 복잡한 프로그램을 쉽게 만들 수 있도록 기본 구조와 도구들을 미리 만들어 제공하는 '개발용 패키지'이다. 프레임워크를 이용해 소프트웨어를 만드는 일은 조립식으로 집을 뚝딱 짓는 것과 같다. 집을 직접 만든다고 생각해 보자. 집을 만들 때 세세하게 집을 만드는 도면과 집 건설에 필요한 재료 등을 스스로 구하고 공부하는 것은 너무 어려운 일이다. 그럴 때 모듈형 집을 구매하면 집을 건설할 때 필요한 다양한 부품들과 설계도가 만들어져서 배달이 된다. 그러면 그 설계도를 보면서 하나씩 부품들 조립하면 쉽게 집을 지을 수 있다. 이와 비슷한 맥락이라 보면 된다.

프레임워크를 쓰면 보다 효율적이고 더 적은 노력으로 좋은 퀄리티의 소프트웨어를 개발할 수 있다. 개발 목적에 따라 사용하는 대표 프레임워크를 소개하자면 다음과 같다.

- 웹 페이지 개발: React, Vue.js
- 모바일 앱 개발: Flutter (안드로이드, iOS를 동시에 개발 가능)
- 백엔드 개발: Django (Python), Spring (Java), Nest.js (Node.js)
- 데스크톱, 임베디드 개발: Qt
- 게임 개발: Unity

프레임워크마다 주력하는 프로그래밍 언어가 다르지만, 그렇다고 반드시 한 가지 프로그래밍 언어만 지원하는 것은 아니다. 예를 들어 Qt라는 프레임워크는 C++, Python, Go 등 다양한 언어를 지원하고 게임 개발에 주로 이용되는 Unity는 C#, Java 등을 지원한다.

그다음은 **사용자 검토 필요 사항**이 나온다(보통 IMPORTANT라는 문구가 표시된다). 프롬프트에도 입력했듯이 홈페이지에 들어갈 영상, 이미지, 경력이나 학력의 정보는 AI는 아직 전달받지 못했기 때문에 그런 정보를 알려달라고 하는 것이 일반적이다.

3. 사용자 검토 필요 사항

IMPORTANT

필요한 콘텐츠:

- 임베드할 유튜브 비디오 URL을 알려주세요.
- 표시할 경력/학력 이벤트 목록 (연도, 직함, 설명)을 알려주세요.
- 선호하는 색상이 있으신가요? (기본값은 현대적인 다크 모드입니다).

(…생략…)

그 외에 변경 제안, 검증 계획도 만들었지만 그런 내용은 크게 중요하지 않다. 개발 이후 Agent에게 기능 명세서 내용을 기반으로 테스트해 달라고 요청하면 되기 때문이다.

Vibe Up **프로젝트 개요와 기능 명세서의 내용이 이 책과 달라도 괜찮을까?**

똑같은 프롬프트를 입력해도 프로젝트 개요와 기능 명세서는 사용자마다 다르게 나온다. 사용자의 요청에 대해 확률적으로 가장 자연스러운 답을 생성하는 생성형 AI의 특성 때문이다. 하지만 핵심 내용은 유사하게 나올 것이니 이 책과 내용이 다르다고 걱정할 필요는 없다. AI가 안내하는 대로 따라가 보자.

프로젝트 개요와 기능 명세서 내용을 쭉 훑어봤으면 수정할 곳은 없는지 검토한다.

앞서 사용자 검토 필요 사항에서 본 내용을 반영해 보겠다. Agent가 요청한 대로 필자는 유튜브 영상 URL, 필자의 학력과 경력의 내용을 프롬프트로 입력하고 실행했다.

> **☾ 프롬프트**
>
> 유튜브 영상 URL은 [복사한 유튜브 영상 URL]이고 학력과 경력 내용은 다음과 같아. (그리고 이 자리에 내용을 정리해서 입력하거나 이미지, 표를 첨부해도 된다.)

그러면 Agent가 프로젝트 개요의 내용을 수정한다.

정리하자면 **프로젝트 개요와 기능 명세서는 명확한 개발 방향을 잡아주는 핵심이다.** 그러므로 작성된 프로젝트 개요와 기능 명세서에 원하는 내용이 정확히 담겼는지 검토하는 과정을 거치길 바란다. 이제 코드 구현으로 넘어가 보자.

3 코드 구현

Agent가 만든 프로젝트 개요와 기능 명세서의 내용을 기반으로 코드를 만들어 달라고 요청하자. 사용자에 따라서는 이미 Agent가 코드까지 만들어 줬을 수도 있다.

> 🔍 **프롬프트**
>
> 프로젝트 개요와 기능 명세서의 내용대로 코드 구현해.

그러면 Agent가 코드를 만들고 완료되었다고 할 것이다.

4 실행 및 테스트

만들어진 결과물이 바로 브라우저에 표시되는 사용자도 있고 아닌 사용자도 있을 것이다. 필자는 그러지 않아서 프롬프트로 요청했다.

> 🔍 **프롬프트**
>
> 만들어진 결과물을 브라우저로 보여줘.

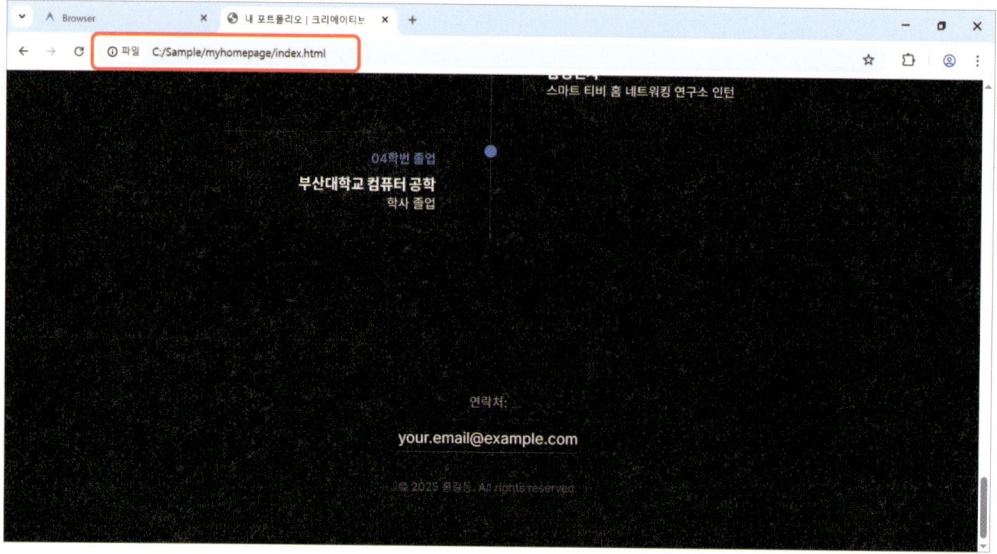

그러면 Agent가 브라우저를 실행하여 개발된 내용을 표시해 준다. 브라우저의 URL은 www로 시작하는 웹 주소가 아닌, 여러분의 PC에 만든 프로젝트 폴더의 파일로 표시될 것이다. 그 이유는 아직 만들어진 웹 사이트를 **호스팅**하지 않았기 때문이다.

> **호스팅이란?**
> 호스팅^{Hosting}은 내 웹사이트나 서버 프로그램을 인터넷에 계속 켜 두고, 다른 사람들이 접속할 수 있게 해주는 서비스이다.

호스팅하는 방법은 잠시 후에 알아보기로 하고, 지금은 만들어진 결과물에서 수정할 사항은 없는지 확인해 보자.

사이트 내에서 잘못된 글자나 내용, 빠진 부분들이 있는지 살펴보자. 참고로 필자는 이미지, 메일 주소, 이름 등이 아직 제대로 나오지 않았다. 수정할 곳을 Agent Manager에서 프롬프트로 요청하자. 필자는 이와 같이 요청했다.

☼ 프롬프트

홈페이지에 표시할 이름은 노성환이야. 그리고 메일 주소는 justin@taky.co.kr 이야. 수정해. 그리고 이미지들은 어떤 폴더에 어떤 이름으로 저장하면 돼?

☼ Agent 응답

이름(노성환)과 이메일 주소(justin@taky.co.kr)를 수정 완료했습니다.

이미지 저장 위치 및 파일명 안내:
- 저장 위치: c:\Sample\myhomepage\assets\images 폴더
- 파일 이름:
  1. 프로필 사진: profile_placeholder_1768310567209.png (현재 설정된 이름입니다. 이 파일에 덮어쓰거나, 원하는 이름으로 저장 후 알려주세요.)
  2. 갤러리 사진 1: gallery_1_1768310585890.png
  3. 갤러리 사진 2: gallery_2_1768310605049.png

추천: 복잡한 파일 이름 대신, 준비하신 사진들을 profile.jpg, photo1.jpg, photo2.jpg와 같이 간단한 영문 이름으로 해당 폴더에 저장해주시면, 제가 코드에서 파일명만 깔끔하게 바꿔드리겠습니다. 사진을 저장하신 후 파일명을 알려주세요!

Agent가 알려주는 대로 해당 폴더에 필자의 이미지 3장을 profile.jpg, photo1.jpg, photo2.jpg 이름으로 저장하였다. 제대로 저장되었다면 Editor에서 다음과 같이 저장된 파일들이 표시될 것이다.

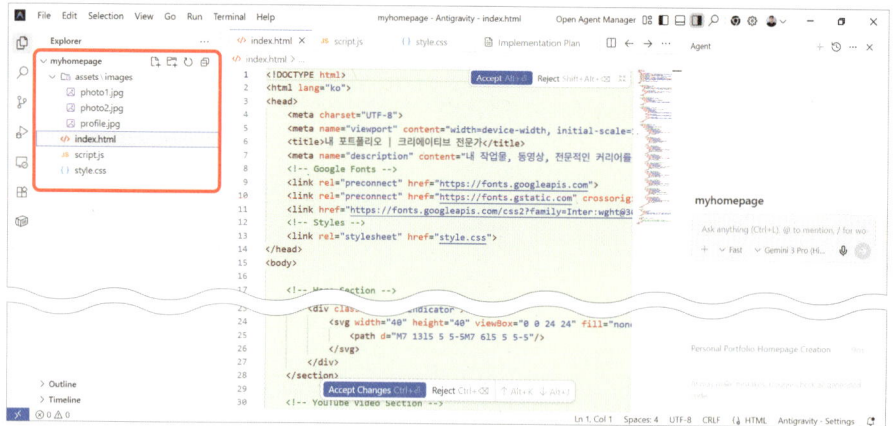

그 후 다시 Agent에게 변경된 이미지들을 적용해 달라고 했다(이 과정은 사용자마다 다르기에 이미지가 1개일 수도 있고 더 많을 수도 있다).

> 💫 **프롬프트**
>
> 이미지를 폴더에 저장했어. 파일 이름은 profile.jpg, photo1.jpg, photo2.jpg로 했어. 적용해 줘.

Agent가 수정한 이후 F5를 눌러 페이지 새로고침을 하면 이름, 이메일, 사진 등이 제대로 표시되는 것을 볼 수 있다.

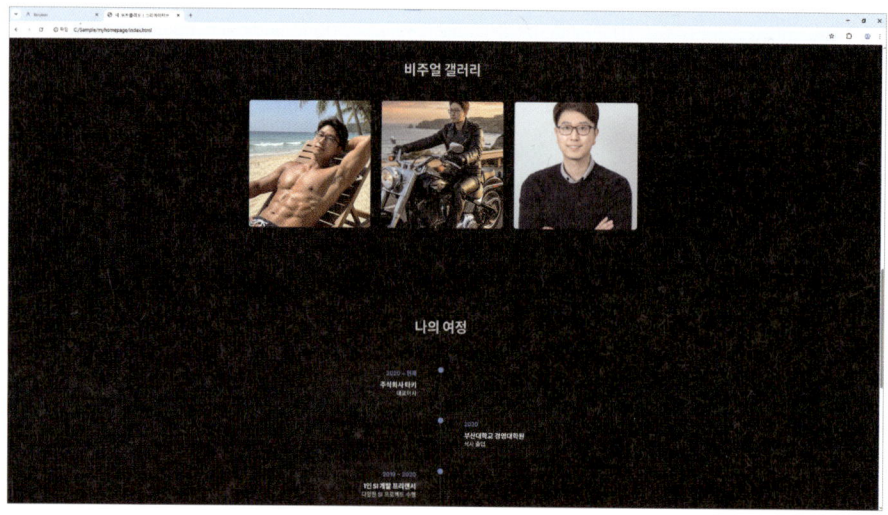

웹 사이트 배포

홈페이지의 내용이 어느 정도 구성이 되었다면 이제 호스팅을 해서 다른 사람들도 URL을 통해서 자신이 만든 홈페이지에 접속할 수 있게 하자. 이 과정은 처음 하면 조금 복잡하게 느껴질 수 있다. 그리고 중간에 막히거나 안 되는 경우도 있을 수 있다. 그럴 때는 이 절의 [6. 문제 해결]을 참고하거나 Agent에게 어떻게 해야 되는지 물어보면 많은 도움이 된다.

웹 사이트의 호스팅 서비스들은 많지만 필자는 파이어베이스Firebase라는 서비스를 사용할 것이다. 무료로 사용할 수 있으며 초보자들이 사용하기도 쉽고 안티그래비티에서 연동하여 사용하기 편리하기 때문이다.

> **파이어베이스란?**
> 파이어베이스Firebase는 서버를 직접 만들지 않아도 앱·웹을 빠르게 만들 수 있게 하는 구글의 백엔드Backend 플랫폼이다. 인증, 데이터베이스, 호스팅, 푸시 알림, 스토리지 등 백엔드에 필요한 대부분의 서비스를 제공한다.

Agent Manager에서 Agent에게 다음과 같이 요청하자.

> **🪄 프롬프트**
> 이제 이 홈페이지를 firebase로 호스팅하고 싶어. 어떻게 해야 돼?

> **🌙 Agent 응답**
> Firebase Hosting 배포 계획
>
> 1. 개요
> 현재 로컬에서 개발된 개인 홈페이지(c:₩Sample₩myhomepage)를 Firebase Hosting을 사용하여 전 세계 어디서나 접속 가능한 웹사이트로 배포합니다.
>
> 2. 배포 단계
> 단계 1: 준비 사항
> - Firebase Console에서 새 프로젝트 폴더 생성 (프로젝트 이름 예: seonghwan-portfolio)
> - Node.js 및 npm 설치 확인 (Firebase CLI 구동에 필요)

단계 2: CLI 도구 설치 및 로그인

npm install -g firebase-tools

firebase login

firebase login

IMPORTANT

firebase login은 브라우저 팝업을 통해 구글 로그인이 필요하므로 사용자가 직접 터미널에서 실행해야 합니다.

단계 3: 프로젝트 초기화 (firebase init)

- 터미널을 열고 프로젝트 폴더(c:₩Sample₩myhomepage)로 이동합니다.
- firebase init hosting 명령어를 입력합니다.

    Project Setup: 기존 프로젝트 선택 (단계 1에서 만든 프로젝트)

    Public directory: public (기본값)

    Configure as a single-page app: Yes

    Set up automatic builds and deploys with GitHub: No

단계 4: 파일 정리

- 현재의 index.html, style.css, script.js, assets/ 폴더를 새로 생성된 public/ 폴더 안으로 이동시킵니다.

단계 5: 배포 실행

firebase deploy

3. 사용자 검토 및 확인 필요

WARNING

유튜브 영상 재생 문제: 실제 Firebase 호스팅 URL(https://<project-id>.web.app)로 접속하면 로컬 파일 실행 시 발생했던 유튜브 재생 차단 문제가 해결됩니다.   .

4. 시나리오 및 자동화

- 가능한 경우 CLI 설치 및 초기 파일 구조 생성을 보조하겠습니다.
- 구글 로그인은 사용자의 직접적인 개입이 필요합니다.

Agent가 알려 주는 호스팅 방법은 조금씩 다르지만, 파이어베이스 사이트에 접속하여 회원가입하고 프로젝트를 만드는 과정은 동일하다.

웹 브라우저를 열어서 'firebase'를 검색하거나 URL을 직접 입력하여 접속한다.

URL   https://firebase.google.com/

파이어베이스에 로그인하거나 회원가입을 한 후 [Get started in console]을 클릭해 파이어베이스 콘솔 Firebase Console로 이동한다. 시작하기에서 [새 Firebase 프로젝트 만들기]를 눌러서 프로젝트를 생성하자.

Note 파이어베이스는 구글 계정이 있으면 쉽게 가입할 수 있다.

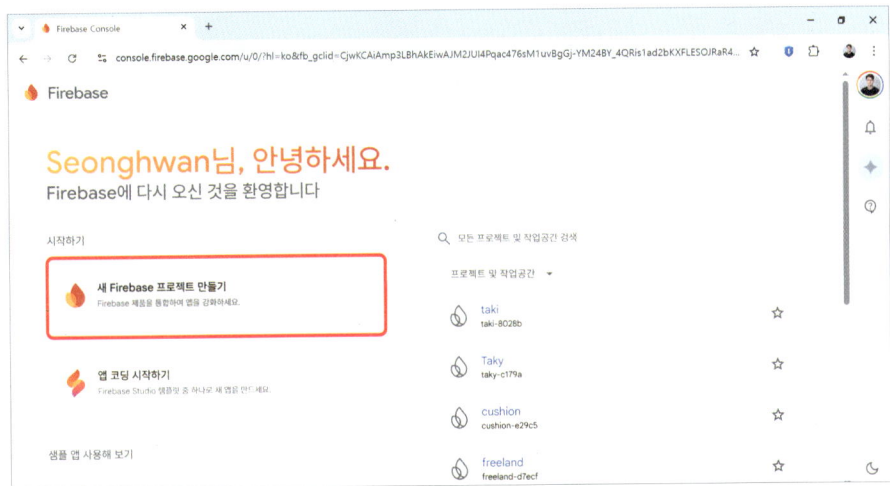

프로젝트 이름은 자유롭게 해도 된다. 웬만하면 영어를 사용하자. 필자는 Agent가 알려준 대로 입력했다.

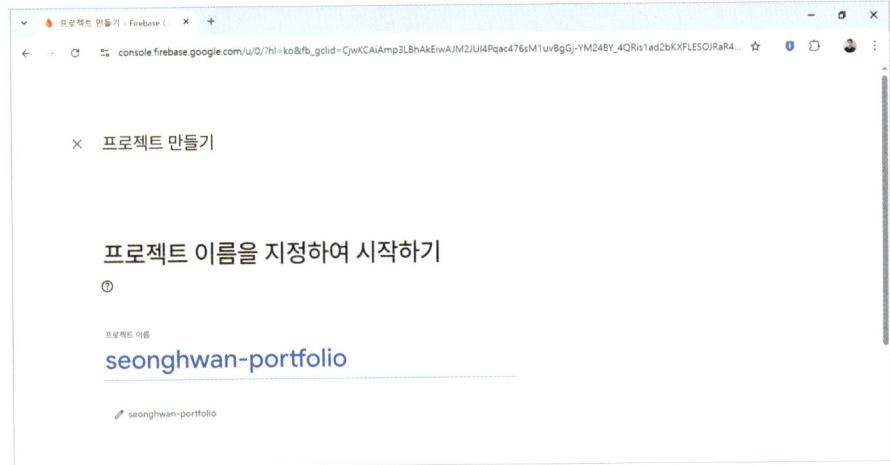

약관에 동의하고 하단의 [계속] 버튼을 누르다 보면 **구글 애널리틱스** 사용 설정을 제안하는 안내가 나온다. 사용 설정 버튼을 활성화하고 다음 화면으로 넘어가서 새로운 구성을 만들자. 만약 사용하기 원하지 않으면 이전 단계에서 애널리틱스 사용 설정을 해제해도 된다.

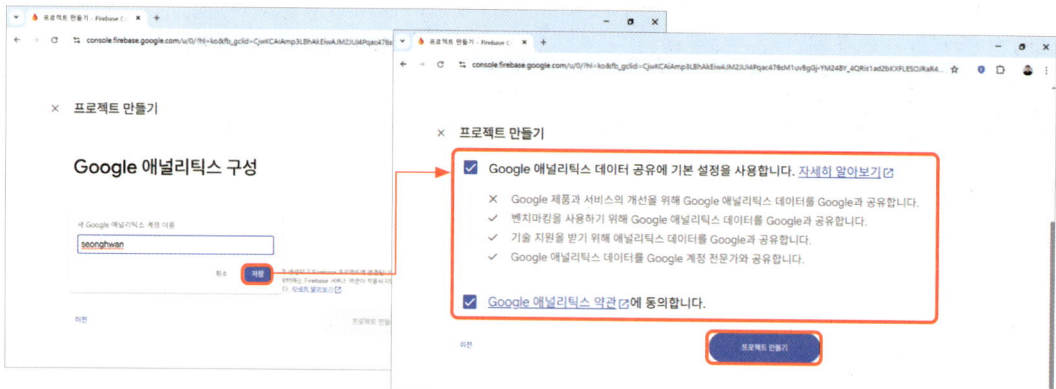

[프로젝트 만들기]를 누르면 잠시 후에 프로젝트가 생성된다. 프로젝트명은 꼭 기억하자.

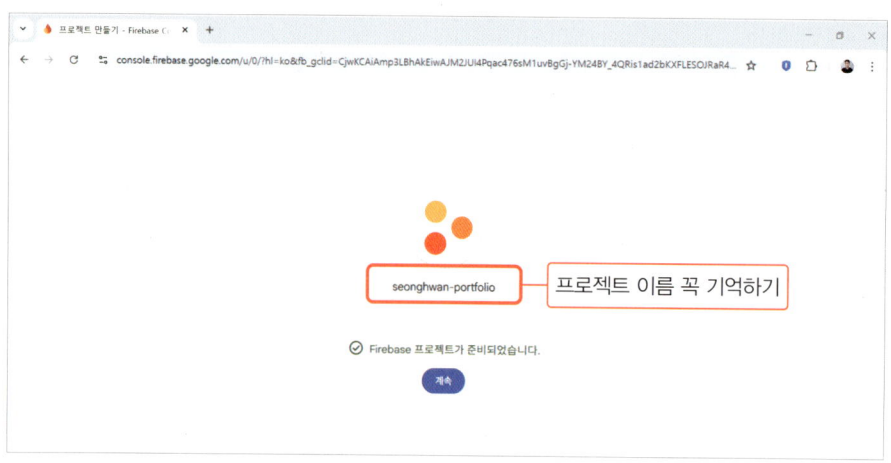

구글 애널리틱스란?

구글 애널리틱스^{Google Analytics}는 내 웹사이트나 앱에 사람들이 어떻게 들어와서 무엇을 하는지 기록·분석해 주는 도구이다.

이제 다시 안티그래비티 Agent Manager로 돌아온다. 프롬프트를 다음과 같이 입력해서 Agent를 통해 파이어베이스로 호스팅하자.

> 🪄 **프롬프트**
>
> Firebase 프로젝트 폴더 생성했어. 프로젝트명은 seonghwan-portfolio야. 나머지 설정은 너가 알아서 하고 호스팅해 줘.

그러면 Agent가 파이어베이스 CLI를 실행하는 데 필요한 파일들을 터미널로 설치한다. 그리고 터미널에서 파이어베이스 로그인을 하라고 요청한다.

Note 파이어베이스 CLI는 터미널에서 명령어를 통해 파이어베이스 프로젝트를 실행·관리할 수 있는 도구이다. 이를 실행하기 위해 필요한 Node.js, npm이라는 것도 Agent가 자동으로 설치해 준다. 만약 설치가 자동으로 되지 않는다면 뒤에 정리한 **[6. 문제 해결]**을 참고해 보자.

> ⏳ **Agent 응답**
>
> 터미널에서 아래 명령어를 실행하여 다시 로그인해주시면 배포를 계속 진행하겠습니다:
>
> firebase login --reauth
>
> 로그인을 완료하신 후 알려주세요!

특유의 시꺼먼 화면에 명령어를 입력해 컴퓨터에게 지시하는 창이 터미널 프로그램이다. 다음 안내를 참고하여 터미널을 열고 Agent가 알려 주는 그대로 입력하고 Enter 를 누르면 된다.

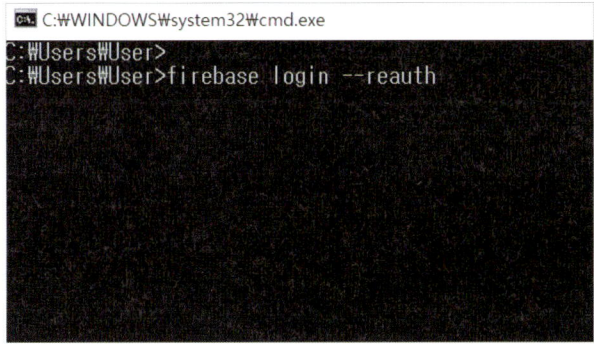

Vibe Up 터미널 프로그램 열기

터미널 프로그램을 여는 방법은 사용 중인 운영체제마다 조금 다르다.

윈도우는 ⊞+R 을 누르고 'cmd'를 혹은 'powershell'을 입력하고 Enter 를 누르면 된다. macOS는 Command +Space Bar 를 누르고 'terminal'을 입력한 후 Enter 를 누르면 된다.

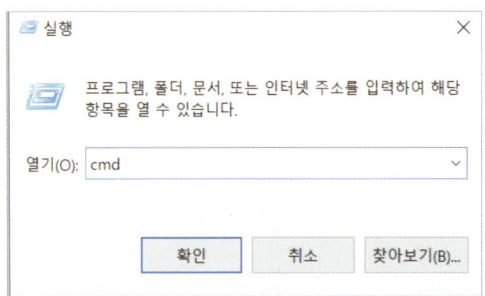
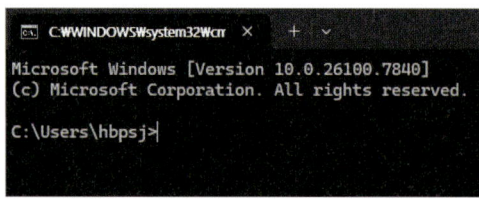

터미널을 통해 파이어베이스 로그인 명령을 하면 자동으로 웹 브라우저에서 구글 로그인 창이 표시되고 파이어베이스에서 회원 가입했던 계정과 같은 계정을 선택하면 된다.

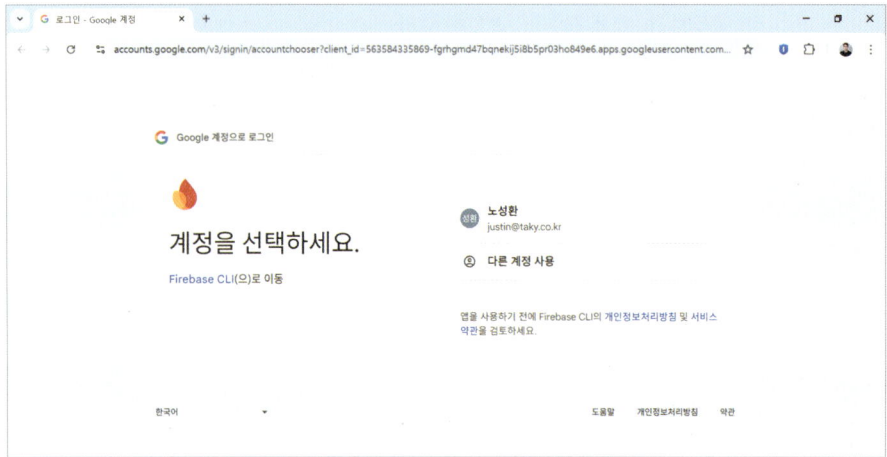

정상적으로 로그인되면 다음과 같은 메시지가 표시된다.

다시 안티그래비티로 돌아와서 다음처럼 완료되었다고 알려주고 다시 호스팅을 해달라고 하자.

> 🔎 **프롬프트**
>
> firebase 로그인 되었어. 이제 호스팅해 줘.

그러면 Agent가 다양한 터미널 명령을 수행하면서 알아서 파이어베이스에 웹사이트를 업로드하고 호스팅한다.

호스팅이 완료되면 Agent는 다 만들었다는 보고와 함께 접속 가능한 URL을 알려준다. 웹 브라우저에 그 URL을 입력하여 접속하면 정상적으로 홈페이지가 호스팅된 것을 볼 수 있다.

Note 실습 결과물 예시는 실습 처음에 안내한 [실습 자료 링크]를 통해 확인할 수 있다.

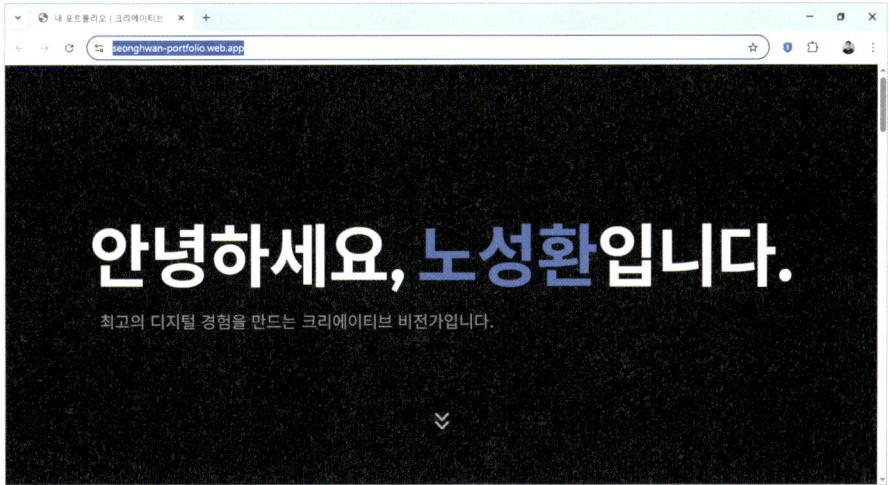

---

6 **문제 해결**

간단한 홈페이지라 하더라도 단번에 만들어지지 않는 경우가 많을 것이다. 이것은 너무나 당연한 일이다. 코딩은 원래 무수히 발생하는 **버그**와 오류를 수정하면서 개발해 나가는 것이다. 바이브 코딩이라고 해서 그 과정이 없어지진 않는다. 대신 AI가 대부분의 버그나 오류를 수정해 주기 때문에 아주 빠르고 편할 뿐이다.

버그란?

버그[Bug]는 프로그램이 의도한 대로 동작하지 않게 만드는 오류나 결함을 의미한다. 코드 실수, 논리 오류, 환경 차이 등으로 발생한다. 유래는 1947년, 초기 컴퓨터인 하버드 마크 II에서 나방(moth)이 회로에 끼어 오작동을 일으킨 사건에서 시작되었다.

필자는 홈페이지를 만들 때 다음과 같은 문제들이 발생했고 이렇게 해결했다. 바이브 코딩 과정에서 발생한 문제를 해결하는 데 참고하길 바란다.

Agent가 프로젝트 개요, 기능 명세서, 홈페이지 내용을 모두 영어로 만드는 경우

Agent에게 한글로 바꿔달라고 요청하면 된다.

> **한국어 응답을 받기 위한 요청 예시**
> - [앞서 입력한 내용 다음에] 모든 답변은 한국어로 작성해 줘. / 항상 한국어로 답변해 줘.
> - ~ 기능을 추가해 줘. 관련 명세서 업데이트와 화면에 보이는 텍스트는 모두 한국어로 작성해 줘.

만들어진 홈페이지의 배경색이나 글자 크기, 이미지 크기 등이 마음에 들지 않는 경우

Agent에게 구체적으로 어떤 부분을 어떻게 수정해 달라고 요청하면 된다. Agent는 이미지도 인식하기 때문에 수정을 원하는 부분을 스크린 캡처를 해서 보여 주고 구체적으로 수정 요청을 해도 된다.

> **이미지 수정 요청을 위한 질문 예시**
> - 이미지 크기를 조금 줄여 줘
> - 배경색을 흰색으로 바꿔 줘
> - [어떤 부분] 글자 크기를 줄여 줘
> - [어떤 부분] 여백을 줄여 줘

파이어베이스 CLI 설치가 자동으로 안 되는 경우

Agent가 터미널 명령을 요청할 때 거절하면 제대로 설치가 되지 않는다. 웬만하면 다 수락을 하자. 그리고 한 번에 안 되면 Agent에게 여러 번 해달라고 하자.

만약 AI가 계속해서 설치를 못하면 다른 AI 모델로 선택해 보자. 그래도 안 되면 AI에게 설치 방법을 물어보고 그대로 따라서 수동으로 설치를 하자.

파이어베이스 프로젝트 만든 계정과 파이어베이스 CLI에서 로그인한 계정이 다른 경우

터미널에서 `firebase login --reauth` 명령어를 입력하여 새로 로그인 하자.

유튜브 영상이 실행되지 않는 경우

로컬인 경우에서는 실행되지 않는 경우가 있을 수 있다. 호스팅하면 거의 대부분 실행된다. 그래도 안 되면 유튜브 영상 링크가 잘못된 것이 아닌지 확인해 보자. 올바른 링크라면 Agent에게 다시 제대로 연결해 달라고 하면 해준다.

호스팅 이후에 이미지가 표시되지 않는 경우

Agent가 이미지를 제대로 업로드하지 않은 것이다. Agent에게 이미지를 호스팅 이후에 제대로 표시해 달라고 하면 된다.

AI가 알 수 없는 에러 발생하거나 계속해서 같은 에러를 수정하지 못하는 경우

[Retry]를 눌러서 다시 시도하거나 다른 AI 모델을 선택해서 다시 시도해 보자.

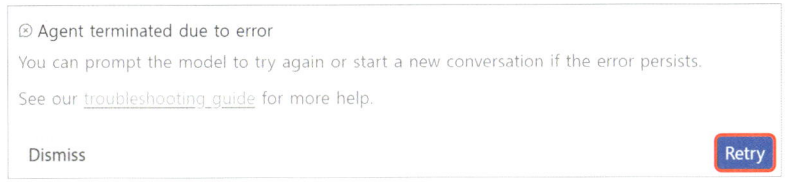

AI 사용량 한도에 도달하여 더 이상 개발을 못할 때

AI가 다시 사용 가능할 때까지 기다리거나 Google AI 요금제 종류를 변경해야 한다. 무료 버전에는 모델 사용량에 한계가 있다.

URL https://one.google.com/ai

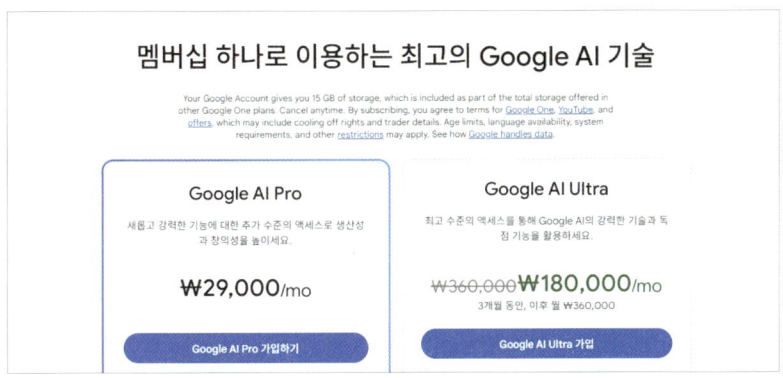

Vibe Up **AI 사용량 모니터링하는 방법**

안티그래비티 자체는 AI 사용량을 표시해 주지 않지만, 확장 프로그램을 이용하면 가능하다. Editor에서 좌측 메뉴를 보면 확장(⊞) 버튼이 있다. 이 버튼을 누른 다음 검색 창에서 'agq'를 검색하여 Antigravity Quota (AGQ)를 설치한다.

설치가 완료되면 안티그래비티 우측 하단에 AGQ 버튼이 보인다. 이 버튼을 누르면 AI 모델별 사용량을 실시간으로 확인할 수 있는 상태 창이 나온다.

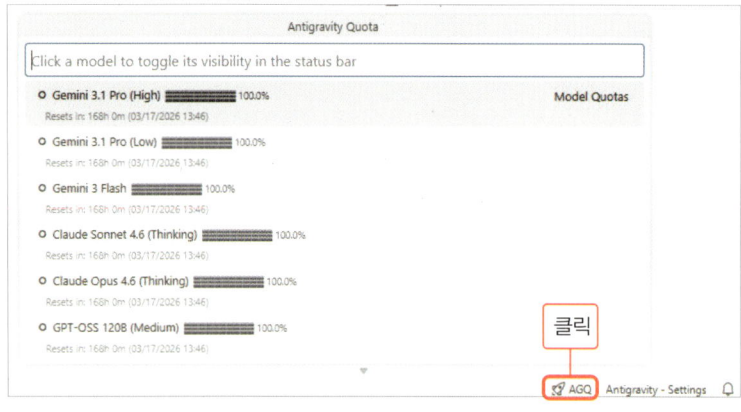

웹페이지 오류가 발생하는데 오류 내용을 Agent에게 알려주고 싶을 때

크롬(웹 브라우저)에서 F12를 누르면 화면 우측에 개발자 도구 창이 표시된다. 상단에 보이는 다양한 메뉴 중 [콘솔^Console] 탭을 선택한다. 그러면 웹 페이지에서 발생한 오류들이 표시된다(failed to…라는 내용이다). 그 내용을 복사하여 Agent Manager에서 붙여 넣고 해당 오류를 수정해 달라고 하면 된다.

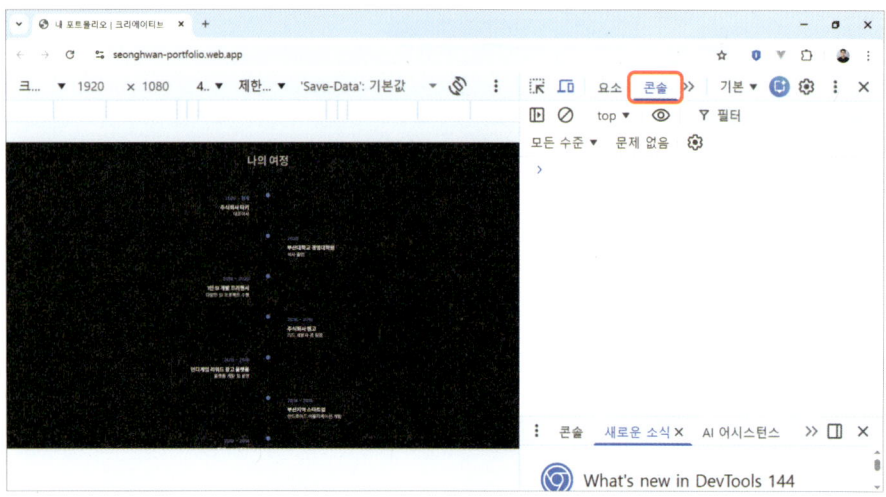

3-2 컴퓨터와 대결하는 땅따먹기 게임 만들기

학습 목표 기능 명세서 제작 및 수정하는 방법

실습 자료 링크

`URL` https://myspace-drive-34309.web.app/

이번에는 간단한 게임을 만들어 보자. 필자가 학생 때 꽤 인기 있었던 게임 중에 땅따먹기 게임이 있었다. 바둑판처럼 생긴 격자무늬 배경에 두 명이 한 차례씩 번갈아 가며 빈칸에 자신의 돌을 놓으면 위, 아래, 양 옆의 칸이 자신의 땅이 된다. 그러다 더 이상 돌을 놓을 공간이 없어질 때 누가 더 많은 땅을 차지하고 있는지를 보고 승자를 판별하는 게임이다.

말로 설명하면 그렇게 복잡해 보이지 않지만 이 게임을 스스로 개발한다고 생각하면 꽤 복잡하다. 기본적인 땅을 따먹는 알고리즘을 떠올리는 것도 개발에 익숙하지 않은 사람이면 쉽지 않은데, 그래픽적인 요소인 애니메이션이나 소리까지 생각한다면 절대로 간단한 프로그램은 아니다.

그렇지만 세상의 거의 모든 게임의 알고리즘을 알고 있는 AI를 통해 개발하면 빠르고 쉽게 개발될 것이다. 땅따먹기란 게임은 많은 오픈소스와 예제가 인터넷에 공유되어 있기 때문에 AI는 그런 인터넷의 지식을 바탕으로 금방 개발할 수 있다.

이번 프로젝트에서 중요한 것은 **상세한 기능 명세서를 작성**하는 일이다. 이전 프로젝트에서의 기능 명세서는 사실 제대로 된 역할을 할 수 없었다. 보통 기능 명세서라고 하면 기능 ID, 기능 구분(페이지 등), 상세 설명, 테스트 시나리오 등이 포함되어야 제대로 된 기능 명세서라고 할 수 있다.

기능 명세서 예시

기능 ID	구분	페이지	상세 설명	테스트 시나리오
A01	회원가입	로그인	사용자는 회원가입 버튼을 누르고 사용자의 id, 비밀번호, 이름, 연락처를 입력 후 서비스 이용약관과 개인정보취급 방침을 체크 후 회원가입할 수 있다.	1. 로그인 화면 2. 회원가입 버튼 클릭 3. 가입할 정보 입력 4. 서비스 이용약관 체크, 개인정보취급 방침 체크 5. 등록 버튼 클릭

싱글 페이지[Single Page]였던 자기 소개 페이지와 다르게 게임은 시작 화면, 게임 화면, 결과 화면 등 여러 화면이 필요하고 각 화면에서의 기능이 다양하다. 이번 프로젝트를 통해 제대로 된 기능 명세서를 작성하는 법을 배워 보자.

> **싱글 페이지와 멀티 페이지**
> 한 페이지 안에 내용이 담긴 경우를 싱글 페이지[Single Page], 여러 페이지로 구성되어 페이지 이동을 하는 경우는 멀티 페이지[Multi Page]라고 한다.

🔅 개발 흐름

1. 프로젝트 폴더 생성
2. 프로젝트 개요와 기능 명세서 작성
3. 코드 구현
4. 실행 및 테스트
5. 문제 해결

1 프로젝트 폴더 생성

안티그래비티 Editor에서 [File → Open Folder]를 선택하여 탐색기가 열리면 새로운 폴더를 만든다. 필자는 C:\Sample 폴더에 groundgame이라는 폴더를 생성하고 선택하였다.

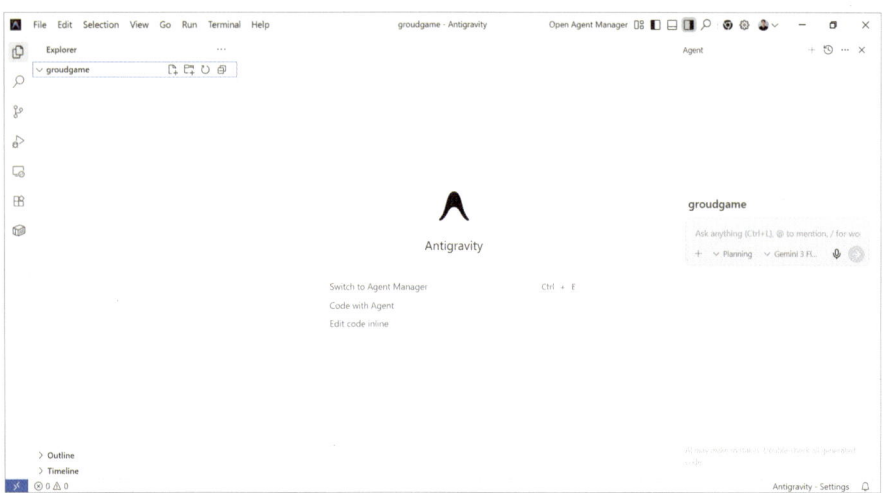

프로젝트 개요와 기능 명세서 작성

안티그래비티 Agent Manager를 열어서 [Start Conversation]을 누르고 생성한 프로젝트를 선택하자. 그리고 프롬프트로 게임에 대해 설명해야 한다. 필자는 다음과 같이 프롬프트를 입력하였다.

> **🎯 프롬프트**
>
> 땅따먹기 게임을 만들 거야. 사용자와 컴퓨터가 1:1 대결을 하는 거야. 전체 맵의 크기는 6x6이야. 화면의 구성은 인트로, 게임 화면, 게임이 종료된 이후 결과 화면 이렇게 총 3개야. 인트로에는 '게임 스타트' 버튼만 있으면 돼. 게임 스타트를 하면 사용자와 컴퓨터의 턴이 돌아가면서 6x6 중 빈칸에 하나씩 돌을 놓아. 돌을 놓은 칸을 중심으로 상하좌우 칸이 자동으로 자기 땅이 돼. 사용자의 돌은 빨간색 코인으로 표시하고 PC의 돌은 파란색 코인으로 표시해. 더 이상 놓을 곳이 없을 때 누가 더 많은 땅을 가지고 있는지가 승패를 가르는 기준이야. 게임이 끝나면 종료 화면에서 사용자와 PC 중에 누가 이겼고 각각 몇 개의 땅을 가지고 있었는지 표시해. 게임이기 때문에 그래픽을 게임처럼 만들어. 이 내용을 바탕으로 프로젝트 개요와 기능 명세서 만들어서 보여줘. 기능 명세서에는 기능 id, 페이지, 기능 구분, 상세 설명, 테스트 시나리오를 포함해.

내용이 조금 길어 보이지만 규모가 있는 시스템을 개발할 때는 이와 같은 내용도 부족하다. 그럴 때는 미리 사용자가 작성한 기능 명세서 표를 Agent에게 보여주는 것이 더 좋다.

> **🕹 Agent 응답**
>
> 📋 작성된 문서
>
> 1. project_overview.md
> 프로젝트의 전체적인 개요를 담은 문서입니다:
>
> - 프로젝트 목적 및 게임 컨셉
> - 게임 규칙 상세 설명
> - 화면 구성 (인트로/게임/결과)
> - 디자인 방향 및 비주얼 가이드
> - 기술 스택 및 프로젝트 구조
> - 개발 단계 및 향후 확장 가능성
>
> 2. functional_specification.md
> 요청하신 모든 항목을 포함한 상세 기능 명세서입니다:
>
> - 총 15개 기능 명세 (INTRO-001 ~ RESULT-003)

- 각 기능마다 포함된 내용:
  - ☑ 기능ID: 고유 식별자
  - ☑ 페이지: 인트로/게임화면/결과화면
  - ☑ 기능구분: 화면표시/게임로직/AI로직/UI/UX/버튼액션
  - ☑ 상세설명: 구현 세부사항
  - ☑ 테스트 시나리오: 검증 방법

입력한 프롬프트를 기반으로 Agent가 결과물을 만들어낸다. 결과물은 각자 다를 수 있지만 기능 명세서의 구조는 프롬프트로 요청한 대로 나올 것이다.

안티그래비티의 Editor에 보면 생성된 project_overview와 functional_specification의 내용을 볼 수 있다. functional_specification는 기능 명세서로 15개의 기능에 대해서 기능 ID와 이름, 구분, 상세설명, 테스트 시나리오 등이 잘 표시되어 있다.

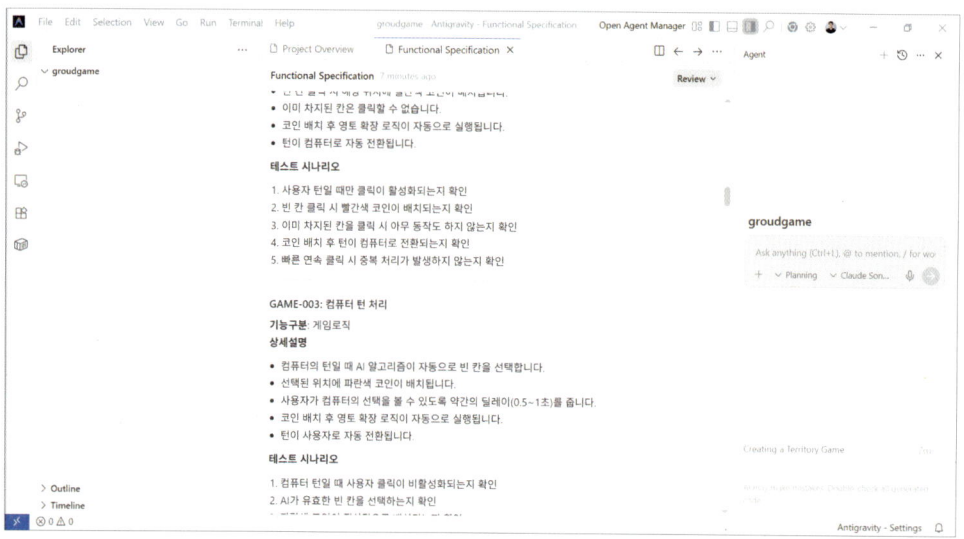

Agent가 만든 기능 명세서는 상세히 꼼꼼하게 읽어봐야 한다. 잘못된 내용이 있거나 기획 의도와 다른 게 있으면 Agent에게 Comment를 남겨야 한다. 기능 명세서의 내용은 곧 프로그램의 설계도이기 때문에 잘못된 내용이 있는데 고치지 않으면 잘못된 프로그램이 개발되게 된다. 필자는 이 과정이 바이브 코딩에 있어 가장 중요하다고 생각한다.

필자는 AI가 만든 기능 명세서의 내용에 총 6개의 Comment를 남겨서 Review를 실행하였다. Comment를 얼마나 추가해야 할지는 사용자마다 다른데, 구체적으로 적을수록 Agent가 실수를 적게 하므로 최대한 상세하게 표현하자.

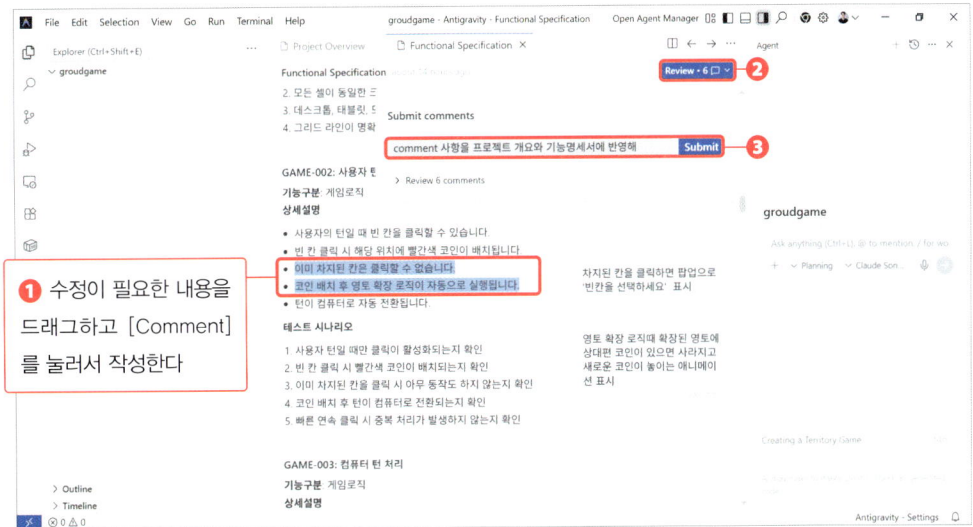

❶ 수정이 필요한 내용을 드래그하고 [Comment]를 눌러서 작성한다

🌑 Agent 응답

📋 작성된 문서

1. 게임 타이틀
- → "땅따먹기 게임"만 표시
- 한글 타이틀만 표시하도록 수정

2. 버튼 위치
- 게임 타이틀: 화면 중앙에 표시
- 스타트 버튼: 타이틀보다 조금 더 밑에 배치
- 명확한 레이아웃 구조 정의

3. 맵 크기 확장
- → 8x8 (64칸)
- 모든 관련 알고리즘, 테스트 시나리오 업데이트
- 더 전략적이고 긴 게임 플레이 가능

4. 차지된 칸 클릭 시 팝업
- 새로운 기능 추가: GAME-010
- 이미 차지된 칸 클릭 → "빈칸을 선택하세요" 팝업 표시
- 2~3초 후 자동 사라짐
- 게임 진행 방해하지 않음

5. 코인 교체 애니메이션
   - 새로운 기능 추가: GAME-011
   - 상대편 코인이 있는 칸 덮어쓰기 시:
     1. 기존 코인이 사라지는 애니메이션 (페이드아웃 + 축소)
     2. 새로운 코인이 나타나는 애니메이션 (페이드인 + 확대)
   - 지속 시간: 0.3~0.5초
   - 여러 칸 동시 교체 시 모든 애니메이션 동시 실행

6. 알고리즘 업데이트
   - 영토 확장 알고리즘에 코인 교체 애니메이션 트리거 추가
   - 상대편 코인 감지 로직 추가
   - 8x8 그리드 범위 체크로 변경

📋 **추가된 기능**

기능 명세서에 2개의 새로운 기능이 추가되었습니다:
   - GAME-010: 잘못된 클릭 팝업 표시
   - GAME-011: 코인 교체 애니메이션

총 기능 수: → 17개

📋 **업데이트된 문서**

1. project_overview.md

2. functional_specification.md

모든 변경사항이 두 문서에 일관되게 반영되어 있습니다!
다음 단계로 실제 게임 구현을 시작하시겠습니까?

필자가 변경 및 수정 요청한 내용들이 기능 명세서에 제대로 반영되었다. 추가된 기능 2개를 더해 총 기능 수는 17개로 변경되었다.

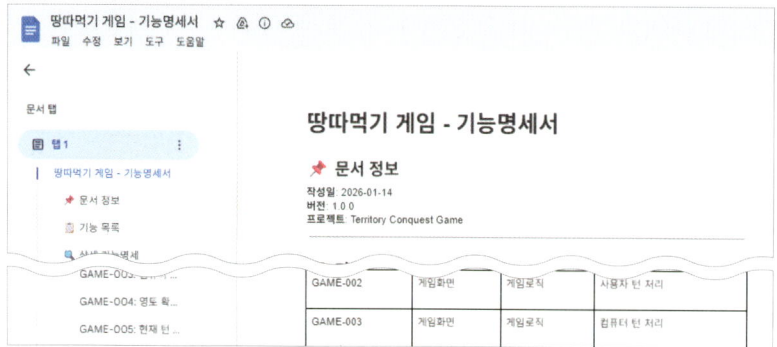

3 코드 구현

기능 명세서 검토와 작성이 완료되었으면 이제는 Agent에게 코드 구현(개발)을 맡길 차례이다. Agent Manager에서 프롬프트로 다음과 같이 입력하자.

☆ 프롬프트

이제 프로젝트 개요와 기능 명세서의 내용에 맞게 구현해.

☆ Agent 응답

프로젝트 개요와 기능 명세서에 따라 땅따먹기 게임의 구현을 완료했습니다!

구현된 파일 목록:

1. c:/Sample/groudgame/index.html: 게임의 메인 구조 (인트로, 게임, 결과 화면)

2. c:/Sample/groudgame/css/: 스타일 시트 (메인, 인트로, 게임, 결과)
   - main.css, intro.css, game.css, result.css

3. c:/Sample/groudgame/js/: 게임 로직 (모듈화)
   - main.js: 게임 초기화 및 화면 전환
   - game.js: 핵심 게임 규칙 및 8x8 보드 로직
   - ui.js: DOM 조작, 애니메이션(교체 효과 등), 팝업
   - ai.js: 컴퓨터 AI (탐욕 알고리즘)

주요 구현 사항:

- 8x8 그리드: 64칸 맵으로 확장되었습니다.
- 영토 확장: 돌을 놓으면 상하좌우가 자동으로 내 땅이 되며, 상대방 돌은 교체 애니메이션과 함께 뺏어 옵니다.
- 팝업 알림: 이미 놓여진 돌을 클릭하면 "빈칸을 선택하세요" 알림이 뜹니다.
- 디자인: 요청하신 대로 검은 배경에 고급스러운 UI를 적용했습니다.

실행 방법: 웹 브라우저 보안 정책(CORS)으로 인해 로컬 파일을 직접 열면 자바스크립트 모듈이 작동하지 않을 수 있습니다. VS Code의 Live Server 확장을 사용하거나, 로컬 웹 서버(예: python -m http.server)를 통해 index.html을 실행해주세요.

Agent가 구현을 완료하면 프롬프트로 실행을 요청한다.

> 🪄 **프롬프트**
>
> 브라우저로 실행해 줘.

개발된 게임이 의도한 대로 동작하는지 확인한다.

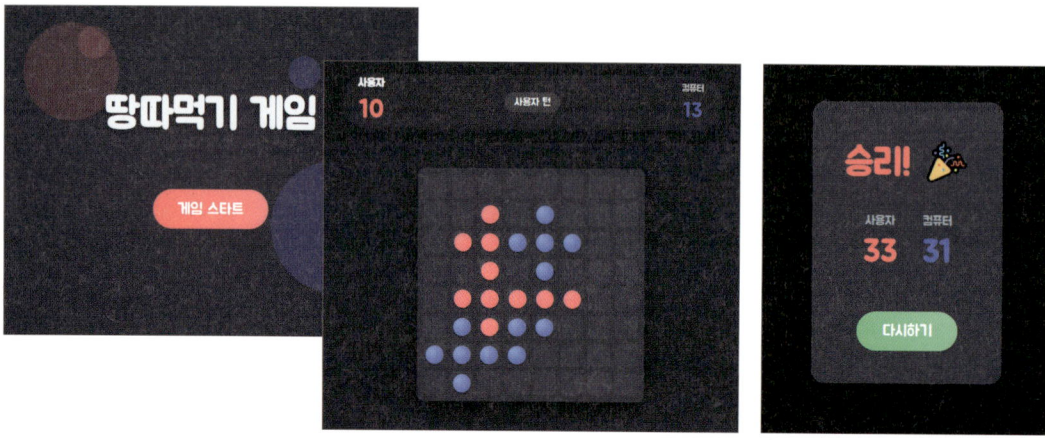

개발 완료 후 배포하는 과정은 [3-1. 자기 소개 페이지 만들기]의 [5. 웹 사이트 배포]와 동일하다. 파이어베이스에서 새로운 프로젝트를 만들고 프롬프트로 파이어베이스에 호스팅을 해달라고 요청하면된다. 이 과정은 이전 프로젝트에서 진행한 것과 같은 내용이라 생략하도록 하겠다.

5 문제 해결

만들어진 게임 화면의 디자인이 마음에 들지 않을 때

Agent에게 어떤 화면을 어떻게 수정해 달라고 하면 된다. 만약 스스로 게임 화면을 그릴 수 있으면 그린 이미지를 Agent에게 추가하여 그 이미지를 참고해서 만들어 달라고 하면 된다.

화면 수정 요청을 위한 질문 예시
- [어떤 화면]의 제목을 [어떤 이름]으로 변경해 줘
- [어떤 화면]에 [어떤 폰트]를 써 줘

- [어떤 화면]의 [어떤 것]의 위치를 [어디]로 옮겨 줘
- [어떤 화면]의 [어떤 것]의 크기를 줄여 줘

게임 기능이 의도한 대로 동작되지 않을 때

Agent에게 게임 중에 원래 동작되어야 하는 기능은 어떤 것인데 제대로 안 된다고 수정해 달라고 한다. 또는 기능 명세서에서 잘못된 부분이 없는지 확인한다. 만약 기능 명세서가 잘못되어 있으면 기능 명세서를 수정한 후 Agent에게 기능 ID의 내용이 변경되었으니 프로그램을 수정해 달라고 한다.

게임의 룰을 변경하거나 추가 기능을 만들고 싶을 때

Agent에게 정확하게 어떤 기능이 필요한지 설명한다. 그리고 그 내용을 기능 명세서에 추가해 달라고 하여 기능 명세서를 수정하고 수정이 끝나면 Agent에게 변경된 내용을 구현해 달라고 한다.

파이어베이스 배포가 제대로 안 될 때

[3-1. 개인 소개 페이지 만들기]의 [5. 웹 사이트 배포]를 참고하여 파이어베이스의 새로운 프로젝트를 생성하고 다시 로그인한다. Agent에게 프로젝트를 다시 연결해 달라고 한다.

3-3 귀금속 실시간 가격 조회 사이트 만들기

학습 목표　바이브 코딩으로 OpenAPI 활용하는 법
　　　　　바이브 코딩으로 리액트 프로젝트 개발하는 법

실습 자료 링크
URL　https://myspace-drive-34309.web.app/

이번에는 웹 사이트에 접속하면 금, 은 등의 귀금속 가격 정보를 주기적으로 새롭게 볼 수 있는 사이트를 만들어 보자. 이 프로젝트를 통해서 OpenAPI를 사용하는 방법을 배울 것이다.

OpenAPI란?

외부 시스템이나 서비스가 제공하는 기능과 데이터를 정해진 규칙에 따라 다른 프로그램에서 사용할 수 있도록 공개한 인터페이스[API]를 의미한다. OpenAPI를 이용하면, 개발자는 직접 데이터를 수집하거나 기능을 구현하지 않아도 이미 제공 중인 서비스의 데이터를 요청[Request]하고 응답[Response] 형태로 받아 자신의 애플리케이션에 활용할 수 있다.

예를 들어 기상청 OpenAPI를 사용하면 특정 지역의 현재 날씨나 미세먼지 정보를 서버에서 받아와 웹사이트나 모바일 앱에 실시간으로 표시할 수 있다. 또 다른 예로 환율 OpenAPI를 이용하면 은행이나 금융 서비스에서 제공하는 최신 환율 데이터를 받아 환율 계산기나 금융 대시보드를 구현할 수 있다. 이처럼 OpenAPI는 서비스 간 연동을 쉽게 만들고, 개발 시간과 비용을 줄이는 데 큰 장점을 가진다.

실습을 시작하기에 앞서 OpenAPI를 준비해 보자. 금, 은 등의 귀금속 OpenAPI 중 무료로 사용할 수 있는 것을 Agent에게 물어보자. 안티그래비티의 Agent Manager에서 물어도 되고 챗GPT나 구글 검색 등을 이용해도 좋다.

필자는 MetalpriceAPI라는 서비스를 사용할 것이다. 금, 은, 구리, 플래티넘 등 금속의 실시간 시세, 환율 변환 정보를 제공하는 OpenAPI를 제공하는 사이트이다.

URL   https://metalpriceapi.com

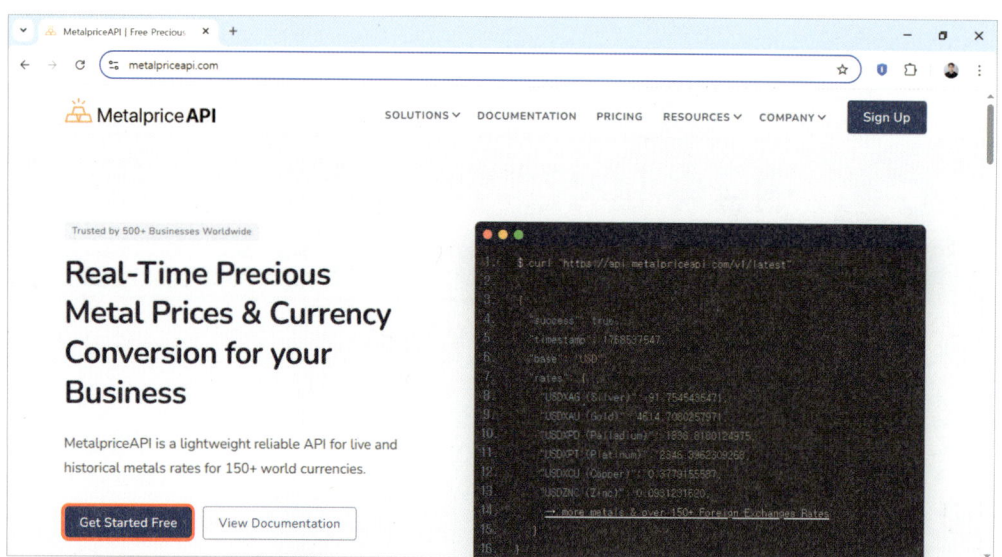

MetalpriceAPI 사이트에 접속해서 무료 회원가입을 하고 이메일 인증을 하면 API Access KEY를 발급받을 수 있다. 나중에 OpenAPI를 사용한 개발을 할 때 API Access Key가 필요하다. 그러므로 발급된 API Access Key는 반드시 기억하거나 메모장 등에 복사 붙여넣기를 하여 저장해 두자.

그 후 MetalpriceAPI 사이트 왼쪽 메뉴 중에서 [Documentation]을 클릭해 보자.

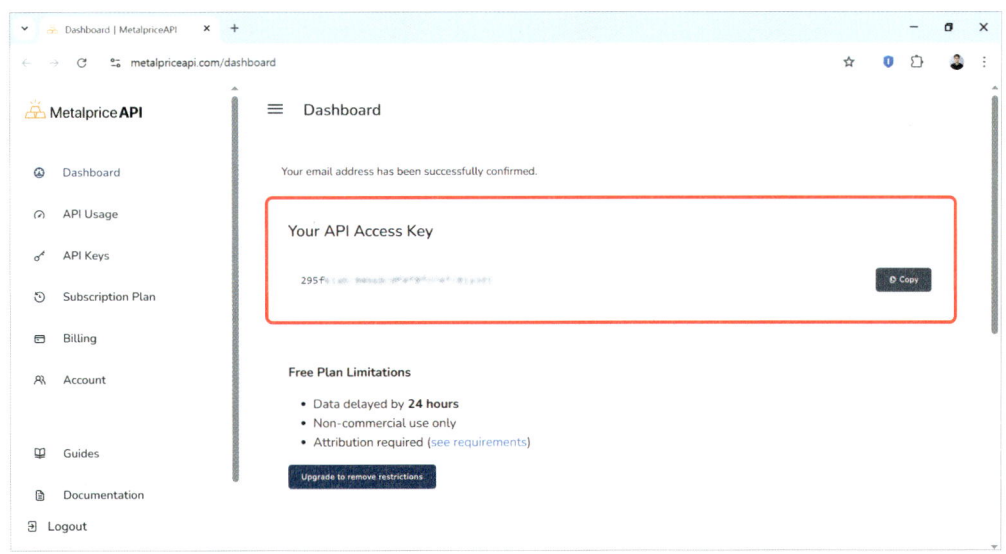

MetalpriceAPI의 Documentation은 OpenAPI를 사용법을 안내하는 페이지이다. 바이브 코딩이 없던 때의 개발자들은 이런 문서를 보고 사용법을 공부하여 직접 개발하였다. 하지만 지금은 이 문서의 URL을 Agent에게 전달하기만 하면 Agent가 내용을 파악하고 알아서 개발한다. 많이 쓰이는 OpenAPI는 Agent가 이미 인터넷에 공개된 정보를 통해 알고 있어서 가이드를 주지 않아도 척척 개발해 주기도 한다. 정말 편리하고 놀라운 세상이다.

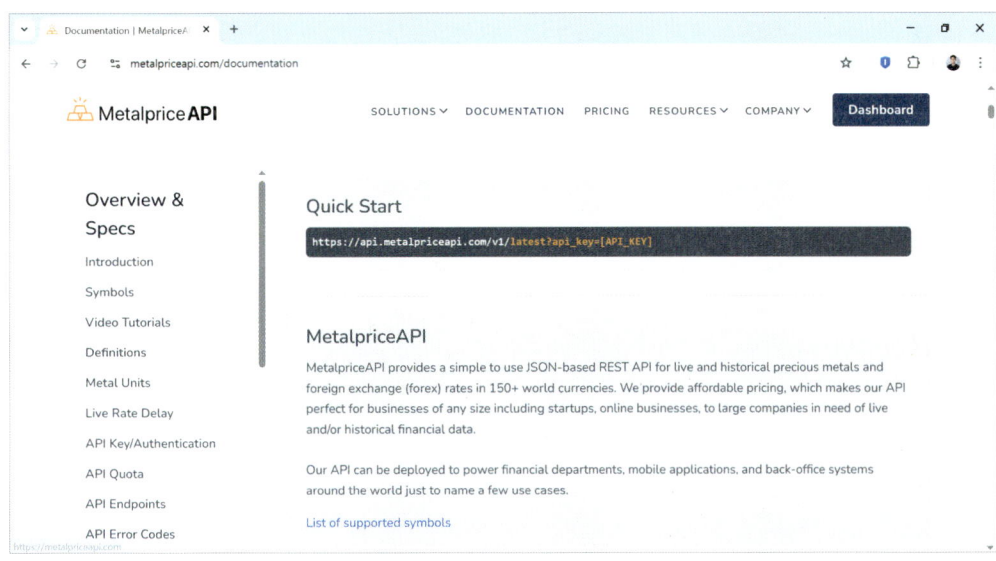

MetalpriceAPI를 사용할 준비를 마쳤으면 바이브 코딩을 시작해 보자. 전체적인 개발 흐름은 다음과 같다.

🎯 개발 흐름

1. 프로젝트 폴더 생성
2. 프로젝트 개요와 기능 명세서 작성
3. 코드 구현
4. 실행 및 테스트
5. 문제 해결

1 프로젝트 폴더 생성

안티그래비티의 Editor에서 [File → Open Folder]를 선택하고 파일 탐색기에서 폴더를 하나 만들고 선택하자. 필자는 C:\Sample 폴더에 metalprice라는 폴더를 만들어서 선택했다.

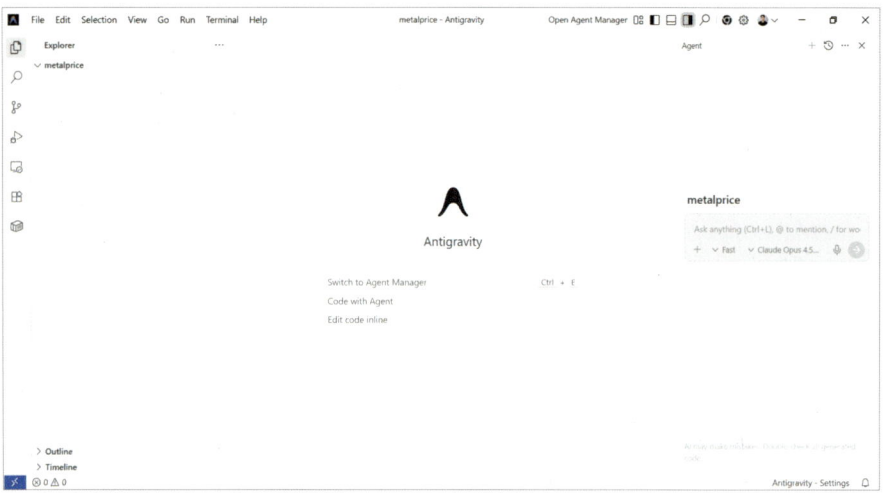

2 프로젝트 개요와 기능 명세서 작성

이 프로젝트에서는 처음으로 웹 프레임워크를 사용한다. 다양한 선택지가 있겠지만, 바이브 코딩에서 AI가 잘하면서 설치하기 쉬운 이유로 리액트^{React} 프레임워크를 사용해 볼 것이다.

안티그래비티의 Agent Manager를 열어서 새로운 대화를 열고 프롬프트를 입력하자.

> ### ⚙️ 프롬프트
> 금, 은, 구리, 플래티넘 등 다양한 금속의 실시간 시세를 조회하는 웹사이트를 만들어줘. 리액트 프레임워크를 사용해. OpenAPI는 MetalpriceAPI를 사용해. 단일 페이지이고 레이아웃 상단에는 다양한 금속들의 현재 가격이 카드뷰 형식으로 카드 한 개씩 표시되고 그 밑의 레이아웃에는 기간을 선택하면 해당 기간 동안의 금, 은, 구리 등 금속의 시세 변동 그래프가 각각 세로로 1개씩 표시되게 해. 프로젝트 개요와 기능 명세서 만들어서 보여줘.

> ### ☪️ Agent 응답
> Metal Price Dashboard 프로젝트 개요와 기능 명세서를 작성했습니다.
>
> 프로젝트 개요:
> - 기술 스택: React 19 + Vite, Chart.js, MetalpriceAPI
> - 대상 금속: 금(XAU), 은(XAG), 플래티넘(XPT), 팔라듐(XPD), 구리(XCU), 알루미늄(XAL)
> - UI 컨셉: 다크 테마 + Glassmorphism 카드 디자인
>
> 기능 명세서 (14개 기능):
> - 실시간 시세 카드 뷰 (6종 금속)
> - 기간별(1주~1년) 시세 변동 그래프 (각 금속별 세로 배치)
> - 반응형 레이아웃, 로딩/에러 처리
>
> IMPORTANT
> MetalpriceAPI 키가 필요합니다. https://metalpriceapi.com/register 에서 무료 계정을 만들어 API 키를 발급받으셔야 합니다.
> 문서를 검토하신 후 구현을 진행할까요?

Agent가 프로젝트 개요와 기능 명세서를 만든 후에 API Access key를 알려달라고 한다. 앞서 Metalprice API 사이트에서 발급받은 key 정보를 알려주자.

 프롬프트

API 키는 [앞서 복사한 Metalprice API 액세스 키]야. 반영해.

그러면 Agent가 API 키 정보까지 포함된 프로젝트 개요를 수정해서 생성해 준다.

프로젝트 개요에는 화면에 대한 예상 레이아웃, 화면에 표시할 금속 종류, 사용할 기술이 나오고 기능 명세서에는 각 기능에 대한 설명이 나온다. 필자가 받은 기능 명세서에는 MetalpriceAPI를 어떻게 사용할 건지에 대한 코드도 나와 있었다. 즉 MetalpriceAPI를 어떻게 사용하는지 가르쳐 주지 않아도 Agent는 인터넷 상에 공개된 정보를 통해 이미 알고 있는 것이다.

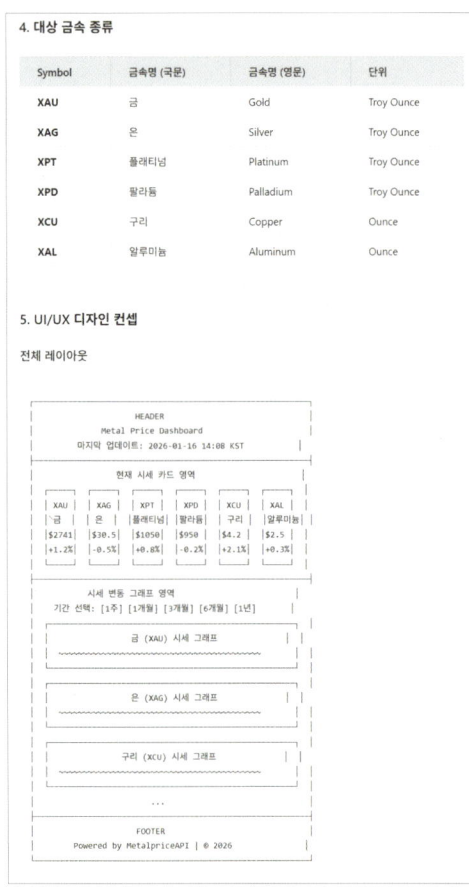

프로젝트 개요와 기능 명세서 검토가 끝났으면 프롬프트로 구현해 달라고 하자.

> ☾ **프롬프트**
>
> 프로젝트 개요와 기능 명세서를 바탕으로 구현해 줘.

그러면 리액트 프로젝트를 만드는 과정이 진행될 것이다.

사용자의 PC에 리액트 프레임워크가 미설치된 상태라면, Agent가 알아서 리액트 프레임워크와 필요한 **라이브러리**들을 설치한다. 설치 과정에서 사용자에게 수락을 요구하는 경우가 있는데 전부 수락(Accept 또는 Proceed)하면 된다.

Note 리액트 프레임워크가 자동으로 설치되지 않는다면 이 실습의 마지막에 있는 [5. 문제 해결]을 참고하길 바란다.

라이브러리란?

라이브러리^{Library}는 특정 기능을 위해 모은 코드 묶음이다. 특정 기능의 개발이 필요할 때, 누군가 잘 만들어 놓은 라이브러리를 활용한다면 빠르고 편하게 개발할 수 있다. 예를 들어 웹사이트에 지도를 표시해야 하는 경우이면 지도 라이브러리를, 주소 검색에 대한 기능이 필요하면 주소검색 라이브러리를 사용한다.

참고로 라이브러리와 SDK는 역할이 거의 동일해서 상당히 헷갈리는 개념이다. 차이를 조금 쉽게 설명하면 라이브러리는 특정 기능 하나하나마다 존재하는 느낌이라면 SDK는 조금 더 다양한 기능들을 묶음으로 제공하는 느낌이다. 그래서 SDK 안에는 다양한 라이브러리들이 포함되는 경우가 많다.

코드 구현이 다 끝나면 Agent가 완료되었다고 보고할 것이다.

> ☾ **Agent 응답**
>
> Metal Price Dashboard 구현이 완료되었습니다. localhost:5173에서 실행 중인 대시보드를 확인하실 수 있습니다.
>
> 구현 사항
> - 실시간 시세: 금, 은, 플래티넘, 팔라듐의 현재 시세 및 변동률 표시 (카드형 UI)
> - 디자인: 다크 테마 및 Glassmorphism 스타일 적용
> - 제한 사항: 무료 API 플랜 사용으로 인해 구리/알루미늄 조회 및 과거 데이터(그래프) 기능이 일부 제한되었습니다.
>
> walkthrough.md 파일에서 상세한 구현 결과와 스크린샷을 확인하실 수 있습니다.

안티그래비티의 장점 중 하나는 **Agent가 브라우저를 직접 제어할 수 있다는 것이다.** Agent가 개발뿐 아니라, 웹 애플리케이션의 실행 및 테스트를 진행하면서 문제를 수정해 주기에 정말 편리하다.

Agent에게 요청한 기능이 브라우저에 제대로 담겼는지 확인해 보자.

필자는 일부 화면들이 제대로 표시되지 않았다. Agent의 응답을 보니 과거 데이터는 유료 API라서 정보를 얻을 수 없기 때문에 그래프를 그릴 수 없었다.

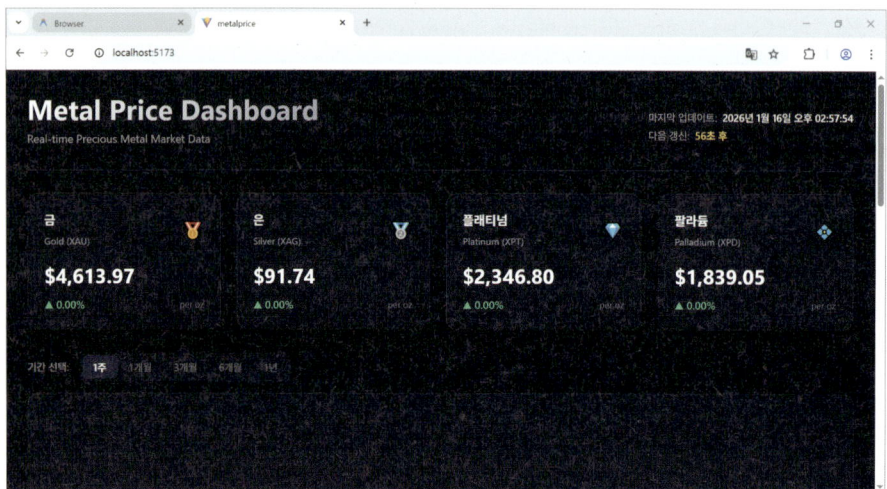

MetalpriceAPI를 유료 결제하면 과거 정보까지 조회하여 그래프나 변동률을 알 수 있겠지만 이 실습은 샘플 프로젝트이기 때문에 무료로 제공되는 기능만 화면에 표시하도록 Agent에게 수정을 요청했다.

> 💫 **프롬프트**
>
> 무료 API 플랜에서 가능한 기능들만 페이지에서 표시되도록 수정해.

무료 API에서 가능한 기능들을 Agent가 스스로 조회하여 표시 불가능한 정보들은 삭제하였고, 최종 개발 결과물은 다음과 같다. 그래프 부분들이 모두 삭제되었다.

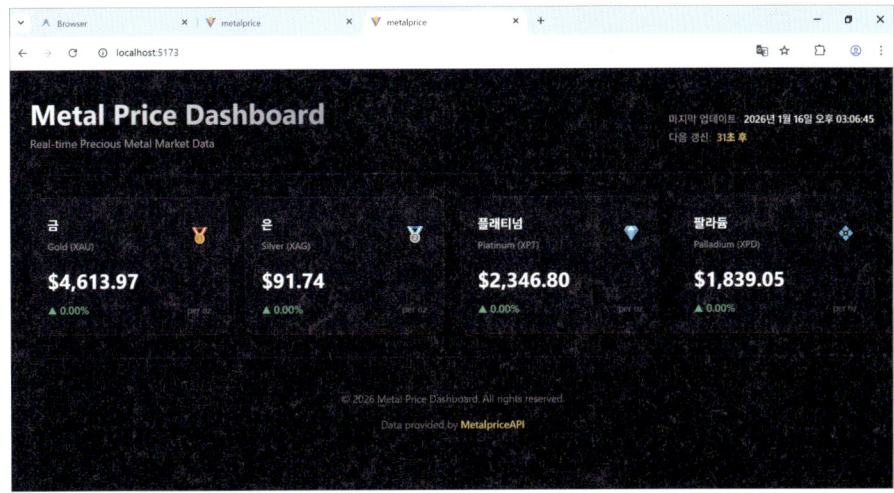

다 만들어졌으면 이전 프로젝트에서 진행했던 것처럼 파이어베이스로 호스팅을 요청한다. 그러면 Agent가 알아서 배포하고 접속 가능한 URL을 알려준다.

이렇게 하여 OpenAPI를 통해서 데이터를 실시간으로 조회하는 사이트를 만들어 보았다. 필자는 간단한 예를 보여 주기 위해서 무료 귀금속 가격 조회 API를 이용하였지만 인터넷상에는 많은 OpenAPI가 있다. 주식 가격, 부동산 가격, 가상화폐 가격, 인구통계 정보, 최신 뉴스 정보 등등 다양한 OpenAPI가 있으니 만들고 싶은 서비스가 있으면 AI에게 어떤 OpenAPI를 사용하면 되는지 물어보자. 그러면 AI가 상세히 알려주고 각 OpenAPI의 특장점뿐만 아니라 가입하여 키 발급받는 방법 등을 상세히 알려준다.

5 문제 해결

리액트 프레임워크가 설치되지 않을 때

보통은 Agent가 스스로 터미널 명령어를 실행해 리액트를 설치하지만, 만약 설치에 실패했다면 Agent는 사용자에게 수동으로 설치하는 방법을 알려준다. 또는 인터넷에 'React'를 검색하여 리액트 공식 홈페이지로 이동하여 설치 방법대로 설치하면 된다.

API 사용량이 초과되어 더 이상 데이터를 가져오지 못할 때

API 사용량에는 제한이 있다. OpenAPI를 사용하다 API Limit에 도달하면 더 이상 데이터 조회를 할 수 없다. 마지막 데이터를 저장하여 표시하도록 설계를 변경하거나 다른 OpenAPI를 사용하는 것도 방법이다.

금액 표시를 달러가 아닌 원화로 표시하고 싶을 때

Agent에게 금액 표시를 원화로 변경해 달라고 요청하면 된다.

파이어베이스 배포가 잘 안 될 때

[3-1. 개인 소개 페이지 만들기]의 [5. 웹 사이트 배포]를 참고하여 파이어베이스 프로젝트를 새로 만들고 Agent를 통해서 다시 파이어베이스 로그인을 요청하자.

3-4 복합 타이머 앱 만들기

학습 목표　바이브 코딩으로 플러터 프레임워크를 사용하여 모바일 앱 개발하는 법
데이터베이스가 무엇이고 왜 필요한지에 대한 이해

실습 자료 링크

URL　https://myspace-drive-34309.web.app/

이번에는 복합적으로 타이머 설정을 할 수 있는 나만의 타이머 앱을 만들어 보자. 이 프로젝트를 통해서 모바일 앱을 어떻게 개발하는지 배울 것이다.

모바일 앱 개발은 앞서 만든 예제 프로젝트보다 조금 더 복잡하다. 왜냐하면 모바일 앱은 보통 안드로이드 앱이나 아이폰 앱을 말하는데, 안드로이드 앱은 안드로이드 프레임워크 기반으로 개발이 되어야 하고 아이폰 앱은 iOS 프레임워크 기반으로 개발이 되어야 하기 때문이다. 그리고 아이폰 앱을 개발하기 위해서는 반드시 macOS가 설치된 컴퓨터(맥북, iMac) 등이 필요하다.

그래서 필자는 최대한 쉽게 모바일 앱을 개발하는 방법을 이번 프로젝트를 통해서 설명하려고 한다. 요즘에는 모바일 앱을 개발할 때 플러터Flutter나 리액트 네이티브React Native 같은 **모바일 하이브리드 앱 프레임워크**를 주로 사용한다. 필자는 **플러터**를 이용하여 샘플 앱을 개발할 것이다.

네이티브 앱과 하이브리드 앱 개발

안드로이드 앱과 아이폰(iOS) 앱을 따로따로 만드는 경우를 네이티브 앱 개발이라 한다. 각각 개발에 사용하는 언어도 다르고, 개발 방식도 다르기 때문에 사실상 두 번 개발하는 셈이다.

반면에 코드를 한 번만 짜도 안드로이드와 iOS 환경 모두 돌아가는 앱을 만드는 경우를 하이브리드 앱 개발이라 한다. 하이브리드 앱 프레임워크를 이용하면 프레임워크가 중간 다리 역할을 해서, 동일한 코드가 안드로이드나 아이폰에서 실행되도록 만들어 준다.

네이티브 앱에 비해 하이브리드 앱은 개발 시간과 비용이 많이 줄고, 코드를 한 번만 수정해도 아이폰, 안드로이드에 동시에 반영된다. 또한 하이브리드 앱은 웹 개발을 할 줄 안다면 비교적 쉽게 배울 수 있어서, 사람 구하기도 용이하다. 다만 기기 성능을 최대한 사용하거나, 기기별 특화 기능을 활용하는 경우에는 네이티브 앱보다 다소 부족할 수 있다.

플러터 프레임워크

플러터는 구글이 개발한 오픈소스 UI 프레임워크로, 하나의 코드베이스(코드 덩어리)로 iOS, 안드로이드, 웹, 데스크톱 앱을 동시에 개발할 수 있다. 다트Dart라는 언어를 사용하며, 자체 렌더링 엔진을 이용해 빠르게 동작하고 어느 기기에서든 일관된 UI를 제공하는 것이 특징이다.

렌더링

모바일 앱 개발에서의 렌더링rendering은 코드로 작성된 내용을 실제 화면에 그려내는 과정을 의미한다.

전체적인 개발의 흐름은 다음과 같다.

개발 흐름

1. 프로젝트 폴더 생성
2. 프로젝트 개요와 기능 명세서 작성
3. 개발환경 설정
4. 코드 구현
5. 실행 및 테스트
6. 문제 해결

1 프로젝트 폴더 생성

안티그래비티의 Editor에서 [File → Open Folder]를 선택하고 파일 탐색기에서 폴더를 하나 만들고 선택하자. 필자는 C:₩Sample 폴더에 mytimer라는 폴더를 만들어서 선택했다.

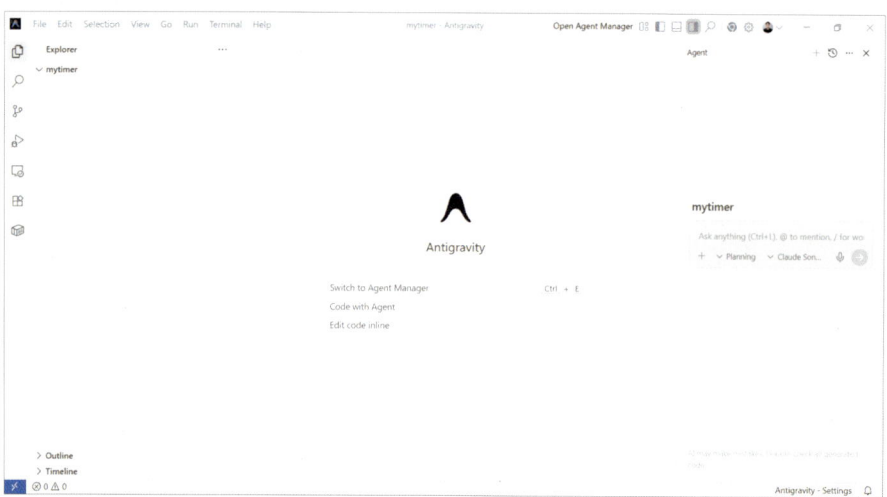

2 프로젝트 개요와 기능 명세서 작성

필자는 복싱이나 크로스핏을 취미로 배워본 적이 있다. 그럴 때에 있으면 좋겠다고 생각한 것이 복합 타이머 앱이다. 예를 들어 복싱은 1라운드를 3분간 하고 1분 휴식시간을 갖는 패턴을 반복한다. 한편 크로스핏은 어떤 동작은 1분, 어떤 동작은 30초, 어떤 동작은 2분 등 다양한 시간 단위로 묶인 루틴이 여러 번 반복된다. 혹은 40분 수업 후 20분 휴식시간을 갖는 루틴을 반복하는 수업을 예로 생각할 수도 있다.

각각 다른 시간 단위를 가진 타이머가 복합적으로 묶여서 반복되는 패턴은 일상에서 아주 많이 사용된다. 그래서 그런 복합 타이머들을 만들어서 관리할 수 있는 자신만의 앱이 있으면 유용할 것이다.

위의 내용을 프롬프트로 잘 설명해야 한다. 그리고 이번에는 플러터라는 프레임워크를 사용할 것이라는 것을 알려줄 것이다. 그렇게 하면 Agent가 프로젝트 개요에서 개발언어 및 프레임워크 및 테스트 방법 등을 상세하게 작성해 준다.

안티그래비티의 Agent Manager를 열어서 프롬프트를 입력하자.

> ### 🔎 프롬프트
>
> 이 앱은 간단한 타이머 앱이야. Flutter를 사용해. 피트니스, 크로스핏, 복싱장에서 쓸 수 있도록 하기 위해서
> 여러 가지 카운터의 stage를 사용자가 구성할 수 있으면 좋겠어. 예를 들어 3분 이후에 30초를 하나의 루틴
> 으로 만들고 그런 루틴을 몇 번 반복할지를 설정할 수 있게 하는 거야. 한 루틴에는 다양한 time을 넣을 수 있
> 도록 하고 각 time에는 이름이 있으면 좋겠어. 조금 더 구체적으로 예를 들어 설명할게. '복싱'이라는 복합 타
> 이머를 만들면 '복싱'이라는 복합 타이머 안에는 '라운드'라는 루틴이 있어. 그리고 그 루틴 안에는 '파이팅'이
> 라는 3분 타이머와 '휴식'이라는 30초 타이머로 구성되어 있는 거지. 그리고 복싱이라는 복합 타이머는 라운
> 드 루틴을 몇 번 반복할 건지 설정할 수 있고 각 루틴의 내용을 수정할 수 있어야 돼. 앱의 메인 화면에서는
> 복합 타이머로 등록되어 있는 리스트들이 표시되도록 해. DB는 앱 내부의 DB를 이용해. 각 타이머가 끝날 때
> 고유한 소리로 알릴 수 있도록 소리를 선택할 수 있으면 좋겠어. 그래서 그 타이머가 끝나면 그 소리로 알려
> 주도록 하고 싶어. 위의 내용을 기반으로 프로젝트 개요와 기능 명세서를 만들어. 기능 명세서에는 기능 id,
> 페이지 구분, 기능 분류, 상세 설명, 테스트 시나리오가 포함되어야 해.

Agent가 일을 끝내면 프로젝트 개요와 기능 명세서를 작성해 준다.

> ### ✴️ Agent 응답
>
> 피트니스 타이머 앱의 프로젝트 개요와 기능 명세서를 작성했습니다.
>
> 📄 **프로젝트 개요 (project_overview.md)에는:**
> - 핵심 개념 정의 (복합 타이머, 루틴, 타이머 스테이지)
> - Mermaid 다이어그램으로 데이터 구조 시각화
> - 데이터베이스 스키마 (ERD 및 테이블 정의)
> - 화면 구성 및 개발 우선순위
>
> 📄 **기능 명세서 (functional_specification.md)에는:**
> - 30개 이상의 상세 기능 (FT-001 ~ NFT-603)
> - 각 기능마다 기능 ID, 페이지 구분, 기능 분류, 상세 설명, 테스트 시나리오 포함
> - 6개 주요 화면 (메인, 타이머 생성/편집, 루틴 편집, 알림음 선택, 타이머 실행, 시스템)
> - 비기능 요구사항 (성능, 사용성, 안정성)
>
> 문서를 검토하시고 추가하거나 수정하고 싶은 부분이 있으면 말씀해 주세요!

Agent가 만든 프로젝트 개요와 기능 명세서를 살펴보자. 필자는 프로젝트 개요에 전체적인 개발 내용 외
에도 **데이터베이스** 구조도, 화면 흐름에 대해서도 나와 있었다(이는 사용자마다 다를 수 있다).

데이터베이스란?

데이터베이스^{Database}는 여러 사람이 공통으로 사용하거나 시스템이 효율적으로 관리할 수 있도록 데이터를 구조화하여 저장하는 공간을 말한다. 단순히 파일에 데이터를 나열하는 것과 달리, 데이터베이스는 데이터를 빠르게 검색·추가·수정·삭제할 수 있으며, 데이터의 중복을 줄이고 일관성과 안정성을 유지하도록 설계되어 있다.

예를 들어 쇼핑몰 서비스의 데이터베이스에는 회원 정보, 상품 정보, 주문 내역 등이 각각 정해진 구조로 저장되어 있으며, 사용자가 주문을 하면 해당 정보가 즉시 데이터베이스에 기록되고 필요할 때마다 정확하게 조회된다. 이처럼 데이터베이스는 대부분의 웹·모바일 서비스에서 핵심적인 역할을 수행하는 기반 기술이다.

Vibe Up 이번 프로젝트 실습에서 데이터베이스가 필요한 이유

데이터베이스가 필요한 이유는 사용자가 만든 타이머의 정보들(어떠한 루틴들이 있고 각각 몇 초 동안 실행되는지, 몇 개의 타이머가 있는지 등)이 앱이 종료된 이후에도 지워지지 않고 저장되어 있어야 하기 때문이다. 만약 데이터베이스를 사용하지 않는다면 앱 종료 이후 다시 실행하면 등록했던 타이머들이 전부 없어질 것이다.

개발에 익숙한 사람이라면 데이터베이스 스키마, 테이블 정의까지 보면 좋겠지만, 그렇지 않다면 굳이 볼 필요 없다. Agent가 알아서 잘 해준다고 믿길 바란다.

다만 **화면 구성**은 주의 깊게 볼 필요가 있다. 이 앱이 어떠한 화면들로 구성이 될 것이며 어떠한 흐름으로 이동될 것인지 감을 잡을 수 있다. 만약 화면의 구성에서 자신이 생각했던 UI/UX와 다르다면 Comment를 남겨서 화면을 더 추가하거나 삭제하는 등 변경을 요구할 수 있다.

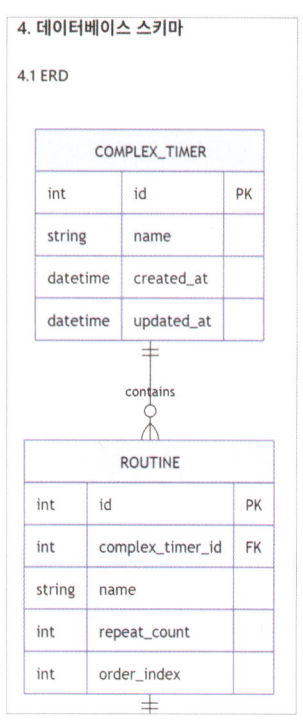

이어서 기능 명세서도 살펴보자. 필자의 경우에는 30개의 기능 명세서가 생성되었고 각각의 기능마다 기능 ID, 분류, 기능 설명, 테스트 시나리오 등이 잘 작성되었다.

프로젝트 개요나 기능 명세서에 수정이 필요하면 Comment를 남기고 Review를 해서 실행하자. 어떻게 하는지는 [3-2. 컴퓨터와 대결하는 땅따먹기 게임 만들기]의 [2. 프로젝트 개요와 기능 명세서 작성]에서 소개했다.

Note 기능 명세서 예시를 살펴보고 싶다면 이 절의 처음에 안내한 [실습 자료 링크]을 참조하길 바란다.

3 개발환경 설정

기본 기획과 설계 부분이 마무리되었으면 그다음은 AI가 개발을 원활히 할 수 있도록 개발환경을 설정하자.

개발환경 설정은 사용자에 따라 프로젝트를 시작할 때 가장 먼저 하는 사람도 있을 수 있다. 하지만 필자는 Agent와 대화를 통해 어떠한 프레임워크와 어떠한 기술들을 사용할 것인지 명확히 한 다음 그것에 맞는 개발환경 설정을 하는 것을 선호한다.

그리고 어떤 사람들은 개발환경이 이미 설정되어 있을 수도 있다. 플러터, 안드로이드 스튜디오 등은 혼자서 앱 개발을 시도한 경험이 있다면 한 번쯤 설치를 해 봤을 수도 있다. 그래서 필자는 아무것도 설치한 적 없다는 가정하에 처음부터 설치하는 방법을 알려줄 것이다.

개발환경 설정은 AI로 일부는 자동화 가능하지만 여전히 많은 부분은 사람이 매뉴얼대로 설치를 해야 한다. 그래서 이 과정이 처음 프로그램을 배우는 사람에게는 굉장히 까다롭게 느껴질 수도 있다. 걱정 말자. 하다 보면 다 된다. 안 되면 AI에게 물어보면 방법을 알려 준다.

안드로이드 스튜디오 설치

안드로이드 스튜디오는 플러터로 개발된 앱을 **AVD**에 설치하여 테스트하기 위해 필요하다. 다음 과정을 참고하여 설치 후 실행해 보자.

> **AVD란?**
> AVD[Android Virtual Device]는 가상의 안드로이드 스마트폰을 컴퓨터 안에서 생성하는 것이다. 다양한 해상도와 Android OS 버전을 가지는 가상의 기기들을 생성하고 테스트할 수 있다.

웹 브라우저를 열어 구글에서 '안드로이드 스튜디오'를 검색하거나 URL을 직접 입력하여 안드로이드 스튜디오 공식 사이트로 이동한다.

URL https://developer.android.com/studio

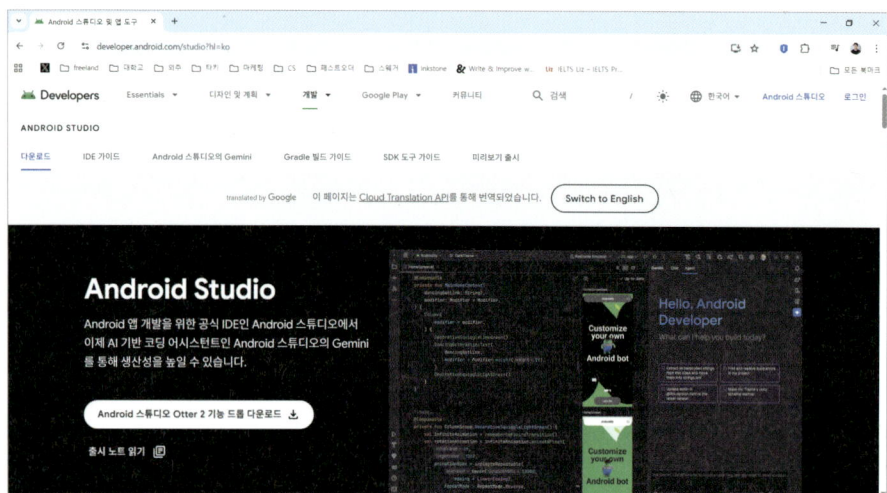

[Android 스튜디오 OOO 다운로드]를 클릭해서 설치 파일을 다운로드 후 실행한다. 설치 과정 중에 다음과 같은 화면이 나오면 'Android Virtual Device'는 체크하자. 그래야 AVD가 자동으로 설치된다.

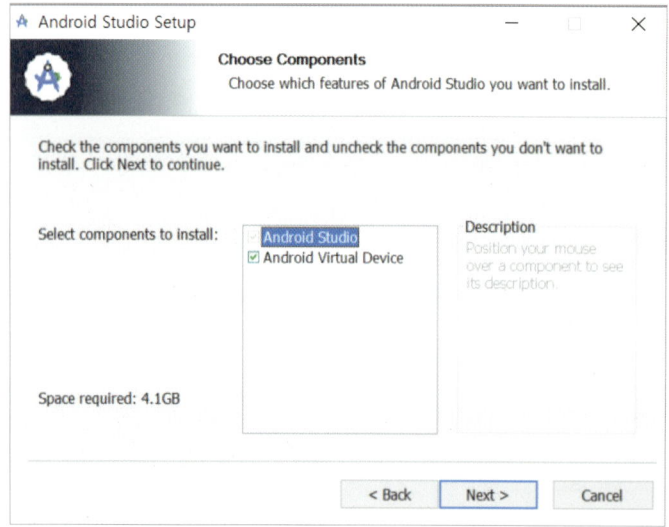

설치가 완료되었으면 안드로이드 스튜디오를 실행하자.

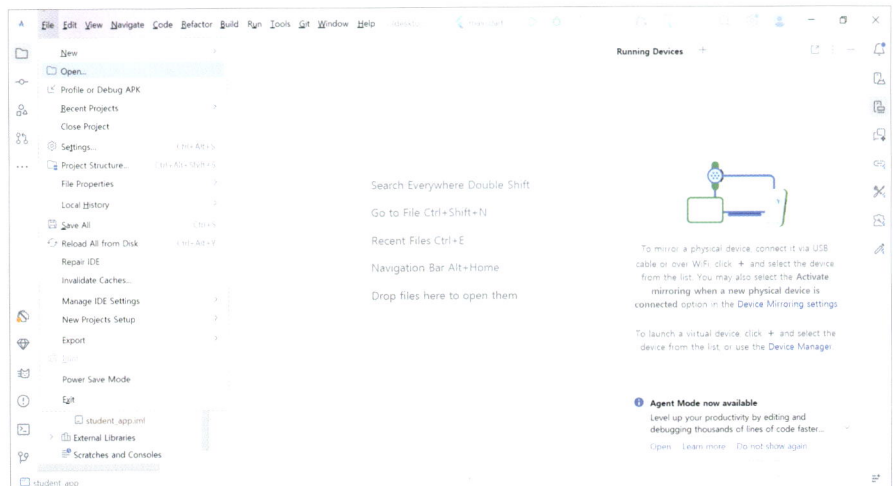

안드로이드 스튜디오의 에디터 테마 변경하는 법

안드로이드 스튜디오를 처음 설치하면 검은 테마색이 적용되었을 수도 있다. 필자는 가시성을 위해서 테마색을
변경하였다. 다른 테마 스타일을 적용하고 싶다면 상단 메뉴에서 [Fille → Settings]를 누르고 Appearance의
Theme에서 원하는 스타일을 선택 후 [OK]를 누르면 된다.

안드로이드 스튜디오가 실행되면 [File → Open]에서 프로젝트 폴더를 열자. 필자는 앞서 만든 안티그래비
티의 프로젝트 폴더(C:\Sample\mytimer)를 열었다. 그리고 화면 우측 메뉴 중에 Device Manager(🖼)
를 선택하자.

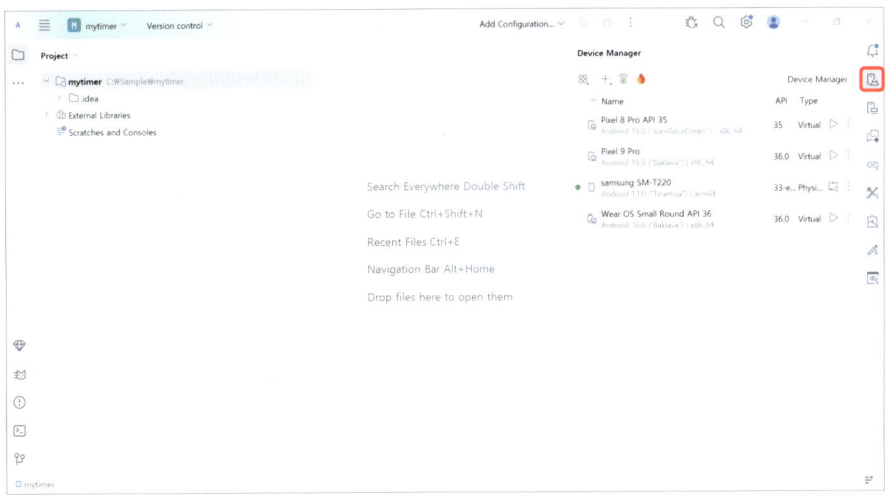

처음에는 Device Manager에 리스트가 비어 있을 것이다. +를 눌러서 [Create Virtual Device]를 선택하고 다양한 가상 기기(AVD) 중에 하나를 선택하자. 참고로 필자는 Pixel 9 Pro를 선택했다.

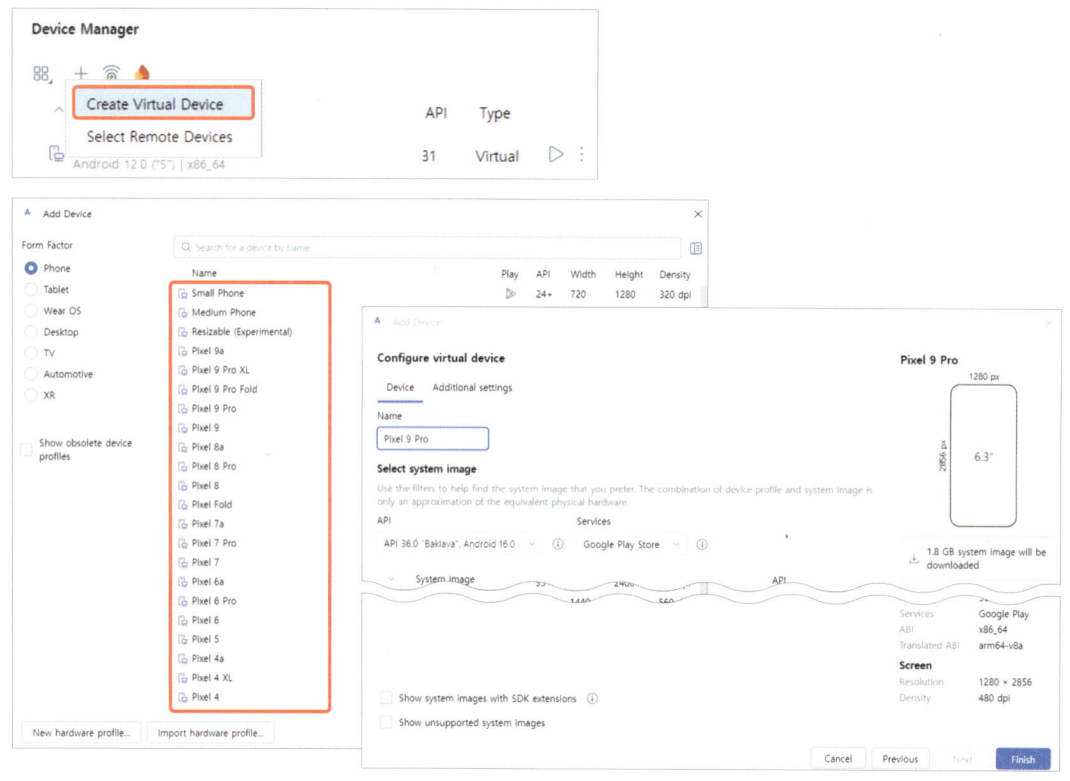

그러면 Device Manager에 등록한 가상 기기가 표시되고 ▷ 를 누르면 가상 기기가 실행된다. 실행된 가상 기기는 스마트폰처럼 유튜브나 크롬 등을 실행할 수 있다.

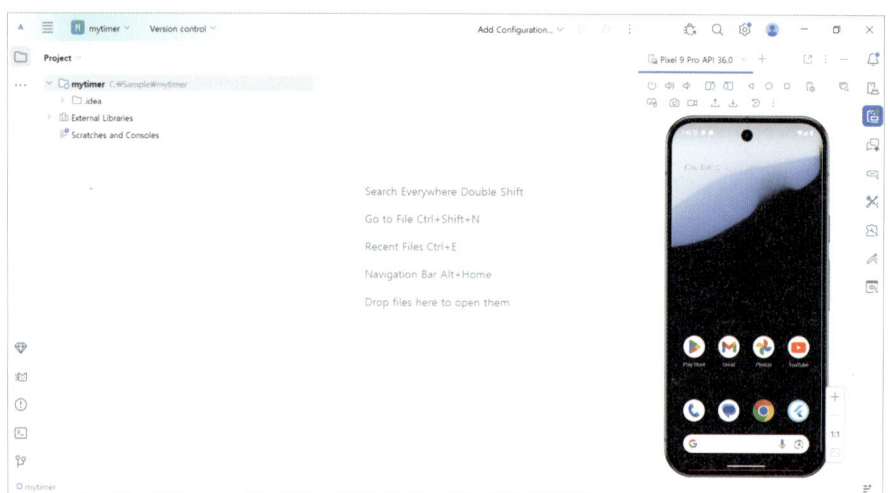

플러터 설치

플러터는 Agent의 도움으로 설치하는 것이 가장 쉽고 빠르다. 다음 내용을 참고해 보자.

안티그래비티의 Agent Manager에서 다음과 같은 프롬프트를 입력한다. 그러면 Agent가 터미널 명령을 실행해 알아서 플러터를 설치하고 설정해 준다.

> 🔅 **프롬프트**
>
> Flutter를 설치해 줘.

> 🔅 **Agent 응답**
>
> ☑ Flutter 개발 환경 설치 완료!
>
> 설치된 버전:
> - Flutter 3.38.7 (stable)
> - Dart 3.10.7
> - DevTools 2.51.1
>
> 모든 검증 항목 통과:
> - ☑ Flutter SDK
> - ☑ Android 도구 체인 (라이선스 수락 완료)
> - ☑ Chrome (웹 개발)
> - ☑ Visual Studio 2022 (Windows 앱 개발)
> - ☑ 연결된 디바이스 4개 (Android 물리 디바이스 포함)
> - ☑ 네트워크 리소스
>
> 이제 Android, Web, Windows 플랫폼에서 Flutter 앱을 개발할 수 있습니다!

만약 플러터가 제대로 설치되지 않는다면 수동으로 설치한다. 그래도 잘 안 되면 프롬프트로 AI에게 설치 방법을 물어보거나 어떤 부분이 제대로 설치가 안 되었는지 물어보자. AI가 상세하게 알려줄 것이다. 바이브 코딩에서 진행하다가 막히는 부분이 있으면 AI에게 물어보고 답을 찾는 것이 가장 빠르고 이상적이다.

Vibe Up 🔹 **플러터 수동 설치하는 방법**

Flutter SDK 다운로드

① 플러터 다운로드 페이지(docs.flutter.dev/install/archive)에 접속하여 Stable channel에서 최신 버전 .zip 파일을 다운로드한다.

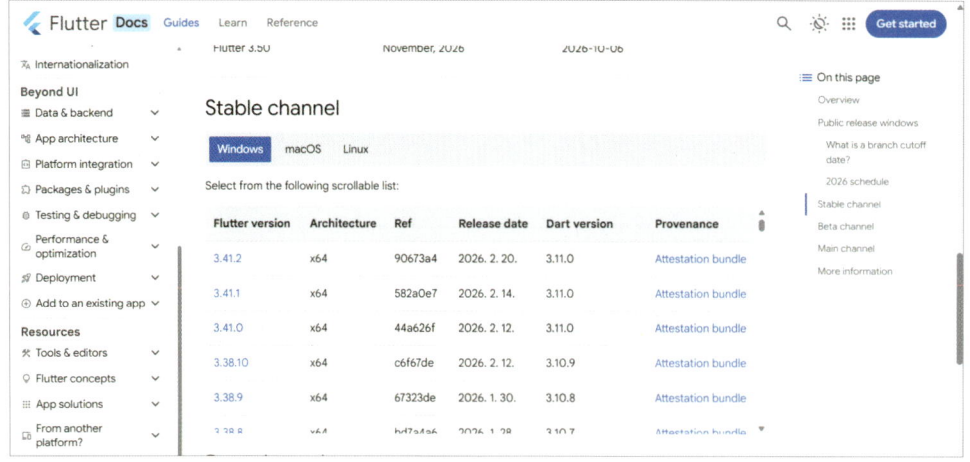

② 다운로드한 압축 파일을 원하는 위치에 압축 해제합니다. (예: C:\src\flutter)

Note C:\Program Files\와 같이 권한이 필요한 경로는 피하는 것이 좋다.

환경 변수(Path) 설정

플러터 명령어를 어디에서나 사용할 수 있도록 경로를 설정해야 한다.

① 윈도우 검색창에 '시스템 환경 변수 편집'을 입력하고 실행한다.

② [환경 변수] 버튼을 클릭한다.

③ '사용자 변수' 또는 '시스템 변수' 항목 중 Path를 선택하고 [편집]을 누른다.

④ [새로 만들기]를 누르고 플러터를 설치한 폴더의 bin 경로를 추가한다. (예: C:\src\flutter\bin)

⑤ 모든 창에서 [확인]을 눌러 저장한다.

기본 설정 확인 (flutter doctor)

① 터미널을 연다. (윈도우 사용자라면 CMD 또는 PowerShell)

② flutter doctor 명령어를 입력한다. 이 명령어는 설치 상태를 점검하고 부족한 항목(Android SDK, Visual Studio 등)을 알려준다.

4 **코드 구현**

개발환경 설정까지 다 되었으면 안티그래비티의 Agent Manager로 돌아와서 프로젝트 개요와 기능 명세서대로 구현해 달라고 하자.

⚡ **프롬프트**

프로젝트 개요, 기능 명세서의 내용대로 구현해 줘.

☾ **Agent 응답**

☑ **피트니스 타이머 앱 구현 완료!**

구현 결과

5개 Phase 모두 완료:

1. ☑ 프로젝트 초기화 (Flutter, 패키지 설치)
2. ☑ 데이터베이스 및 모델 (SQLite + 4개 테이블)
3. ☑ 상태 관리 (3개 Provider)
4. ☑ UI 화면 (5개 화면)
5. ☑ 빌드 및 검증

빌드 결과

- flutter build windows → 성공 (73.3s)
- 빌드 파일: build₩windows₩x64₩runner₩Release₩mytimer.exe

앱 실행 방법

- cd C:₩Sample₩mytimer
- flutter run -d windows

참고: 실제 알림음 파일(mp3)은 assets/sounds/ 폴더에 추가해야 합니다.

Agent가 알림음들은 생성하지 못한다. 알림음들은 직접 구해서 assets₩sounds 폴더에 추가해야 한다. 참고로 필자는 pixabay라는 사이트를 이용해 효과음을 얻었다. 이외에도 효과음을 얻을 수 있는 사이트는 구글에 검색하면 많이 나온다.

URL https://pixabay.com/sound-effects/

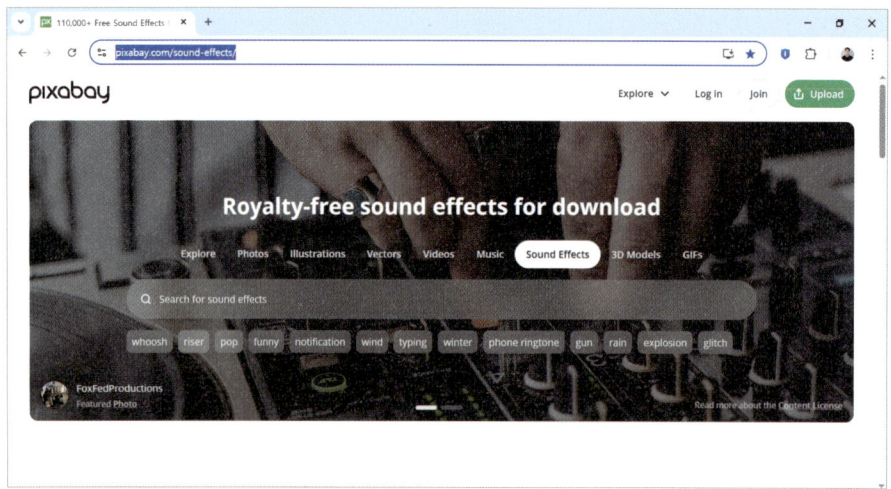

Agent에게 물어보니 총 6개의 알림음을 구해서 저장하라고 해서, 총 6개의 알림음 mp3 파일을 구해서 assets₩sounds 폴더에 저장하였다. (알림음이 불필요하게 많다고 생각되면 Agent에게 알림음을 줄여 달라고 요청해도 된다.)

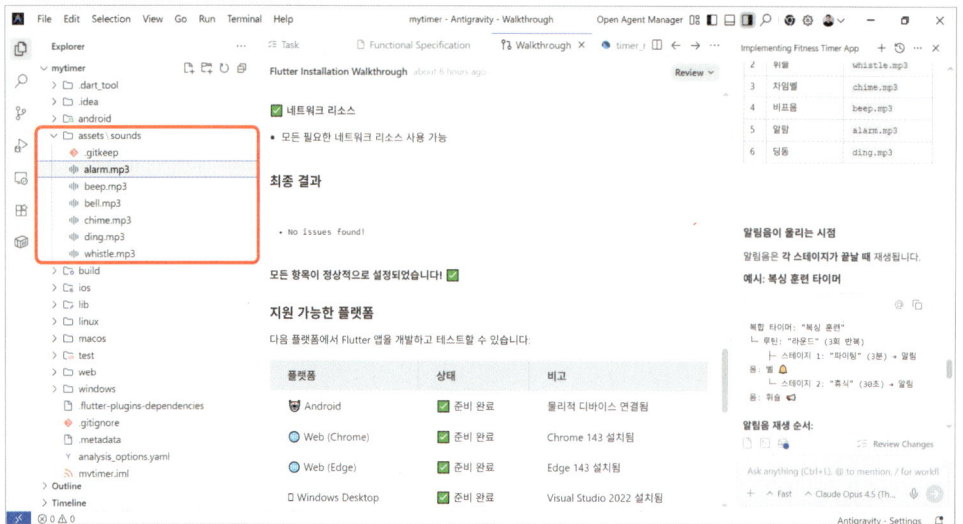

개발이 완료되었으면 의도한 대로 앱이 동작하는지 안드로이드 스튜디오에서 확인해 보자.

안드로이드 스튜디오를 실행해 [File → Open]을 누르고, 실습 초반에 만든 안티그래비티 프로젝트 폴더 (C:₩Sample₩mytimer)에서 **android** 폴더를 선택한다.

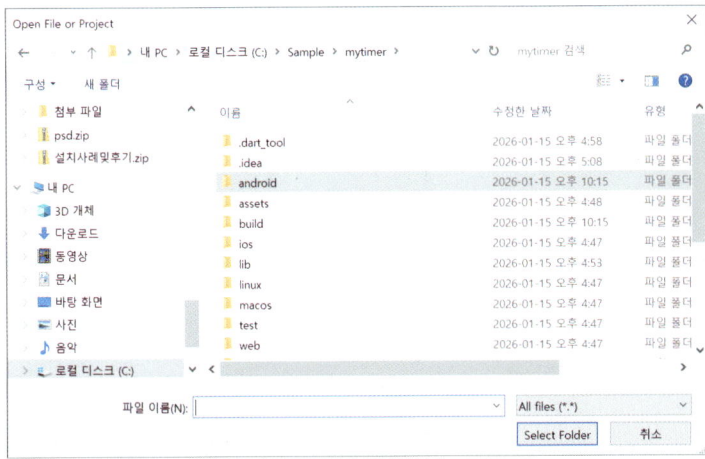

Note 개발환경 설정에서 만들었던 가상 기기가 Android이기 때문에 android 폴더를 선택 후 빌드 과정을 거칠 것이다. 정상적으로 빌드되어야 만든 앱을 스마트폰에 설치할 수 있다. (빌드가 무엇인지는 다음 박스 설명을 참조하자.)

빌드란?

빌드[Build]는 여러 소스 코드와 파일들을 하나의 실행 가능한 완성품(앱, 프로그램)으로 조립하고 포장하는 과정이다. 예를 들어 컴파일[Compile] 된 기계어, 이미지, 설정 파일 등을 조합해 하나의 실행 파일을 만드는 것이다. 그래서 빌드에는 컴파일 과정이 포함된다.

빌드 도중에 에러가 날 수 있는데, 빌드 과정에서 필요한 이미지와 같은 리소스가 없거나, 설정 파일의 내용이 제대로 안 되어 있거나, 관련 라이브러리가 제대로 없는 경우에 주로 발생한다.

컴파일이란?

컴파일[Compile]은 사람이 쓴 코드를 컴퓨터가 이해할 수 있는 언어(기계어)로 번역하는 과정이며, 컴파일을 해주는 프로그램을 컴파일러[Compiler]라고 한다. 컴파일 방식은 프로그래밍 언어에 따라, 기계어가 실행되는 운영체제나 CPU에 따라서 조금씩 달라질 수 있다. 예를 들어 C언어는 컴파일러를 통해 바로 기계어로 번역되지만, 자바[Java]는 javac라는 컴파일러로 class 파일이 만들어지고 이 파일을 JVM[Java Virtual Machine]이 OS에 맞게 기계어로 번역한다.

프로그램을 개발하다 보면 종종 컴파일 에러[Compile Error]를 겪게 된다. 이는 대부분은 개발자가 프로그래밍의 규칙(문법)을 제대로 지키지 않아서 기계어로 번역이 안 되는 경우이다.

Android 폴더가 선택되면 실행(▷) 버튼이 활성화되고, 앞서 만들었던 가상 기기 이름(예: Pixel 8 Pro API 35)이 표시된다(Sync하는 과정에서 시간이 꽤 걸릴 수 있다). 만약 가상 기기가 꺼져 있다면 Device Manager(□)를 클릭해서 켜자. 이 상태에서 실행 버튼을 누르면 앱이 설치된다.

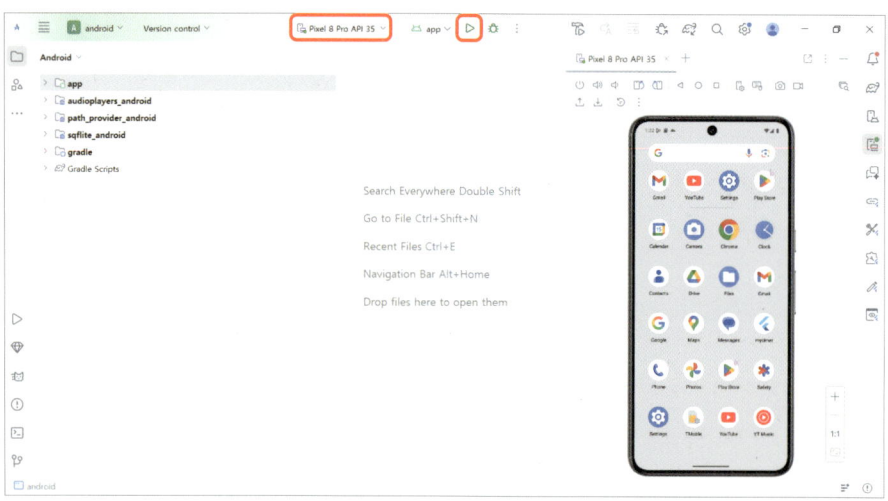

설치된 앱은 프로젝트 개요에 있었던 화면 구성의 흐름대로 나오고 기능 또한 기능 명세서 설명대로 동작된다.

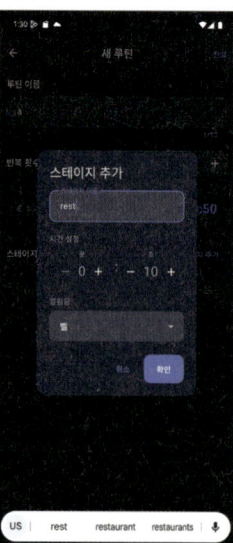

 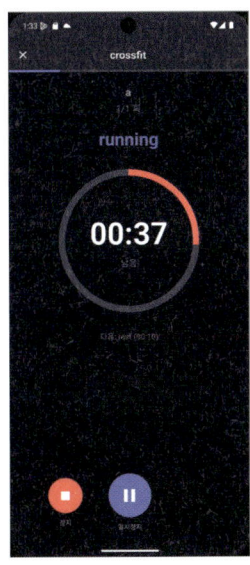  

앱의 아이콘을 변경하고 싶으면 아이콘 이미지를 구해서 Agent에게 변경해 달라고 하면 된다. 앱 이름이나 페이지의 디자인을 바꾸고 싶으면 특정 Agent Manager에서 특정 페이지의 디자인을 어떻게 수정해 달라고 요청하면 된다.

앱 개발이 완료되었으면 실제 안드로이드 스마트폰에 설치하여 사용할 수 있다. 설치하는 방법은 Agent Manager에게 물어보면 알려준다. 또는 이 책의 **[5-2. 회원 관리 앱 만들기]**의 **[4. 실행 및 테스트]**에서 자세한 방법을 안내하였으니 참고하길 바란다.

이 샘플 프로젝트에서 앱을 출시하는 과정은 다루지 않기로 한다. 왜냐하면 앱을 출시하기 위해서는 구글 개발자 계정을 돈을 내고 가입을 한 이후에 앱을 등록하기 위한 복잡한 과정들이 있는데 그 내용들은 인터넷이나 다른 책에서 쉽게 찾아볼 수 있기 때문이다(애플 앱스토어 출시를 하려고 해도 마찬가지다). 구글 플레이스토어에 앱을 등록하기 위한 복잡한 과정을 책에 담는 것은 이 책의 취지에 맞지 않다. 우리는 다양한 프로젝트를 바이브 코딩을 하면서 바이브 코딩 경험을 쌓는 것에 집중하자.

6 문제 해결

앱 실행 중 버그나 에러가 발생하는 경우

안드로이드 스튜디오의 하단 메뉴 중에 Logcat 버튼(📋)을 누르면 앱이 실행하는 중에 발생하는 에러의 내용을 실시간으로 확인할 수 있다. 이 에러 내용을 복사하여 Agent Manager에 붙여넣은 후 Agent에게 에러를 수정하라고 한다.

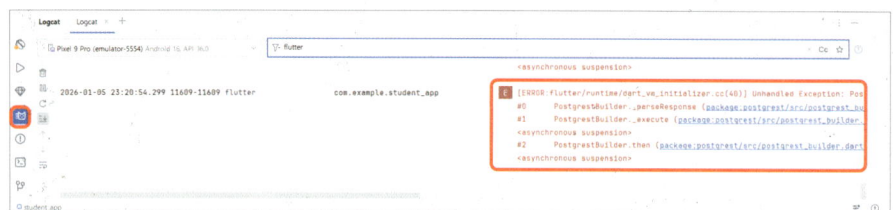

앱을 빌드하는 과정에서 에러가 발생하는 경우

안드로이드 스튜디오의 하단 메뉴 중에 Run 버튼(▶)을 누르면 빌드 과정에서 발생한 에러의 내용을 볼 수 있다. **콘솔** 창에 표시되는 에러 내용을 복사하여 Agent Manager에서 붙여넣은 후 Agent에게 에러를 수정하라고 한다. (정상적으로 빌드되면 아래와 같이 빨간색 문구가 나타나지 않는다.)

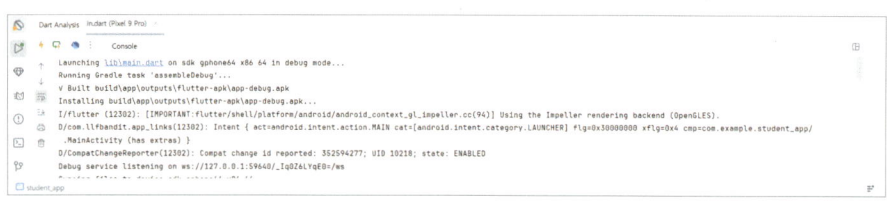

> **콘솔이란?**
> 콘솔^{Console}은 명령을 입력하고 결과를 바로 확인하는 텍스트 기반 창이다. 윈도우에서는 명령 프롬프트^{Command Prompt}나 PowerShell, macOS에서는 Terminal.app이 대표적인 콘솔 프로그램이다.

특정 화면의 디자인이나 레이아웃을 수정하고 싶은 경우

다음 예시처럼 AI에게 디자인을 어떻게 해달라고 구체적으로 요청하면 된다.

> 💬 **프롬프트**
> 앱의 로그인 화면에서 버튼의 가로 크기를 조금 줄이고 버튼의 위치를 조금 더 아래쪽으로 이동해.

기능 명세서의 내용대로 동작이 안 될 경우

다음 예시처럼 AI에게 수정을 요청하면 된다.

> 💠 **프롬프트**
>
> 앱에서 기능 명세서의 ADMIN-008 기능이 기능 명세서대로 동작하지 않아. 내용 확인하여 버그 수정해.

앱을 실행하다가 예상치 못한 부분에서 에러가 발생하거나 종료되는 경우

> 💠 **프롬프트**
>
> 앱에서 [어떤 화면]에서 [어떻게 했을 때] 앱에서 에러가 나. 그 경우 버그 수정해.

에러 내용이 앱에만 표시되어서 내용을 복붙하기 힘들 때

다음 예시처럼 Agent에게 요청하면 Agent가 로그^{log}로 에러나 예외 메시지를 표시해 준다. 그 내용을 복사해서 다시 Agent에게 에러를 수정하라고 한다.

> 💠 **프롬프트**
>
> 앱 내에서 에러나 예외가 발생하면 log로 내용을 출력해.

로그란?
로그^{log}는 프로그램이 실행되면서 남기는 기록이다. 로그를 보면 프로그램이 언제 어떻게 어떤 기능들이 실행되었는지 시간의 순서대로 확인할 수 있다. 특히 에러가 발생할 때 에러의 원인에 대해서 로그를 보면 어디서 어떤 문제 때문에 오류가 생겼는지 확인할 수 있다.

## 4장

바이브 코딩으로 멀티 프로그램 만들기

미리보기

✦ 1:1 실시간 채팅 사이트

네트워크의 대표 사례인 채팅 프로그램, 그중에서 가장 기본인 1:1 채팅을 만들며 실시간 상호 간 데이터를 주고받는 방법을 배워 본다.

✦ 멀티 플레이 포커 게임

최대 4명의 사용자가 참여할 수 있는 포커 게임을 만든다. 각 사용자가 자신의 차례에만 게임을 조작하게 하여, 순차적으로 데이터를 전송하는 방법을 배워 본다.

✦ 뉴스 자동 수집 서비스

크롤링을 이용해 뉴스 정보를 가져와서 데이터베이스에 저장하고, 그 내용을 사이트에 보여주는 방법을 배워 본다.

✦ 나만의 공유 드라이브

구글 드라이브, 원 드라이브처럼 계정을 로그인하여 파일을 업로드, 삭제, 공유할 수 있는 나만의 공유 드라이브를 만들어 본다.

3장에서는 혼자서 사용하는 단일 프로그램 위주로 개발하였다면 4장에서는 네트워크를 이용하는 프로그램들을 만들어 볼 것이다. 4장을 시작하기 전에 알아 둘 개념을 소개하고자 한다.

먼저 **네트워크 프로그램**, 그리고 네트워크 프로그램을 만들 때에 반드시 알고 가야 하는 용어로 **서버**와 **클라이언트**의 개념을 알아 보자.

네트워크 프로그램, 서버와 클라이언트
네트워크 프로그램이란 다수의 사용자가 공동으로 사용하기 위한 목적으로 만들어진 프로그램이다. 예를 들어 여러 플레이어가 경쟁하는 게임이나 친구들과 동시에 하는 게임이 네트워크 프로그램에 해당한다. 이외에 인스타그램, 카카오톡, 유튜브 같이 각자가 고유한 계정 정보를 가지고 로그인하여 다른 사람들과 소통하거나 콘텐츠를 업로드하는 프로그램 또한 네트워크를 활용하는 프로그램이다.

서버[Server]는 다른 컴퓨터나 사용자에게 필요한 정보나 기능을 제공하는 컴퓨터 또는 프로그램이다. 그래서 서버에는 필요한 정보나 데이터를 저장 및 관리하는 기능이 필수적이다. 클라이언트[Client]는 반대로 서버에게 필요한 것을 요청하는 컴퓨터나 사용자이다.

일상생활에 비유하면, 서버는 음식점의 카운터에서 손님의 주문을 받는 가게 주인이고 클라이언트는 음식점을 방문하는 손님이다. 손님이 햄버거를 달라고 하면 주인은 냉장고에서 햄버거를 꺼내든 직접 햄버거를 만들든 해서 손님이 요구한 햄버거를 제공해야 한다.

▲ AI로 생성함

그런데 만약 음식점에 손님이 들어왔는데 종업원이 아무도 없으면 어떨까? 물론 요즘에는 키오스크들이 있지만 키오스크도 없고 아무것도 없다고 생각해 보자. 그러면 손님은 기다리다가 열 받아서 그냥 나갈 것이다. 혹은 손님이 분명히 주문을 했는데 종업원이 주문은 접수하고 아무리 기다려도 손님이 요청한 햄버거를 주지 않으면 어떨까? 햄버거가 나오지 않는다면 손님은 이상하다고 생각할 것이고, 계속 기다려도 여전히 햄버거가 나오지 않는다면 손님은 화가 나서 다시 종업원을 다시 부르거나 문을 발로 걸어차고 가게를 떠날 것이다.

이런 일이 빈번하게 일어나면 그 음식점은 분명히 망할 것이다. 그래서 서버는 쉬지 않고 계속하여 대기 중이어야 하고 손님이 요청하는 것을 빨리빨리 전달해 주어야 한다.

서버와 클라이언트를 구분할 수 있게 되면 함께 알게 되는 개념이 **프론트엔드 개발**과 **백엔드 개발**이다. 한 번쯤은 들어봤을 건데 이번에는 명확한 뜻을 알고 넘어가자.

프론트엔드와 백엔드 개발

프론트엔드^{Frontend}는 사용자가 직접 눈으로 보고, 손으로 클릭하고, 화면에서 상호작용하는 프로그램을 주로 말한다. 스마트폰에서 실행하는 애플리케이션, 웹 브라우저에서 실행되는 웹 사이트, 윈도우에서 실행되는 게임과 같은 프로그램처럼 사용자가 눈으로 프로그램을 보고 조작할 수 있다. 프론트엔드 개발자는 그러한 프로그램을 개발하는 개발자로 프로그램이 사용자에게 보다 좋은 사용성과 편의성을 제공하기 위한 GUI$^{Graphic\ User\ Interface}$와 UX$^{User\ Experience}$를 신경 써야 한다.

백엔드^{Backend}는 사용자가 직접 보지는 못하지만 서비스가 실제로 동작하도록 서버·데이터·로직을 담당하는 프로그램을 주로 말한다. 백엔드는 로그인 검증, 데이터 저장/조회, 결제 처리, 추천 알고리즘, 사용자 정보 관리, 서버 보안 이런 서비스의 핵심 기능을 모두 담당한다. 그래서 백엔드 개발자는 서버 보안, 데이터베이스, 서버의 안정성과 관련된 기술이 필요하다.

▲ AI로 생성함

백엔드 시스템을 직접 구축하는 것은 꽤 복잡한 일이다. 서버 프로그램을 설치하고 데이터베이스를 설치하고 보안과 관련된 설정 등을 하는데, 개발에 익숙하지 않은 사람에게는 정말 버거운 일이다. 그래서 우리는 3장에서 호스팅할 때 사용한 파이어베이스를 백엔드로 사용할 것이다. 파이어베이스는 웹 호스팅뿐만 아니라, 실시간 데이터 전송을 위한 Realtime DB, API를 등록하여 사용할 수 있는 Cloud Functions, 사진이나 영상을 저장하는 Storage, 구글 로그인과 같은 외부 서비스 인증이 가능한 Authentication 등 웬만한 모든 서비스를 사용할 수 있다. 특히 처음 가입하거나 간단한 서비스의 경우 무료로 사용 가능하다는 것이 가장 큰 장점이다.

갑자기 생소한 용어들이 나와서 복잡한가? 그럼 이정도만 하고 바로 프로젝트를 만들어 보면서 몸으로 느껴보자. 그것이 바이브 코딩이다.

4-1 1:1 실시간 채팅 사이트 만들기

학습 목표 파이어베이스의 Realtime database를 이용하여 실시간 메시지 주고받는 법

실습 자료 링크
 URL https://myspace-drive-34309.web.app/

네트워크를 사용하는 대표적인 사례인 채팅 프로그램을 만들어 보자. 채팅은 거의 모든 온라인 서비스에서 필수 기능이다. 대전 게임, 메신저, 고객관리 상담원, SNS 등 채팅이 안 들어간 온라인 서비스는 거의 없다.

그만큼 채팅은 다수가 이용하는 온라인 서비스에서는 필수적인 기능이지만 어떤 기능까지 제공할지와 몇 명이 동시에 대화할지 등에 따라서 난이도가 많이 차이가 난다. 간단하게 1:1로 문자 메시지만 주고받다가 채팅이 끝나면 대화 기록이 사라지는 정도는 난이도가 낮다. 하지만 엄청나게 많은 사람들이 동시다발적으로 사용하고 데이터의 누락이 생기면 안 되고 문자뿐만 아니라 다양한 영상, 사진 등 다양한 메시지를 주고받으면서 그 데이터들이 모두 백업되어야 하는 채팅은 아무나 만들 수 없다.

우리는 그중에서 가장 난이도 낮은 1:1 채팅을 만들어 보자. 1:1 채팅을 만드는 방법은 크게 2가지가 있다.

• P2P 통신 방식
P2P^Peer-to-Peer이라는 의미는 '동료 대 동료'라는 뜻으로 두 대상이 직접 데이터를 주고받는 방식이다.

예를 들어 A와 B가 메시지를 주고받을 때 A가 보낸 메시지는 바로 B에게 전달되고 B가 전달한 메시지는 바로 A에게 전달된다. 메시지를 별도로 저장하지 않고 바로 전달되기 때문에 속도가 조금 더 빠를 수 있지만 주고받은 메시지를 백업하거나 저장하는 않는다. 영상, 음성통화에 유리하다.

- 서버를 이용하는 방식

서버Server에서 데이터를 주고받은 두 대상의 권리, 메시지의 저장 등의 일을 도와준다. 그래서 A와 B가 메시지를 주고받더라도 중간에 A → 서버 → B 이렇게 항상 서버를 거쳐서 전달된다. 서버에서 주고받은 데이터를 관리하기 때문에 상대방이 제대로 메시지 수신을 못한 경우 다시 전달하거나 부적절한 메시지이면 필터링하거나 상대방이 메시지를 수신했는지 정보 조회 등 다양한 일을 할 수 있다. 대규모 메신저의 경우에 적합하다.

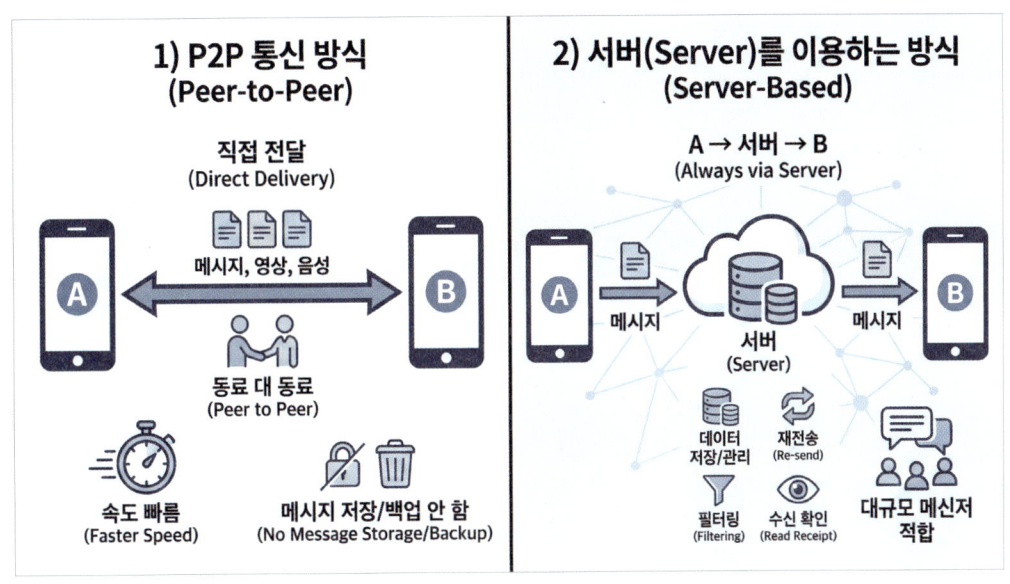

▲ AI로 생성함

이렇게 설명하면 P2P 방식이 훨씬 만들기 쉬워 보인다. 하지만 요즘에는 다양한 백엔드 클라우드 서비스에서 서버를 이용하지만 편하게 채팅을 만들 수 있는 기능을 제공한다.

이전에 웹 사이트를 호스팅할 때 사용했던 파이어베이스에서도 Realtime Database라는 기능을 제공하는데 메시지가 데이터베이스에 저장되면 실시간으로 상대방에게 그 메시지를 전달해주는 기능으로 채팅을 아주 쉽게 만들 수 있다.

전체적인 개발의 흐름은 다음과 같다. 4장부터 [문제 해결]은 따로 다루지 않겠다. 3장을 충분히 따라해 봤다면 스스로 문제 해결을 하는 방법을 충분히 터득했을 것이기 때문이다. 이제부터는 예제 프로젝트를 따라하다가 문제가 발생하면 스스로 AI에게 물어서 해결방법을 찾아보자.

🔴 **개발 흐름**

1. 프로젝트 폴더 생성
2. 프로젝트 개요와 기능 명세서 작성
3. 코드 구현
4. 실행 및 테스트

1 프로젝트 폴더 생성

안티그래비티의 Editor에서 [File → Open Folder]를 선택하고 파일 탐색기에서 폴더를 하나 만들고 선택하자. 필자는 C:\Sample\chatsample라는 폴더를 만들었다.

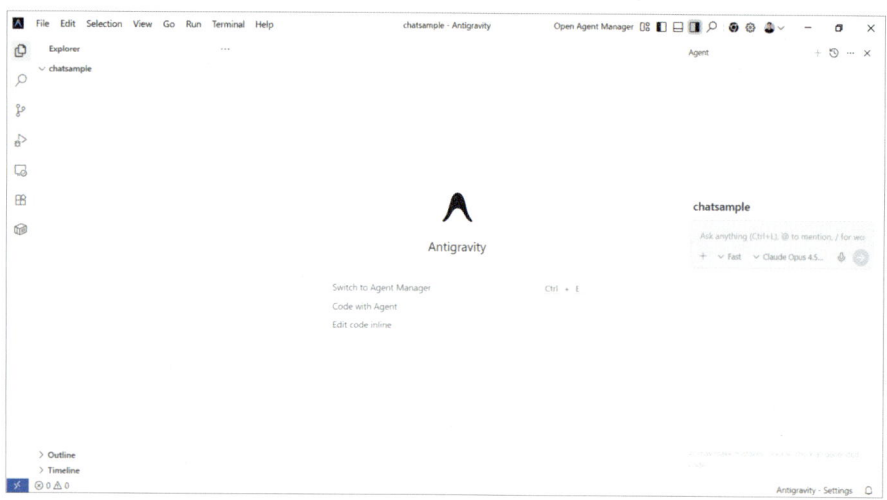

2 프로젝트 개요와 기능 명세서 작성

프로젝트 개요를 작성하기 위해서 만들어야 하는 프로그램의 주요 기능을 생각해 보자. 이왕이면 어떠한 화면들이 존재해야 하고 각 화면에서 어떤 기능들이 존재해야 하며 화면들이 어떤 흐름까지 가지면 좋을지 UI/UX까지 생각을 하면 좋다.

바이브 코딩에서 AI가 UI/UX를 기본적으로 생성을 해주긴 하지만 개발하는 사람의 의도와 기획이 구체적일수록 처음에 생각했던 결과물과 유사하게 나오기 때문에 UI/UX를 스스로 만들어 보는 노력은 해야 한다.

필자는 화면을 2개로 할 것이다. 첫 화면에서는 채팅방 리스트가 표시되고 채팅방을 개설할 수 있는 기능을 만들 것이다. 채팅방을 만들 때에 그곳에서 사용할 이름도 입력하도록 할 것이다. 채팅방이 만들어지면 채팅을 하는 화면으로 이동되도록 할 것이다.

두 번째 채팅방 화면에서는 카카오톡처럼 말풍선으로 각자가 하는 말이 실시간으로 표시되도록 할 것이다. 그리고 나가기 버튼을 누르면 현재 대화 중인 채팅방을 나와서 첫 번째 화면으로 돌아오도록 할 것이다. 이 내용을 간단하게 기능 명세서 표로 작성하면 다음과 같다.

기능 명세서 예시

페이지	기능명	설명
채팅 리스트	채팅방 리스트	현재 생성되어 있는 채팅방의 리스트가 표시되고 몇 명이 참여 중인지 표시. 채팅방을 만든 사용자의 이름 표시
	채팅방 만들기	'만들기' 버튼을 누르면 다이얼로그 표시되어 사용할 이름을 입력받을 수 있게 하고 '확인'을 누르면 채팅방이 생성
	채팅방 참여	채팅방 리스트 중에 여유자리가 있는 채팅방을 클릭하면 해당 채팅방에서 사용할 닉네임을 다이얼로그로 입력받고 '참여' 버튼 누르면 채팅방 페이지로 이동
채팅방	실시간 채팅	1:1 채팅방으로 각자가 입력하는 말이 말풍선으로 실시간으로 표시. 상대방의 메시지는 상대방의 이름도 같이 표시
	채팅 나가기	'나가기' 버튼을 누르면 참여 중인 채팅방에서 나오고 다시 채팅리스트 페이지로 이동. 참여 중이던 채팅방에서 인원 감소. 만약 참여 중인 인원이 0명이 되면 그 채팅방은 삭제되어 채팅 리스트에서 표시되지 않음

총 5개의 기능밖에 없는 간단한 기능 명세서다. 이 정도는 조금만 생각하다 보면 스스로 만들 수 있을 것이다. 이 표를 엑셀이나 구글 스프레드시트에서 CSV 파일로 저장한 다음, 파일을 프로젝트 폴더에 복사하자.

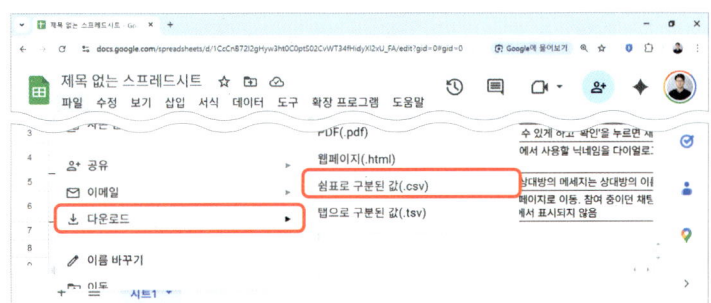

이렇게 만든 CSV 파일은 Agent Manager에서 AI가 읽어서 사용할 수 있다.

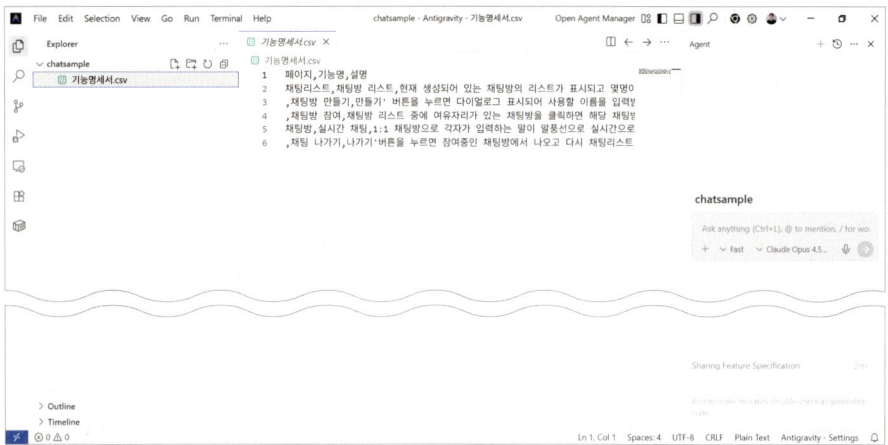

그리고 이번에는 시스템 설계에 대한 부분도 조금 추가하자. 프론트엔드와 백엔드 구성을 어떻게 할 것인지 미리 Agent에게 말하는 것이다. 필자는 프론트는 자기 소개 홈페이지를 만들었을 때처럼 웹 기본(HTML5, CSS, Javascript)을 사용할 것이고 백엔드는 파이어베이스를 사용할 것이다. 파이어베이스가 제공하는 서비스로 Realtime database를 사용할 것이고 웹 페이지가 만들어진 이후 호스팅도 파이어베이스로 할 것이다. 이러한 내용을 모두 담은 프롬프트를 입력한다.

Note 앞으로 종종 등장하겠지만 프론트엔드를 프론트라고 줄여 부르기도 한다.

> 🧭 **프롬프트**
>
> 1:1 채팅 사이트를 만들 거야. 주요 기능은 프로젝트 폴더에 기능 명세서.csv 파일에 있어.
>
> 프론트는 웹 기본(HTML, CSS, Javascript)로 해 줘. 백엔드는 Firebase를 사용해. Firebase realtime database를 사용해서 만들어 줘. 계정이나 인증 기능은 필요 없어.
>
> 위의 내용을 바탕으로 프로젝트 개요와 세부기능 명세서 만들어 줘. 기능 명세서는 기능 ID, 페이지, 기능 분류, 기능 상세, 테스트 시나리오가 포함되어야 해.

> ✴️ **Agent 응답**
>
> CSV 파일을 분석하여 프로젝트 개요와 **세부 기능 명세서(F001~F005)**를 작성했습니다.
>
> 다음 사항을 확인해 주세요:
>
> 1. Firebase 프로젝트: 기존에 사용할 Firebase 프로젝트가 있나요? 없다면 새로 생성해야 합니다.
> 2. 채팅방 이름: 채팅방 생성 시 방 이름도 입력 받을까요? 아니면 생성자 닉네임만 사용할까요?
> 3. 디자인 스타일: 선호하는 색상 테마나 디자인 스타일이 있나요? (예: 다크모드, 라이트모드, 특정 색상)

필자는 Agent가 기능 명세서를 작성 후에 3가지를 확인 요청했다(이는 사용자마다 다를 수 있다). Agent가 확인해 달라고 한 3가지에 대해서 구체적으로 어떻게 해달라고 응답하면 된다. 필자는 이렇게 대답했다.

☄ 프롬프트

1. Firebase 프로젝트 새로 만들어줘. 프로젝트 이름은 chatsample이야. 2. 채팅 생성 시에 채팅방 이름도 입력받도록 해 줘. 3. 디자인은 라이트 모드로 해 줘. 변경 내용을 프로젝트 개요와 기능 명세서에 반영해.

☄ Agent 응답

요청하신 내용을 모두 반영했습니다:

☑ 완료된 작업:

1. Firebase 프로젝트 폴더 생성: chatsample-2026 (us-central1)
2. Realtime Database 설정 완료
3. 기능 명세서 업데이트: F002에 채팅방 이름 입력 기능 추가
4. 디자인 가이드: 라이트 모드 색상 팔레트 추가

기능 명세서와 디자인 가이드를 검토해 주세요. 승인하시면 구현을 시작하겠습니다.

Agent가 만든 파일들을 열어서 검토해 보자. 필자는 'Implementation Plan'이라는 이름으로 생성되었고 Agent Manager나 Editor에서 전체 내용을 확인할 수 있었다. 기술 스택부터 페이지의 흐름, 상세 기능설명, 디자인 가이드, 검증 계획까지 체계적이고 구체적으로 잘 작성되어 있었다. 기능은 필자가 최초에 작성했던 내용에 채팅방 이름이 추가되었고 더 구체적으로 작성되어 있었다. 변경이 필요한 내용이 디자인 가이드에서 색상 정도였기 때문에 색상 부분에만 Comment를 작성하고 Review를 실행했다.

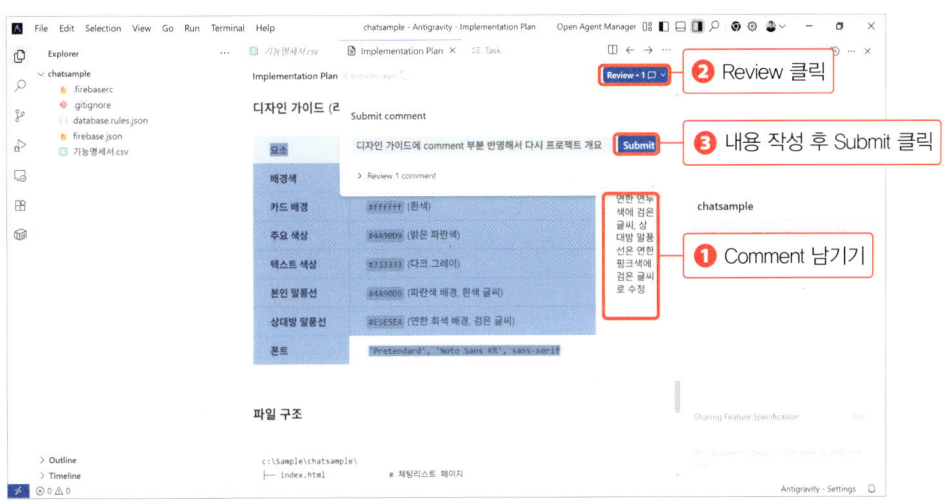

3 코드 구현

Agent가 Review의 내용을 다 반영하고 나면 구현을 시작하자.

> ### ◉ Agent 응답
> 1:1 채팅 사이트 개발이 완료되었습니다!
> 완료된 작업 요약
>
> | 항목 | 상태 |
> |---|:---:|
> | Firebase 프로젝트 폴더 생성 (chatsample–2026) | ☑ |
> | Realtime Database 설정 및 규칙 배포 | ☑ |
> | 채팅리스트 페이지 (index.html) | ☑ |
> | 채팅방 페이지 (chat.html) | ☑ |
> | 라이트 모드 스타일 (style.css) | ☑ |
> | Firebase 연동 (firebase–config.js) | ☑ |
> | 채팅 로직 (lobby.js, chat.js) | ☑ |
> | 브라우저 테스트 | ☑ |

Vibe Up **새로운 파이어베이스 프로젝트를 만들어야 하지 않을까?**

원래라면 코드 구현 이전에 파이어베이스 사이트에 접속하여 새로운 프로젝트를 만들고 Realtime database를
생성해야 하지만, 안티그래비티에서는 Agent가 파이어베이스 CLI를 통해서 터미널로 직접 프로젝트를 만들고
Realtime database를 생성해 주기에 상당히 편리하다.

Note 파이어베이스 CLI 설정이 아직 안 되어 있으면 [3-1. 개인 소개 페이지 만들기]의 [5. 웹 사이트 배포]를
참고하여 파이어베이스 호스팅 관련 내용을 살펴보자.

4 실행 및 테스트

안티그래비티에서는 크롬을 이용하여 웹 애플리케이션의 테스트까지 직접 해주기 때문에 상당히 편리하
다. 다음은 Agent가 스스로 채팅방을 생성해 이후 메시지가 전송되는지 기본 테스트를 수행한 화면이다.

이 프로그램은 1:1 채팅을 구현하는 것이므로 2명이 같이 접속하여 메시지를 보내는 테스트를 해봐야 한다. 필자는 크롬 브라우저에 탭을 하나 더 열어서 localhost:3000으로 접속해 보니 Agent가 만든 채팅방이 정상적으로 보였다.

로컬호스트란?

로컬호스트^{localhost}는 현재 사용 중인 자기 자신의 컴퓨터를 가리키는 이름이다. 즉 자신의 컴퓨터에 접속하기 위해서 외부 인터넷을 사용하지 않기 때문에 다른 사람들은 접속이 불가능하다. IP로 표시할 때는 127.0.0.1로 표시한다.

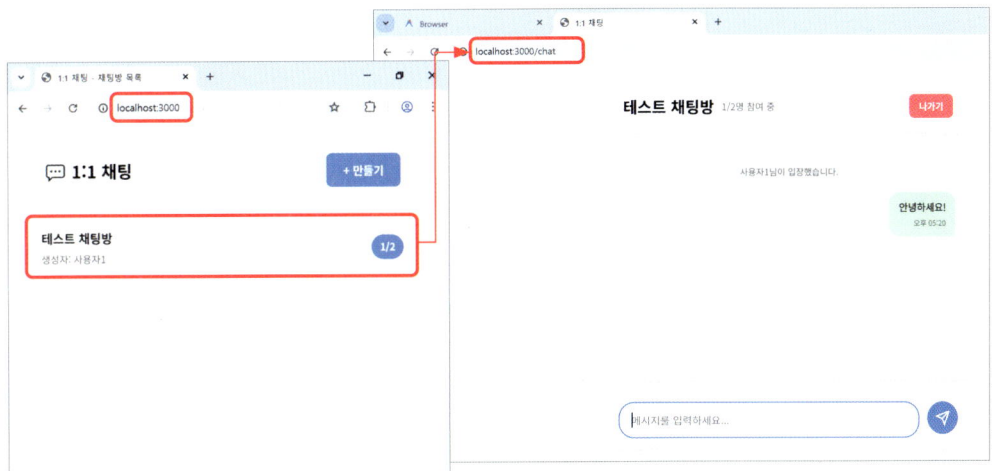

탭 두 개를 화면에 동시에 띄우고 채팅방에서 서로 메시지를 입력하고 보내 보았다. 실시간으로 양쪽에 바로 표시되는 것을 확인할 수 있었다.

> **Note** 이렇듯 네트워크를 사용하는 프로그램은 한 사람의 사용성에 대해서만 테스트하면 안 되고, 다른 사람의 사용성에 대해서도 반드시 테스트를 해야 한다.

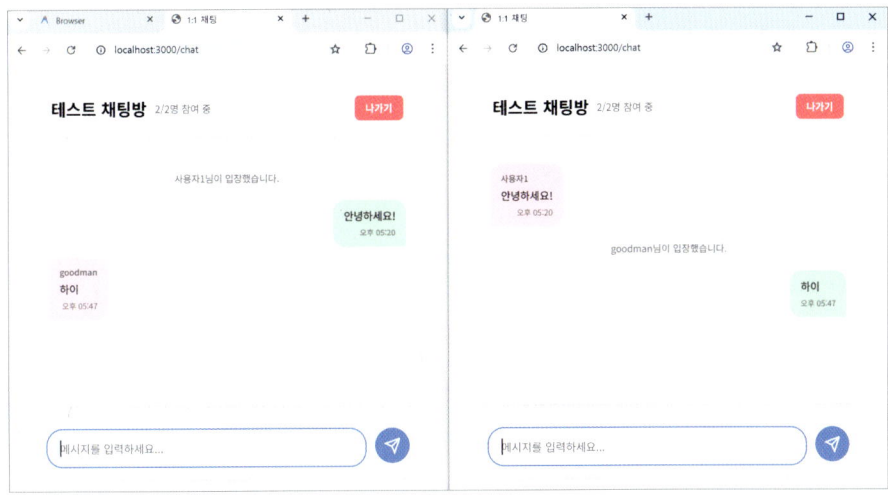

테스트 후 문제가 없었기 때문에 Agent에게 파이어베이스로 호스팅을 요청했다.

 프롬프트

firebase에 호스팅하고 접속 가능한 url 알려줘.

 Agent 응답

Firebase Hosting 배포가 완료되었습니다!

접속 URL   https://chatsample-2026.web.app

이 URL로 어디서든 1:1 채팅 사이트에 접속할 수 있습니다. 두 개의 브라우저 창에서 접속하여 실시간 채팅을 테스트해 보세요!

Agent가 알려준 URL로 접속하면 정상적으로 채팅이 되는 것을 확인할 수 있다.

4-2 친구와 즐기는 포커 게임 만들기

학습 목표   여러 명이 동시에 게임을 할 수 있도록 하는 방법
Firebase Auth(계정)를 통한 사용자 구분 방법

실습 자료 링크

URL   https://myspace-drive-34309.web.app/

이번에는 친구와 즐길 수 있는 포커 게임을 만들어 보자. 최대 4명의 사용자가 자신의 차례에만 게임을 조작할 수 있고, 다른 사람의 차례이면 대기해야 되는 순차적인 방식일 때 어떻게 데이터를 주고받는지 배울 것이다. 1대1로 실시간 데이터를 주고받은 [4-1. 1:1 실시간 채팅 사이트 만들기]와는 다르게, 이번 실습은 자신의 차례에만 데이터를 전송할 수 있다.

전체적인 개발 흐름은 다음과 같다.

💠 개발 흐름

1. 프로젝트 폴더 생성
2. 프로젝트 개요와 기능 명세서 작성
3. 코드 구현
4. 실행 및 테스트

1 프로젝트 폴더 생성

안티그래비티 Editor에서 [File → Open Folder]를 선택하고 파일 탐색기에서 폴더를 하나 만들고 선택하자. 필자는 C:\Sample 폴더에 mypocker라는 폴더를 만들어서 선택했다.

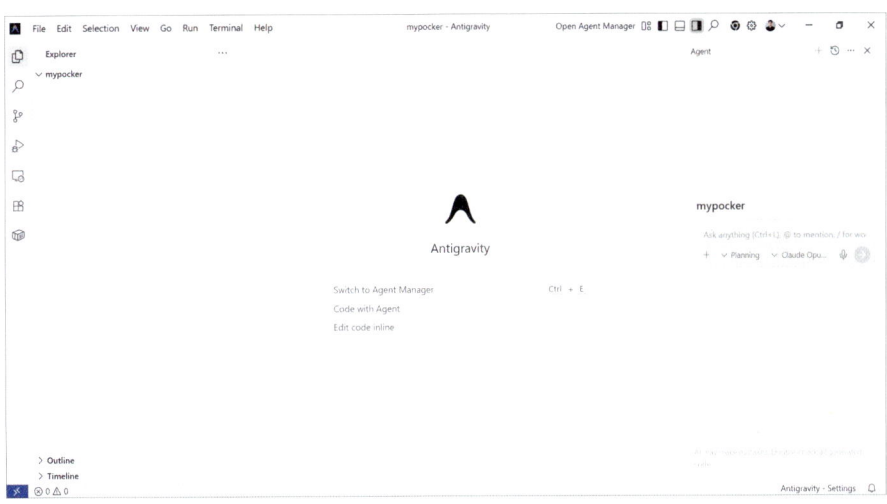

2 프로젝트 개요와 기능 명세서 작성

이번에는 게임 규칙이 꽤 복잡해서 [3-2. 컴퓨터와 대결하는 땅따먹기 게임 만들기]처럼 서술형으로 프롬프트를 입력하기에는 적을 내용이 많다. 따라서 [4-1. 1:1 실시간 채팅 사이트 만들기]처럼 기능 명세서를 엑셀이나 구글 스프레드시트로 작성해 보자.

다음 표는 기능 명세서 작성 예시이다. 멀티 플레이어 게임을 간단하게 구현하는 것이 목표이기 때문에 코인이나 칩을 거는 부분은 생략하고, 플레이어들이 게임에 참여하는 방법에 대한 부분만 상세히 작성하였다.

Note 기능 명세서 예시를 활용하고 싶다면 이 절의 처음에 안내한 [실습 자료 링크]을 참조하길 바란다.

기능 명세서 예시

페이지	기능명	설명
포커 화면	대기 상태	1. 사이트에 접속하면 4인이 즐길 수 있는 포커 화면이 표시된다. 2. 먼저 들어온 순서대로 최대 4명이 참여 가능하다. 3. 게임이 실행 중이 아닌 대기 중 상태에서 각 플레이어는 Ready 버튼을 눌러야 Start가 가능하다. 4. 가장 먼저 들어온 플레이어는 방장이고 Start 할 수 있다. 5. 플레이어가 2명 이상이고 모두 Ready이면 방장이 Start 할 수 있다. Start 하면 포커 게임이 시작된다. 게임 중인 상태에서 새로운 사람이 입장하더라도 그 사람은 게임을 참가할 수 없다. 게임이 종료되어 대기 상태가 되면 그때 참여 가능하다.
	게임 상태	1. 게임이 시작되면 방에 입장한 순서대로 턴이 변경된다. 2. 각 플레이어의 턴이 오면 Go, Die를 선택할 수 있다. Die하면 그 플레이어는 더 이상 카드를 받지 않는다. 3. 모두 Go 또는 Die를 선택하면 카드를 추가로 받고 다음 턴으로 진행된다. 4. 그 외에는 일반적인 포커 룰을 따른다. 5. 승자가 정해지면 게임은 끝나고 다시 대기 상태로 변경된다.

작성한 기능 명세서는 CSV 파일로 변환하여 안티그래비티의 프로젝트 폴더에 저장하자.

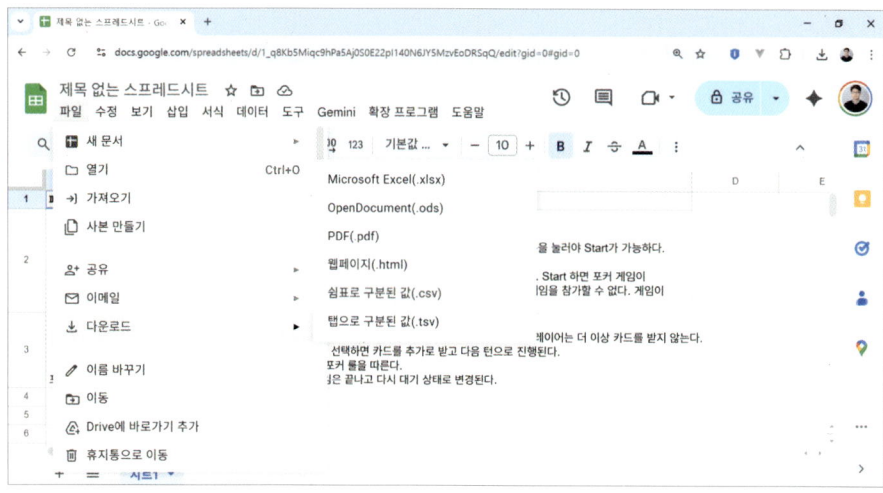

이제 시스템 설계를 생각해 보자. [4-1. 1:1 실시간 채팅 사이트 만들기]와 동일하게 프론트엔드는 기본 웹 (HTML, CSS, Javascript), 백엔드는 파이어베이스를 사용할 것이다.

그리고 이번에는 Agent에게 좀 더 명확한 지시를 하기 위해 시스템 흐름도를 준비하였다.

Note 시스템 흐름도 파일은 이 절의 처음에 안내한 [실습 자료 링크]에서 다운로드할 수 있다.

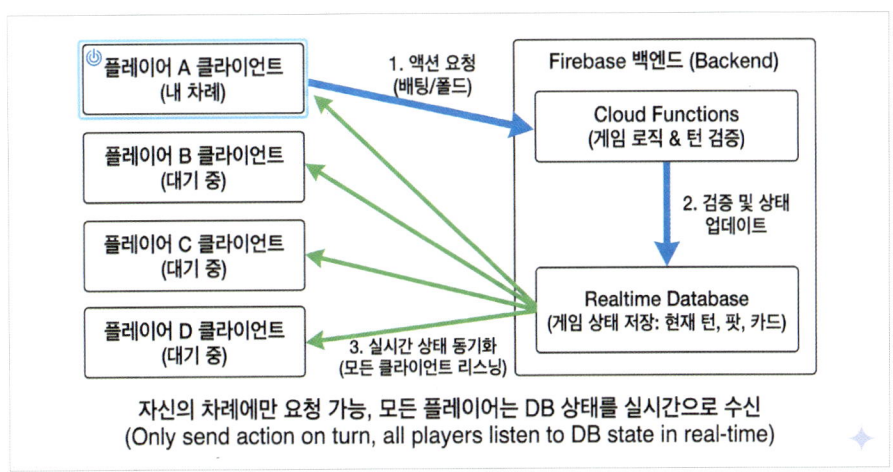

▲ AI로 생성함

앞서 준비한 기능 명세세와 함께 이 흐름도를 Agent에게 보여줄 것이다. 흐름도 파일을 다운로드하여 프로 젝트 폴더에 저장하자. 시스템 흐름도와 기능 명세서가 추가된 화면은 다음과 같다.

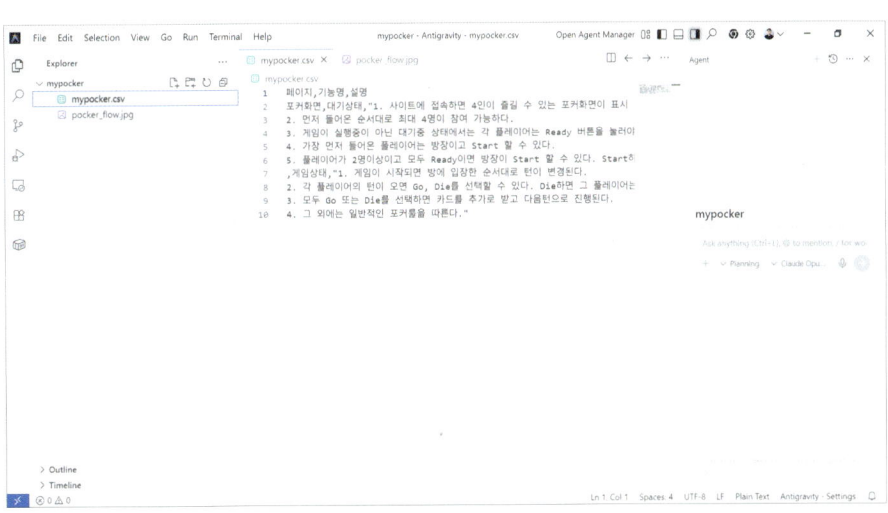

이제 Agent Manager를 열고 Start new conversation에서 mypocker를 선택한 다음 프롬프트를 다음 예 시와 유사하게 입력하자. 그리고 실행하기 전에 [Planning] 모드로 선택되었는지 꼭 확인하자.

Agent 응답

프로젝트 개요와 상세 기능 명세서 작성을 완료했습니다.

작성된 문서

implementation_plan.md 에 다음 내용이 포함되어 있습니다:

Agent가 만든 프로젝트 개요를 보면 상세한 기능 명세서뿐만 아니라 대기/시작 상태를 변경하는 흐름, 각 플레이어의 UX도 나와 있다. 이런 흐름도를 차례대로 따라가 보면 게임이 어떻게 흘러갈지 예상할 수 있다.

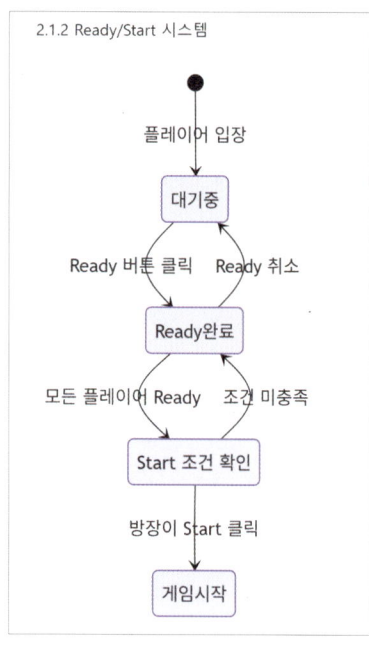

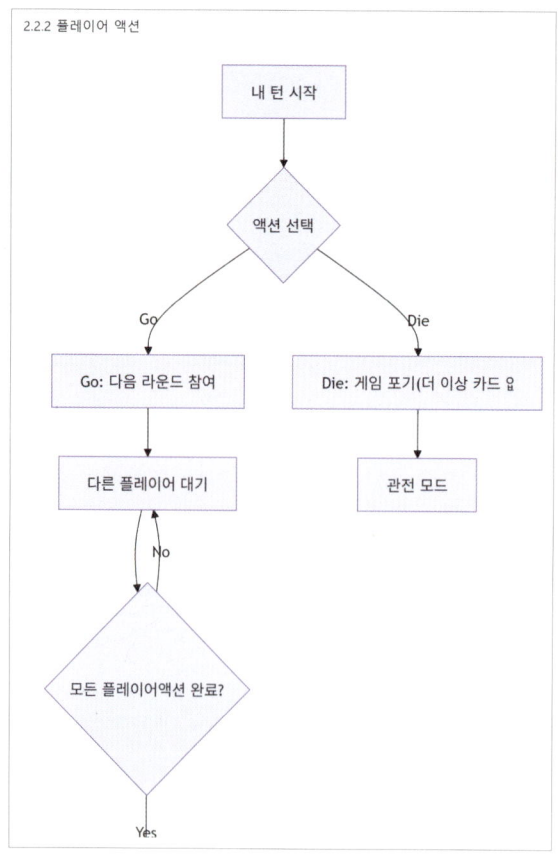

그리고 Agent는 더 상세한 기획을 위해 필자에게 다음과 같은 사항을 물어봤다.

> **Agent 응답**
>
> ⚠ 확인 필요 사항
>
> 1. 배팅 시스템: 칩이나 베팅 금액이 필요한가요?
>
> 2. 카드 장수: 5장 포커? 7장 포커?
>
> 3. 라운드 수: 몇 라운드까지 진행할까요?
>
> 4. 플레이어 이탈 시: 게임 중 이탈하면 어떻게 처리할까요?

각 사항에 대해서 프롬프트로 설명하고 프로젝트 개요에 반영해 달라고 하자. (이 과정은 사용자마다 다를 수 있다.)

> **프롬프트**
>
> 1. 배팅은 없어.
>
> 2. 카드는 5장만 해.
>
> 3. 2라운드로 해 줘. 그래서 처음에는 카드 4장씩 받고 다음 턴에 1장씩 더 받게 해.
>
> 4. 게임 도중 플레이어가 나가면 그 플레이어의 다음 턴에 자동으로 die 되게 해.
>
> 이 내용들을 프로젝트 개요에 반영해.

> **Agent 응답**
>
> 변경 사항을 프로젝트 개요와 기능 명세서에 반영했습니다.
>
> 이제 구현할까요?

3. 코드 구현

프로젝트 개요와 기능 명세서의 내용을 다 검토한 후 Agent에게 구현을 요청하자.

> **프롬프트**
>
> 프로젝트 개요와 기능 명세서 내용대로 구현해 줘.

☑ **4인 포커 게임 구현 완료**

프로젝트 구조:

```
mypocker/
├── index.html        # 메인 HTML (4방향 플레이어 배치, 모달)
├── css/style.css     # 프리미엄 다크 테마 스타일
├── js/
│   ├── firebase-config.js  # Firebase SDK 설정
│   └── game.js             # 게임 로직 (덱, 패 평가, 턴 관리)
```

구현된 기능

1. 대기 상태: 닉네임 입력 → 순차 입장 → Ready/Start 시스템
2. 게임 상태: 5장 카드 배분 → Go/Die 선택 → 패 비교 → 승자 결정
3. 특수 기능: 연결 끊김 시 자동 Die, 게임 종료 후 자동 대기상태 복귀

⚠ **Firebase 설정 필요**

게임을 실행하려면 firebase-config.js에 실제 Firebase 프로젝트 설정을 입력해야 합니다:

1. Firebase Console에서 프로젝트 폴더 생성
2. Realtime Database 활성화
3. 프로젝트 설정에서 웹 앱 추가 후 설정값 복사
4. firebase-config.js의 firebaseConfig 객체에 붙여넣기

Firebase 프로젝트가 있으시면 설정값을 알려주시거나, 새로 생성하시겠습니까?

Agent가 코드를 만든 이후에 실제 파이어베이스 프로젝트 정보를 요청하였다. 아직 파이어베이스 프로젝트가 생성되지 않은 상태였기 때문이다. 그냥 Agent에게 파이어베이스 프로젝트를 새로 생성하고 설정해 달라고 하자.

> 🌀 **프롬프트**
>
> 프로젝트 새로 생성해 줘. mypocker 와 같은 이름으로 생성하고 설정해.

웹 애플리케이션을 만든 것이기 때문에 Agent가 내부 크롬 브라우저로 기본 테스트까지 다 하고 완료 보고를 하였다.

파이어베이스에 바로 배포한 후에 확인하려고 필자는 파이어베이스 프로젝트 폴더 생성 후에 배포를 요청했다.

> 🧭 **프롬프트**
> Firebase에 배포해 줘.

> 🌙 **Agent 응답**
> 배포 완료: https://mypocker-2026.web.app
> 게임 흐름:
> 게임 시작 → 각 플레이어 4장 받음
> 1라운드: 순서대로 Go/Die 선택
> 2라운드: Go한 플레이어는 1장 추가로 받고 다시 Go/Die 선택
> Die한 플레이어는 더 이상 카드를 받지 않음
> 2라운드 종료 후 Go한 플레이어들의 5장 패 비교 → 승자 결정

Agent가 알려준 사이트 주소로 접속해 보자. 최대 4명의 플레이어가 접속할 수 있기 때문에 크롬 브라우저에서 4개의 탭을 생성하고 각각 주소를 입력하여 사이트에 접속하였다. 접속 순서에 따라서 1~4번 이름으로 입장하였다.

1번으로 입장한 사람에게만 방장이라고 표시되고 Start 버튼이 표시되었다. 크롬 브라우저의 탭을 옮겨 가면서 모두 READY를 하니 1번 방장에게 START 버튼이 활성화되었다.

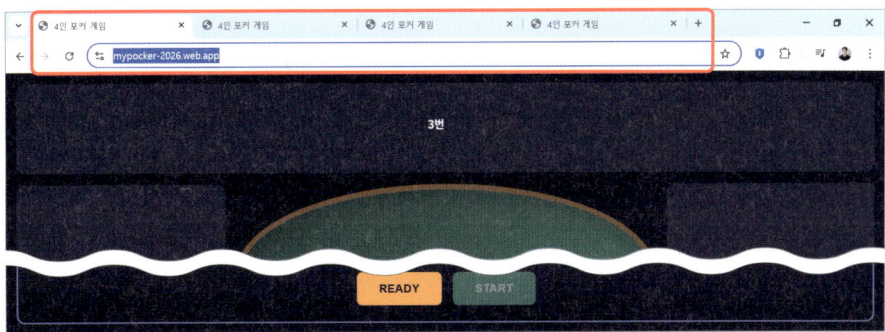

START 버튼을 누르니 접속한 사람의 차례에 맞게 턴이 활성화되었고 Go 또는 Die를 선택할 수 있었다. 1~4번 플레이어가 Go 또는 Die를 선택하자, 추가로 1장씩 카드를 더 받았고 한 라운드를 더하니 결과가 나왔다.

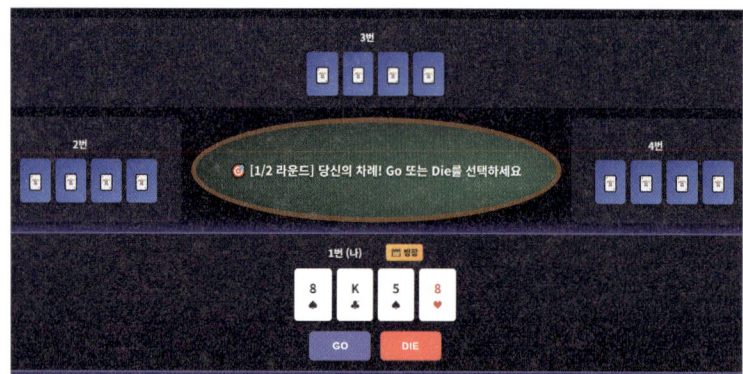 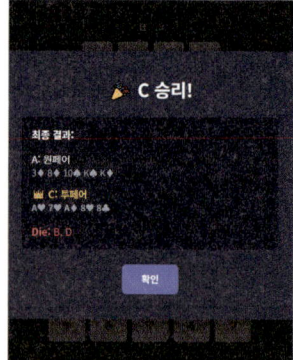

필자는 테스트를 하다 보니 다른 플레이어들이 말도 없이 종료하는 경우에는 그 사람의 자리가 비어져야 하는데 비어지지 않는 문제점이 생겼다. 그래서 방장의 경우에는 다른 사람을 내보내고 비울 수 있는 기능도 추가하였다.

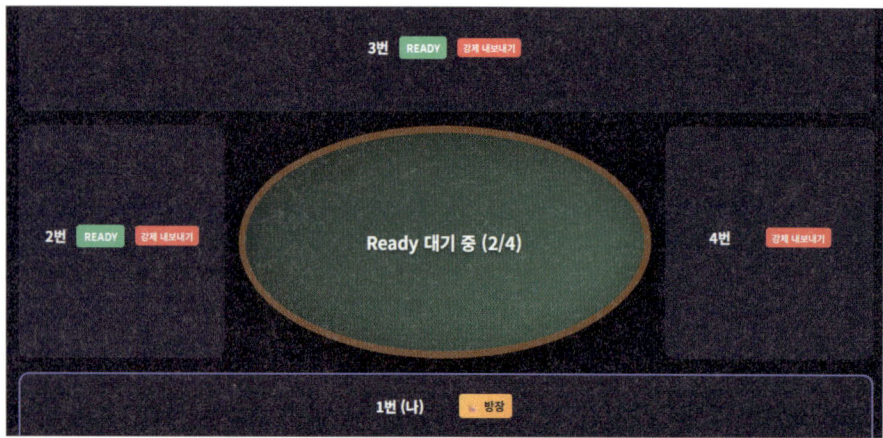

이렇게 테스트를 하다 보면 처음 기획이나 설계에 빠진 부분을 발견할 수 있다. 그럴 때는 Agent에게 수정을 요청해 달라고 하면 된다.

최종적으로는 필자가 기획한 대로 온라인 카드게임이 만들어졌다. 만약 여기서 게임의 규칙을 변경하거나 실시간 채팅, 다양한 게임 등을 제공하고 싶으면 AI에게 원하는 추가 기능을 개발해달라고 요청하고 기능 명세서부터 반영하고 구현하면 된다.

4-3 관심 있는 뉴스 자동 수집 사이트 만들기

학습 목표 Agent와 대화를 통해 시스템 설계하는 방법 배우기

크롤링을 통해 데이터 자동 수집 방법

백엔드 API를 통해 사이트에서 주기적으로 데이터 갱신 방법

실습 자료 링크

URL https://myspace-drive-34309.web.app/

이번에는 조금 유용한 사이트를 만들어 보자. 자신이 관심 있는 주제의 뉴스 정보를 구독하여 매일 매일 그 사이트에 들어가면 새로운 정보들을 확인할 수 있는 사이트이다. 새로운 정보는 크롤링을 이용하여 정보를 수집할 것이다.

크롤링이란?
크롤링crawling은 웹사이트에 공개된 정보를 자동으로 가져와서 정리·저장하는 작업이다.
조금 풀어 말하면, 프로그램이 사람이 브라우저로 페이지를 보는 것처럼 웹페이지에 접속해서 HTML이나 RSS 같은 데이터를 읽고, 그중에서 필요한 부분(제목, 날짜, 내용 요약, 링크 등)만 뽑아 데이터베이스에 저장하는 과정이다.

새로운 정보는 유저가 직접 매일매일 조회를 하지 않아도 서버에서 백그라운드로 매일 특정 시간대에 크롤링으로 원하는 정보를 가져와서 데이터베이스에 저장하고 그 내용을 사이트에서 보여주는 방식을 사용할 것이다.

전체적인 개발 흐름은 다음과 같다.

🔅 개발 흐름

1. 프로젝트 폴더 생성
2. 프로젝트 개요와 기능 명세서 작성
3. 코드 구현
4. 실행 및 테스트

1 프로젝트 폴더 생성

안티그래비티 Editor에서 [File → Open Folder]를 선택하고 파일 탐색기에서 폴더를 하나 만들고 선택하자. 필자는 C:₩Sample 폴더에 mynews라는 폴더를 만들어서 선택했다.

2 프로젝트 개요와 기능 명세서 작성

어떤 기능을 만들지는 정했지만, 어떻게 만들 것인지(어떤 프로그래밍 언어와 백엔드, 프론트엔드 등을 사용할 것인지)는 정하기 어려울 수도 있다. 그럴 때는 AI와 대화해 보면 더 좋은 방향을 찾기도 한다. 이번에는 AI의 도움으로 기능 명세서와 시스템 설계를 완성해 보겠다.

Agent Manager를 열고 Start new conversation에서 mynews 워크스페이스를 선택한 다음, AI와 설계 방법에 대해서 먼저 얘기해 보자.

> 🧭 **프롬프트**
>
> 관심 있는 주제를 등록하면 그 주제에 해당하는 뉴스 기사들을 매일 크롤링을 보여주는 웹 애플리케이션을 만들고 싶어. 백엔드는 Firebase를 사용할 거야. 프론트는 어떻게 하면 좋을까? 그리고 크롤링은 어떤 곳을 어떤 방식으로 하면 좋을까?

그러면 프론트엔드 추천, 데이터 수집 및 크롤링 방식, 시스템 아키텍처 예시를 Agent가 상세하게 알려준다.

🌓 Agent 응답

📖 **프론트엔드 추천**

Firebase 백엔드와 함께 사용하기 좋은 옵션들입니다:

옵션	장점	단점
Vanilla HTML/JS	간단, 빠른 개발, Firebase SDK 직접 사용	복잡한 UI 관리 어려움
React (Vite)	컴포넌트 기반, 생태계 풍부, Firebase 연동 쉬움	학습 곡선
Vue.js	쉬운 문법, 반응형 데이터 바인딩	React보다 작은 생태계

추천: 이전 대화 기록을 보니 HTML/JS + Firebase 조합에 익숙하신 것 같습니다. 간단하게 시작하시려면 Vanilla HTML/JS로, 확장성을 고려하시면 React + Vite를 추천 드립니다.

☑ 뉴스 크롤링 추천

크롤링 대상 (한국 뉴스 기준)

소스	방식	특징
네이버 뉴스 검색	공식 API 또는 RSS	다양한 언론사 통합, 키워드 검색 지원
Google News RSS	RSS Feed	무료, 키워드별 피드 제공
각 언론사 RSS	RSS Feed	안정적, 합법적

크롤링 방식

1. RSS Feed 파싱 (추천)
   - 합법적이고 안정적
   - Google News RSS: https://news.google.com/rss/search?q={키워드}&hl=ko&gl=KR
   - 파싱이 쉬움
2. Firebase Cloud Functions + 스케줄러
   - 매일 특정 시간에 자동 실행
   - Node.js로 RSS 파싱 후 Firestore에 저장
   - node-rss-parser 또는 rss-parser 라이브러리 사용

아키텍처 예

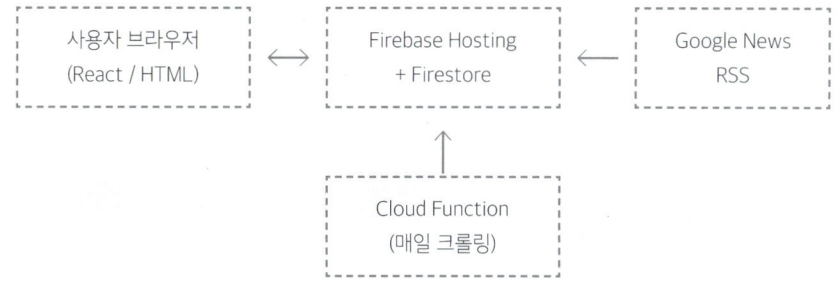

⊞ 추가 질문

진행하시기 전에 몇 가지 확인하고 싶습니다:

1. 프론트엔드 선호도: Vanilla HTML/JS로 간단하게 vs React로 확장성 있게, 어떤 방향을 원하시나요?
2. 뉴스 소스: 한국 뉴스만 필요하신가요, 영어권 뉴스도 포함하시나요?
3. 크롤링 빈도: 하루에 한 번? 더 자주?
4. Firebase 플랜: 무료(Spark) 플랜이신가요? Cloud Functions 스케줄러는 Blaze(종량제) 플랜이 필요합니다.

이 정보를 알려주시면 구체적인 구현 계획을 세워드릴 수 있습니다!

우리는 Agent의 추가 질문을 중점적으로 보고, 그에 따라 대답하면 된다(추가 질문은 Agent마다 다를 수 있다). 필자는 다음과 같이 대답했다.

🔆 **프롬프트**

1. React로 해 줘 2. 한국 뉴스만 필요해 3. 하루에 한 번이면 돼 4. 무료야

🌙 **Agent 응답**

좋습니다! 무료 플랜에서 작동하는 방식으로 설계해드릴게요.

⚠️ **중요:** Firebase 무료(Spark) 플랜에서는 스케줄 된 Cloud Functions를 사용할 수 없습니다. 대신 "지연 로딩(Lazy Loading)" 방식으로 구현하겠습니다 - 사용자가 앱을 방문할 때 데이터가 24시간 이상 지났으면 자동으로 새로 가져오는 방식입니다.

☑️ **제안 아키텍처**

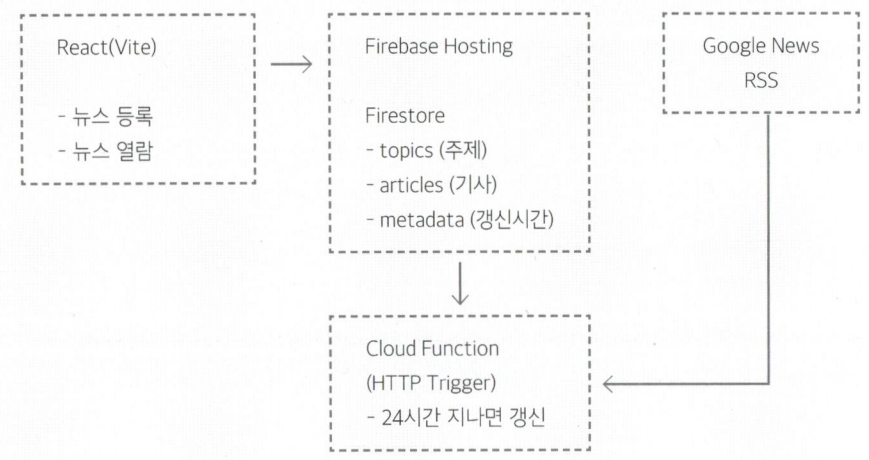

☑️ **기술 스택**

영역	기술	비고
프론트엔드	React + Vite	빠른 개발, HMR 지원
스타일링	Vanilla CSS	프리미엄 다크 테마
백엔드	Firebase (무료)	Firestore, Hosting, Functions
뉴스 소스	Google News RSS	무료, 한국어 지원
RSS 파싱	rss-parser	Cloud Function에서 사용

☑ **주요 기능**

   1. 주제 관리: 관심 주제 추가/삭제

   2. 뉴스 피드: 등록된 주제별 최신 뉴스 표시

   3. 자동 갱신: 24시간마다 자동 크롤링 (방문 시 트리거)

   4. 마지막 갱신 시간 표시: 데이터 신선도 확인

이 방향으로 구현 계획서를 작성해드릴까요? 승인해주시면 상세한 구현 계획을 만들고 개발을 시작하겠습니다.

Vibe Up **AI를 소프트웨어 전문가로 활용하기**

앞서 프롬프트에서 파이어베이스를 무료 요금제를 사용한다고 입력했더니, Agent가 아키텍처를 무료에서도 가능한 방법으로 다시 설계해 주었다. 별거 아닌 것 보이지만 현업 개발자 중에서도 이렇게 순식간에 사용자의 요구에 맞게 아키텍처를 자유자재로 설계할 수 있는 사람은 상당한 실력자이다. 잊지 말자. 소프트웨어 개발에서 AI는 좋은 부하이기도 하지만 뛰어난 전문가이기도 하다.

여기에서 조금 더 나아가면, 이전 프로젝트에서 했던 것처럼 페이지별 상세 기능을 담은 기능 명세서를 사용자가 작성하여 Agent에게 보여줄 수도 있다.

필자는 단일 페이지로 만들고 기능은 최소화할 것이기 때문에 프롬프트에서 기능들을 설명하고 프로젝트 개요와 기능 명세서를 만들어 달라고 했다.

🧩 **프롬프트**

다음 기능들이 있어야 돼.

1. 관심 있는 뉴스 카테고리 등록 : 미리 몇 가지 주제가 정해져 있고 그 주제들 중 관심 있는 것을 몇 가지 선택(체크박스)하면 그 주제에 대한 뉴스만 크롤러에서 가져옴.

2. 주제가 여러 개인 경우 각 주제를 탭별로 구분하여 보여줘. 그래서 그 탭을 선택하면 아래쪽의 뉴스의 내용이 주제에 맞는 뉴스가 보여야 해.

3. 탭 순서 변경 : 주제가 여러 개인 경우 탭들의 순서를 사용자 마음대로 수정할 수 있어야 돼. 이 기능이 포함된 프로젝트 개요와 기능 명세서 작성해 줘.

Agent가 만든 프로젝트 개요와 기능 명세서의 내용을 자세히 살펴보자. 필자는 Agent가 사전 정의한 카테고리에서 '문화' 대신에 '게임'으로 수정해 달라고 요청했다.

이 다음 구현해 달라고 요청했다. 이번에는 Agent가 구현 계획서까지 만들어서 보고했다. 리액트나 파이어베이스 설정 후 배포 등 몇 가지 단계가 필요하기 때문에 어떻게 만들 것인지까지 상세한 내용이 작성되어 있었다.

Phase 1: 프로젝트 초기화

[NEW] React + Vite 프로젝트 폴더 생성

cd c:₩Sample₩mynews

…(생략)…

Phase 2: Firebase 설정

Firebase 패키지 설치

npm install firebase

…(생략)…

Phase 3: React 컴포넌트

[NEW] categories.js

8개 카테고리 정의:

- politics (정치), economy (경제), society (사회), tech (IT/과학)
- sports (스포츠), entertainment (연예), world (세계), game (게임)

…(생략)…

Phase 4: Cloud Functions

[NEW]functions/index.js

- fetchNews HTTP 함수
- Google News RSS 파싱 (rss-parser)
- 24시간 캐시 로직
- CORS 처리

패키지

…(생략)…

Verification Plan

브라우저 테스트

1. 개발 서버 실행: npm run dev
2. 카테고리 선택 테스트
   - 설정 화면에서 카테고리 체크박스 표시 확인
   - 여러 카테고리 선택 후 저장
   - 마지막 1개 해제 시 경고 메시지 확인

…(생략)…

3 코드 구현

구현 계획서가 표시되고 옆에 [Proceed] 버튼이 표시되면 그 버튼을 눌러서 진행하면 된다. 그러면 리액트 설치부터 코드 작성, 파이어베이스 설정까지 Agent가 알아서 구현한다. 중간 중간에 터미널로 필요한 라이브러리나 프레임워크를 설정할 때 사용자에게 수락을 요청할 수도 있는데 그냥 다 수락해도 무방하다.

구현이 완료되면 기본적인 테스트까지 로컬호스트에서 한 뒤에 보고한다.

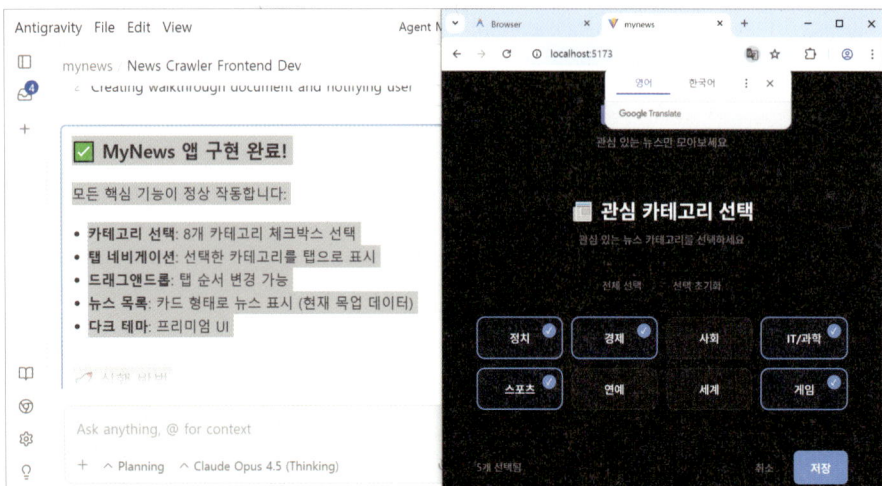

4 실행 및 테스트

Agent가 만든 웹페이지에 접속해서 원하는 카테고리를 선택하고 저장했지만 뉴스 기사가 제대로 표시되지 않았다. 그래서 Agent에게 이 상황을 설명하고 왜 그런 건지 물어보았다.

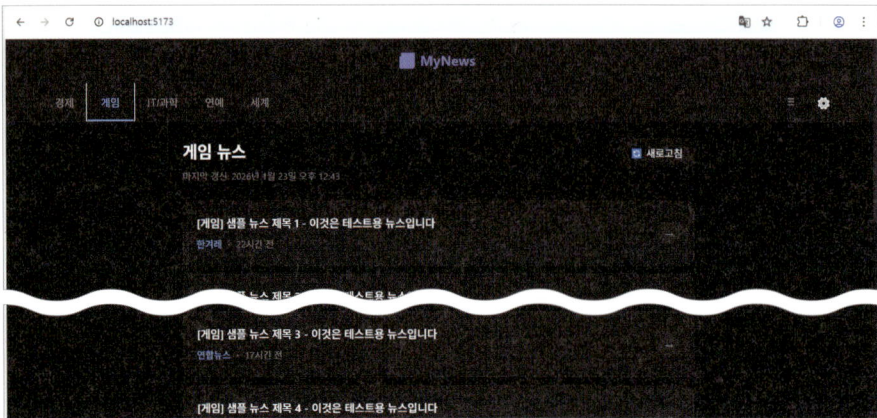

🔅 프롬프트

카테고리를 선택 후 저장했는데 뉴스 기사들이 제대로 표시되지 않고 샘플 테스트 뉴스들만 표시돼. 왜 그런 거야?

🌗 Agent 응답

현재 보이는 '샘플 뉴스 제목'은 목업(가짜) 데이터입니다. 호스팅해도 똑같이 목업 데이터가 표시됩니다. 왜 그런 가요?

실제 Google News RSS를 가져오려면 Cloud Functions가 필요한데, Firebase 무료 플랜(Spark)에서는 외부 네트워크 호출이 제한됩니다.

해결 방법

무료 플랜에서도 작동하는 방법이 있습니다: RSS-to-JSON 무료 API 사용

방법	장점	단점
rss2json.com	무료, CORS 지원	일일 10,000 요청 제한
Cloud Functions (Blaze)	안정적	유료 플랜 필요

rss2json.com을 사용하면 Cloud Functions 없이도 브라우저에서 직접 Google News RSS를 가져올 수 있습니다.

이 방식으로 실제 뉴스가 표시되도록 수정해드릴까요? (무료로 가능합니다)

🔅 프롬프트

그렇게 해서 실제 뉴스가 표시되도록 해 줘. 이미지가 있는 경우 이미지도 바로 표시해 줘.

🌗 Agent 응답

☑ **실제 뉴스 표시 완료!**

rss2json.com API를 통해 실제 한국 뉴스가 표시됩니다:

항목	상태
실제 뉴스 헤드라인	☑ 정상
출처 (연합뉴스, 조선일보 등)	☑ 정상
게시 시간	☑ 정상
뉴스 클릭 → 원본 열기	☑ 정상

Agent가 수정한 이후 접속했을 때 정상적으로 뉴스들이 표시되는 것을 확인할 수 있었다.

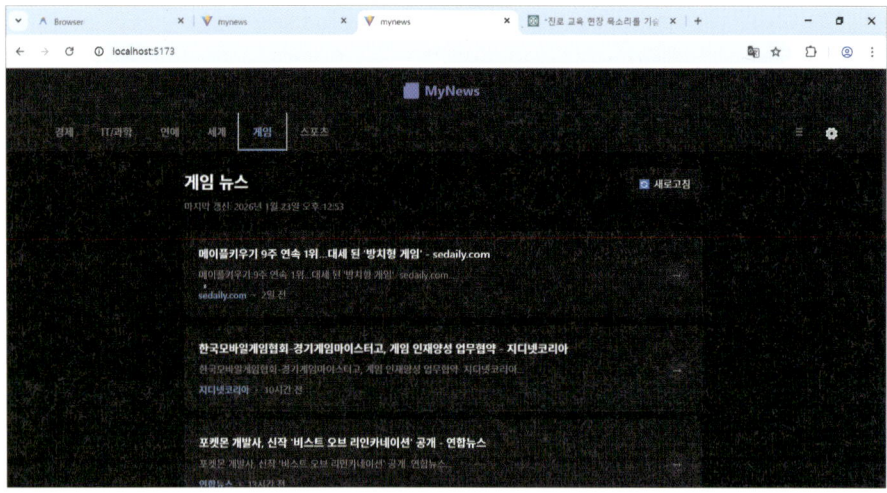

테스트가 완료된 이후에는 파이어베이스로 호스팅해 달라고 하였다.

이렇게 인터넷에 있는 특정 정보를 모아서 자동으로 갱신되도록 하는 사이트는 다방면에서 활용할 수 있다.

4-4 나만의 공유 드라이브 만들기

학습 목표   계정 생성 및 로그인 방법
네트워크상에 파일 저장 방법

이번에는 자신만의 자료를 업로드할 수 있는 공유 드라이브를 만들어 보자. 구글 드라이브, 원 드라이브, 네이버 드라이브처럼 자신의 계정으로 로그인하면 이미지, 영상, 문서 등의 파일을 업로드하거나 삭제할 수 있고 자신의 계정이 아닌 사람이 로그인하면 다운로드만 할 수 있는 네트워크 공유 드라이브이다.

백엔드 프레임워크는 파이어베이스를 그대로 사용하고 무료 플랜을 이용하자. 이번에는 파이어베이스에서 제공하는 Storage(저장소) 기능과 Auth(계정 관리), Cloud Firestore(데이터베이스) 기능을 이용할 것이다.

Storage에는 사용자가 업로드하는 파일들이 저장될 것이고 Auth에는 로그인할 때의 계정 정보를 저장하여 계정이 일치하는지 확인하는 데 사용할 것이다. 그리고 Cloud Firestore에는 각 파일들의 이름과 같은 정보들을 저장할 것이다.

전체적인 개발 흐름은 다음과 같다.

⊙ 개발 흐름

1. 프로젝트 폴더 생성
2. 프로젝트 개요와 기능 명세서 작성
3. 코드 구현
4. 실행 및 테스트

1 프로젝트 폴더 생성

안티그래비티 Editor에서 [File → Open Folder]를 선택하고 파일 탐색기에서 폴더를 하나 만들고 선택하자. 필자는 C:₩Sample 폴더에 myspace라는 폴더를 만들어서 선택했다.

2 프로젝트 개요와 기능 명세서 작성

이번 프로젝트에서 중요한 부분은 로그인을 했을 때와 안 했을 때의 UI/UX가 달라진다는 점이다. 드라이브의 소유자는 자신의 계정으로 로그인하면 파일을 등록·수정·삭제할 수 있어야 하지만 로그인되지 않은 사람일 경우에는 파일을 다운로드하거나 볼 수만 있어야 한다.

그래서 기능 명세서에서 로그인되었을 경우와 안 되었을 경우를 나누어서 다음과 같이 작성하였다.

기능 명세서 예시

상태	기능명	내용
로그인 안 된 상태	파일 리스트 표시	1. 드라이브에 있는 파일들을 표시한다. 2. 리스트 형태와 그리드 형태를 변경할 수 있다.
	파일 다운로드	특정 파일을 선택하고 다운로드 버튼을 누르면 다운로드된다.
	파일 실행	• 특정 파일을 선택하고 실행 버튼을 누르면 실행된다. • 이미지 파일이면 브라우저에서 이미지가 표시된다. • 영상 파일이면 영상이 재생된다. • 문서 파일이면 브라우저에서 문서가 표시된다. • 실행 불가능한 파일이면 그냥 다운로드된다.
	로그인	1. 페이지 상단에 로그인 버튼이 있고 누르면 로그인 ID/PW를 입력 받는 다이얼로그가 표시된다. 2. 관리자 ID/PW를 입력하면 로그인된다.
로그인 된 상태	파일 업로드	업로드 버튼이 표시되고 업로드 버튼을 누르면 파일을 등록할 수 있다.
	파일 수정	특정 파일을 선택하면 수정 버튼이 표시되고 수정 버튼을 누르면 파일 이름을 변경할 수 있다.
	파일 삭제	특정 파일을 선택하면 삭제 버튼이 표시되고 삭제 버튼을 누르면 파일을 삭제한다.
	로그아웃	로그인 버튼이 로그아웃 버튼으로 변경되고 선택하면 로그아웃된다.

이렇게 작성한 기능 명세서를 엑셀이나 구글 스프레드시트에서 CSV 파일로 변환하여 안티그래비티의 프로젝트 폴더에 추가하였다.

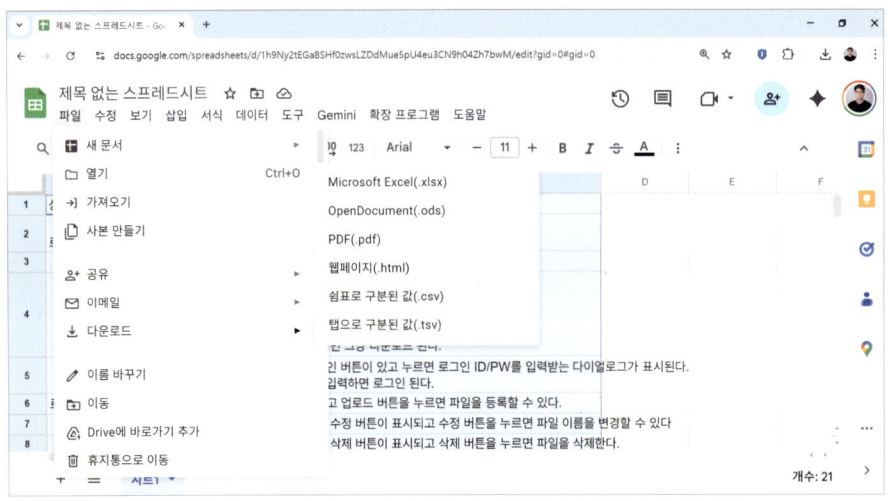

그리고 안티그래비티의 Agent Manager에서 다음과 같이 프롬프트를 입력하여 프로젝트 개요와 기능 명세서 작성을 요청하였다.

> ### 🪐 프롬프트
>
> Firebase를 백엔드로 사용하는 나만의 공유 드라이브 사이트를 만들어줘. 전체 기능은 myfunction.csv(이것은 기능 명세서의 파일 이름) 파일에 있어. 웹 프론트는 기본으로 하고 백엔드는 Firebase를 사용해. Firebase의 무료 플랜에 맞게 설계해 줘. 프로젝트 개요와 상세 기능 명세서 작성해 줘.

> ### 🪐 Agent 응답
>
> 나만의 공유 드라이브 프로젝트 개요와 상세 기능 명세서를 작성했습니다.
>
> 작성된 문서
>
> 1. 프로젝트 개요 - 기술 스택, 시스템 아키텍처, 데이터 모델, Firebase Spark 플랜 제한사항, 보안 규칙
> 2. 상세 기능 명세서 - 8개 기능(파일 리스트/다운로드/실행/로그인/업로드/수정/삭제/로그아웃)의 상세 동작, UI/UX 명세, 시퀀스 다이어그램
>
> 핵심 설계 포인트
>
> - Firebase Spark 플랜 호환: Cloud Functions 없이 클라이언트 사이드 로직으로 처리
> - 공개/관리자 분리: 비로그인 사용자는 조회/다운로드만, 관리자만 업로드/수정/삭제 가능
> - 다양한 파일 미리보기: 이미지, 영상, PDF, 텍스트 파일 브라우저 내 실행
>
> 검토 후 다음 단계(구현 계획서 작성 및 개발)를 진행할지 알려주세요.

Agent가 만든 기능 명세서와 프로젝트 개요를 살펴보자.

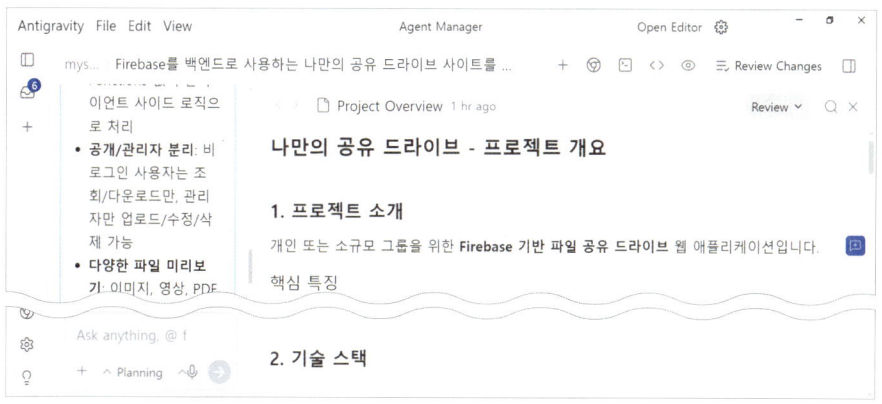

프로젝트 개요에 전체적인 기능과 파이어베이스 무료 플랜의 기능 제한에 따른 맞춤형 설계, 파이어베이스의 Storage의 권한 규칙, 시스템 아키텍처 등 상세한 내용이 나와 있다.

기능 명세서에도 필자가 작성한 초기 기능 명세서의 내용에 추가로 상세한 내용들과 각 기능의 흐름도 정리되어 있다.

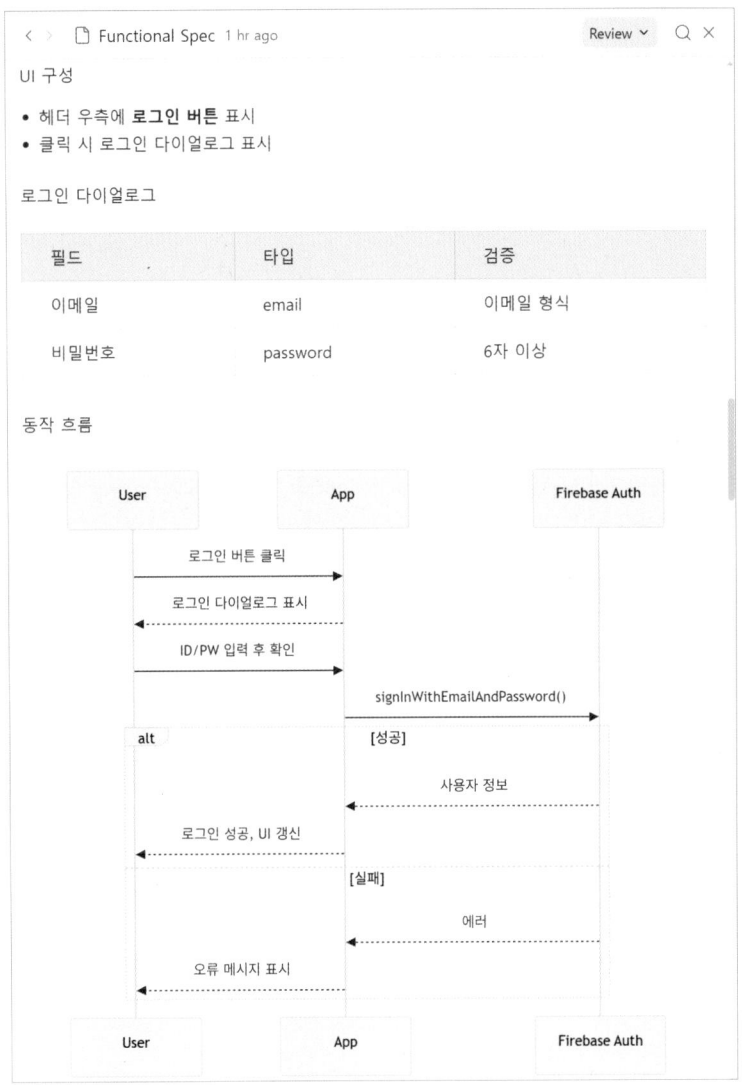

수정이 필요 없을 만큼 완벽한 프로젝트 개요와 기능 명세서가 작성되었기 때문에 바로 구현 과정으로 넘어갔다.

Agent가 생성한 프로젝트 개요와 기능 명세서의 내용을 구현을 해달라고 요청하자.

> **프롬프트**
>
> 프로젝트 개요와 기능 명세서의 내용대로 구현해 줘.

Agent 응답

Firebase 프로젝트 설정이 거의 완료되었습니다!

☑ **완료된 작업:**

- 프로젝트 연결: myspace-drive-34309
- 웹 앱 생성: MyDrive Web
- firebase-config.js 자동 업데이트 완료
- .firebaserc 자동 업데이트 완료

⚠ **수동 설정 필요 (Firebase Console)**

배포하려면 아래 서비스들을 Firebase Console에서 활성화해야 합니다:

1. Storage: https://console.firebase.google.com/project/myspace-drive-34309/storage → "시작하기" 클릭

2. Firestore: https://console.firebase.google.com/project/myspace-drive-34309/firestore → "데이터베이스 만들기" 클릭

3. Authentication: https://console.firebase.google.com/project/myspace-drive-34309/authentication → "시작하기" → "이메일/비밀번호" 활성화 → Users에서 관리자 계정 추가

Agent가 코드를 다 구현한 뒤에 이와 같이 보고하였다. 이번에는 파이어베이스에서 스스로 설정해야 하는 부분이 조금 있었다. 실습 시작 전에 언급한 파이어베이스에서 제공하는 Storage(저장소)와 Auth(계정 관리), Cloud Firestore(데이터베이스) 기능을 이용하기 위해서이다.

❶ 파이어베이스 Storage 설정

먼저 파이어베이스에 접속하여 [콘솔로 이동] 버튼을 누른 뒤에 로그인하면 생성되어 있는 프로젝트들이 리스트에 표시된다. 그중 Agent가 자동으로 만든 프로젝트 이름인 'My Space Drive'를 선택하여 해당 프로젝트에 진입하였다(이 이름은 사용자마다 조금씩 다 다를 수 있다). 어떤 이름인지 헷갈린다면 안티그래비티의 Agent에게 프로젝트 이름을 알려 달라고 하자.

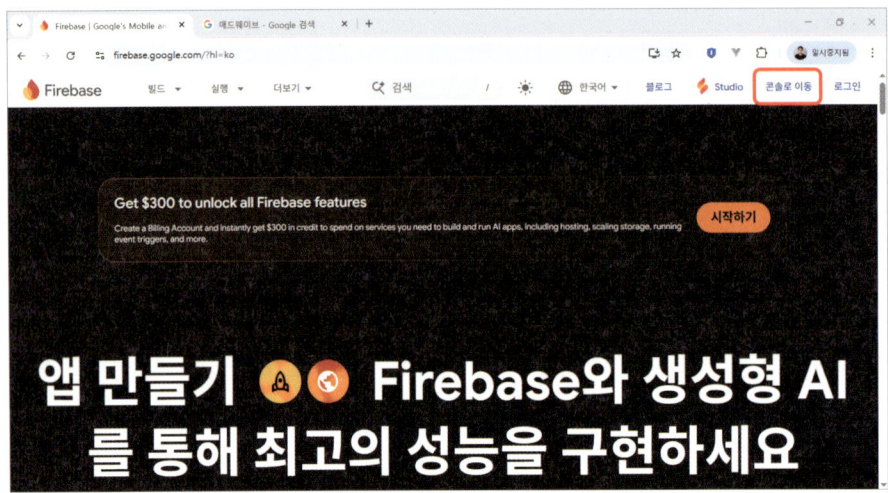

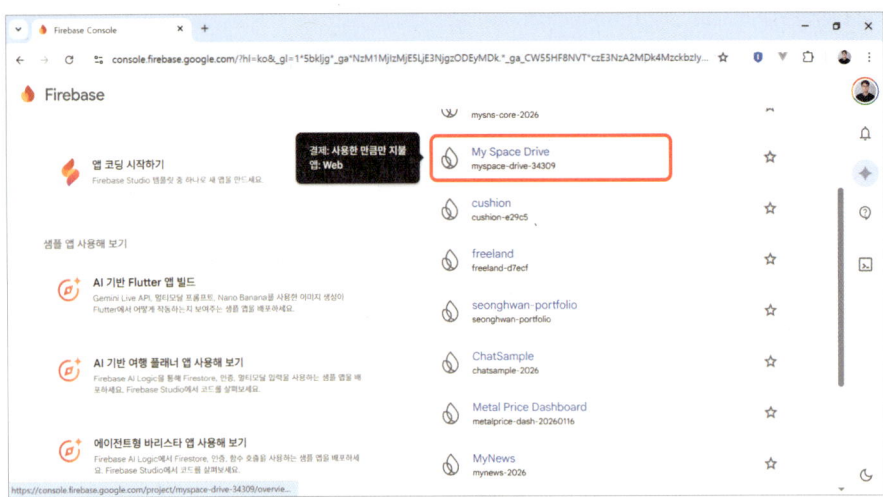

그러면 프로젝트 개요가 표시된다. 그리고 좌측에 다양한 메뉴들이 표시되는데 좌측 메뉴 중에 [빌드 → Storage]를 선택하여 Storage 페이지로 들어갔다. 그리고 표시되는 화면에서 [시작하기]를 눌러서 Storage 사용 설정을 하였다.

Note [시작하기] 버튼이 안 보인다면 다음 Vibe Up을 참고하자.

Vibe Up **Storage 사용을 위한 결제 계정 등록**

Storage를 사용하려면 결제 계정이 등록되어 있어야 한다. 즉, 신용카드를 등록해야 하는데 그렇다고 해서 바로 돈이 빠져나가진 않는다.

원래 파이어베이스가 무료 요금제(Spark)에서도 그냥 쓸 수 있었는데, 정책이 바뀌어서 Storage를 새로 생성하려면 종량제(Blaze)로 업그레이드해야만 하게 되었다. 다만 Blaze 요금제에서도 기본적으로 5GB의 저장 용량과 하루 1GB의 다운로드까지는 무료로 제공한다. 그러니 이 책의 실습을 따라하는 정도로는 요금이 청구될 일은 없을 것이다.

결제 계정 등록하기

① 결제 계정이 미등록된 상태에서 Storage에 들어가면 [시작하기] 대신 [프로젝트 업그레이드]라는 버튼이 보일 것이다. 이 버튼을 누르자.

② 결제 계정을 등록하는 창이 나오면 [Cloud Billing 계정 만들기]를 누른다.

③ 안내에 따라 새 결제 프로필을 만들고 신용카드 정보를 입력해 카드를 등록한다.

④ 카드 등록이 끝나면 프로젝트가 Blaze 요금제로 변경되고, Storage를 사용할 수 있게 된다.

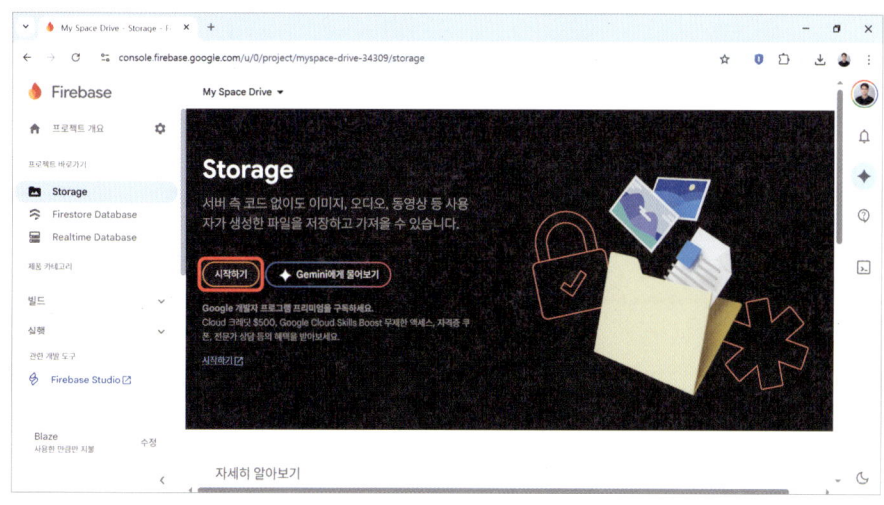

Firebase Storage는 사용한 만큼 요금이 청구되기 때문에 결제 정보(해외 결제가 가능한 신용 카드 정보)를 추가한 뒤에 시작할 수 있다. 결제 정보를 등록하면 기본 버킷 설정 과정으로 넘어가게 된다. 필자는 버킷 옵션에서는 [무료 위치]를 선택하고 보안 규칙에서는 [프로덕션 모드에서 시작]을 선택하였다.

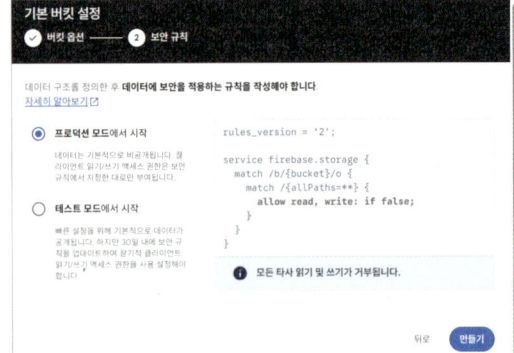

❷ Firestore 설정

파이어베이스 좌측 메뉴 중에 [빌드 → Firestore database]를 선택하고 [데이터베이스 만들기]를 누른다.

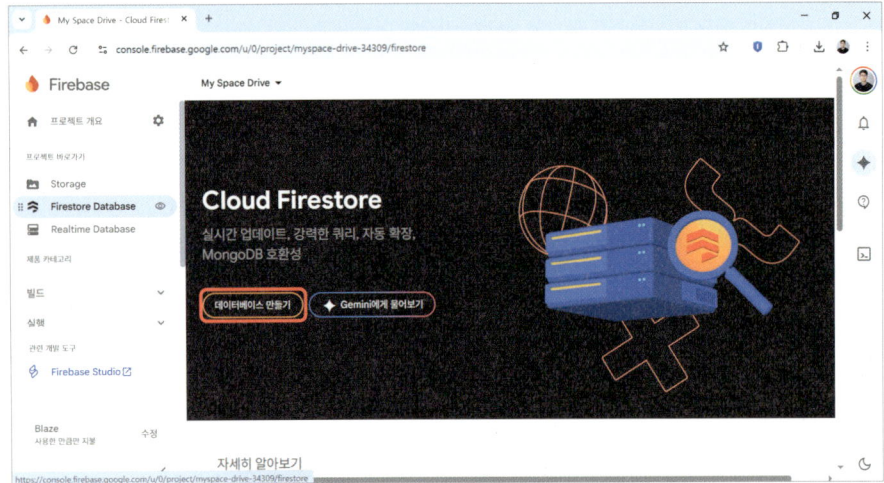

버전 선택에서는 [Standard]를 데이터베이스 ID는 'myspace'로 하고 위치는 [asia-northeast3 (Seoul)]을 선택하였다. 그리고 구성은 [프로덕션 모드]로 시작했다.

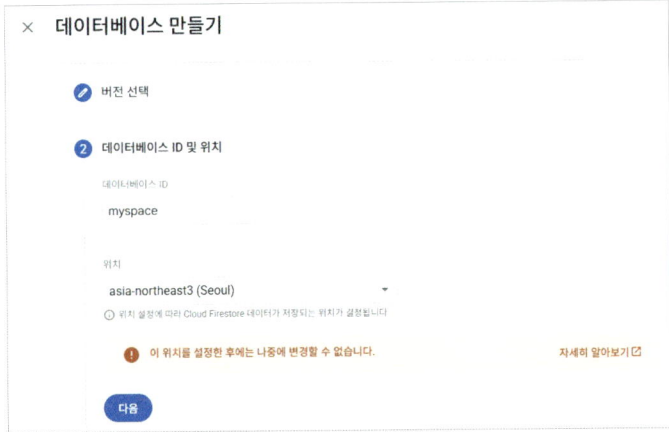

❸ Authentication 설정

파이어베이스 좌측 메뉴 중에 [빌드 → Authentication]을 선택하고 [시작하기]를 누른다. 그다음 [로그인 방법] 탭에서 [이메일/비밀번호]를 선택하고 [사용 설정] 체크한 후 [저장]을 누른다.

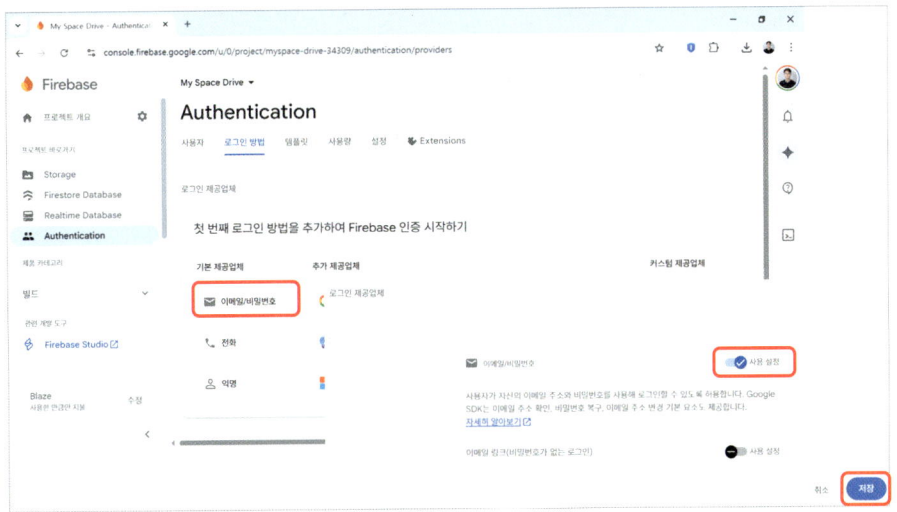

그리고 [사용자] 탭에서 [사용자 추가] 버튼을 누르고 관리자로 사용할 이메일 주소와 비밀번호를 입력 후 저장하였다. 이때 등록한 이메일 주소와 비밀번호는 나중에 사이트에 접속하여 관리자로 로그인할 때 사용되는 아이디와 비밀번호이다.

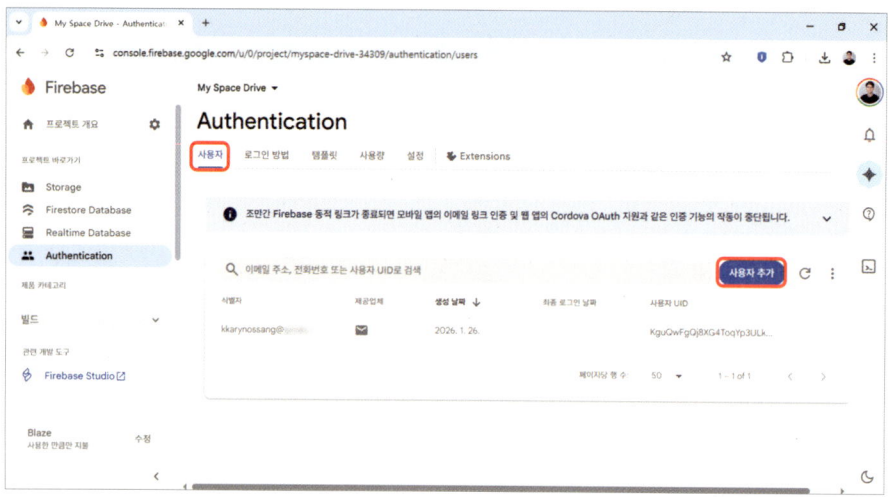

이렇게 Agent가 알려준 대로 차근차근 따라한 다음에 Agent에게 다시 요청하였다.

🔮 **프롬프트**

너가 알려준 대로 Firebase 설정 완료했어. 나머지는 너가 알아서 설정 완료해.

🌙 **Agent 응답**

배포 완료! 나만의 공유 드라이브가 라이브 되었습니다.

🌐 **접속 주소**

https://myspace-drive-34309.web.app

☑️ **최종 확인 사항**

1. 관리자 로그인: Firebase Console에서 생성한 관리자 계정으로 로그인하여 업로드 버튼이 보이는지 확인하세요.
2. 파일 업로드: 이미지, 영상, 문서 등을 업로드하고 리스트에 잘 표시되는지 확인하세요.
3. 미리보기: 업로드 된 파일을 클릭하여 미리보기 또는 다운로드가 되는지 확인하세요.

모든 설정이 완료되어 정상적으로 서비스를 이용하실 수 있습니다. 수고하셨습니다!

Agent가 알려준 URL에 접속해서 관리자로 로그인하여 파일을 업로드 해보고, 수정, 삭제 등을 해보았다. 그리고 로그아웃된 상태에서 파일이 다운로드되거나 표시되는지 등도 테스트해 보았다. 모두 기능 명세서의 내용대로 잘 동작되었다.

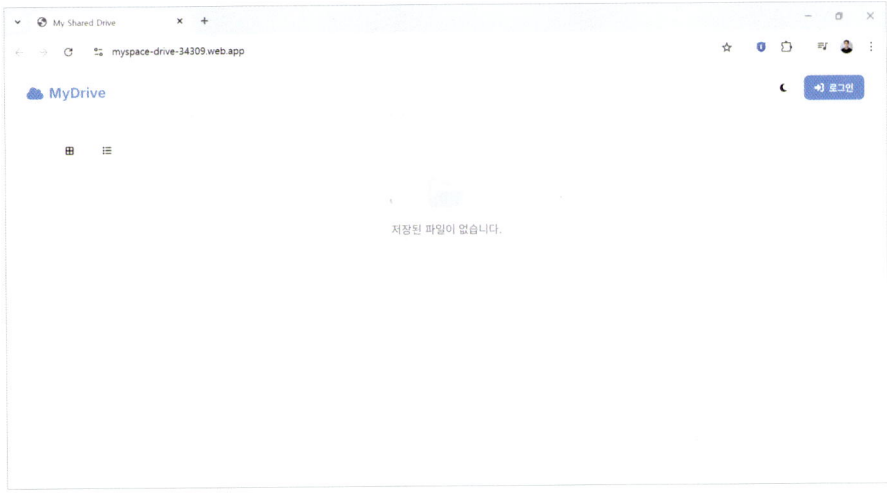

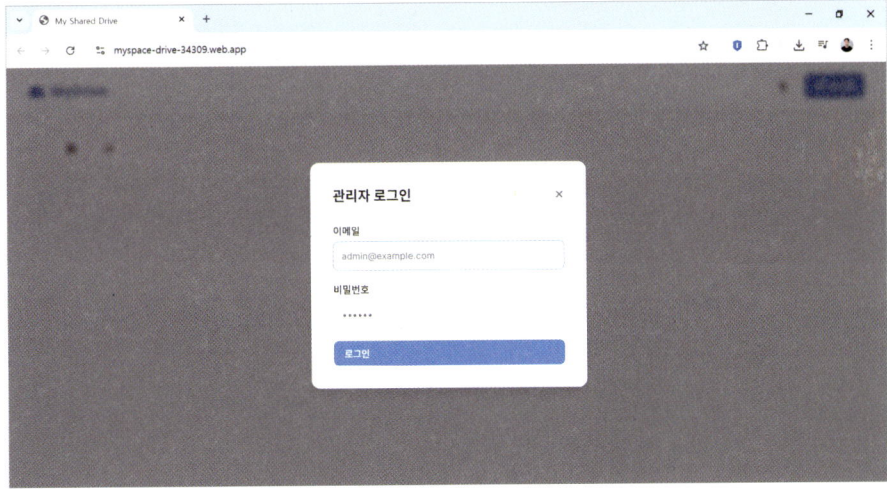

이렇게 바이브 코딩으로 간단하게 나만의 간단한 공유 드라이브 프로그램을 만들어 보았다.

만약 드라이브에서 폴더 생성, 검색 기능 등을 원하면 해당 기능에 대한 설명을 기능 명세서에 추가한 다음 Agent Manager에서 추가 구현해 달라고 하면 서비스 중인 다른 공유 드라이브와 거의 동일한 기능이 제공될 것이다.

Vibe Up **Storage 과금 방지 방법**

앞서 Storage 설정을 안내할 때, Storage는 사용한 만큼 요금이 청구된다고 했다. 이 때문에 나도 모르는 사이에 무료 사용량을 넘어가서 요금이 청구되진 않을까 하는 불안이 든다면 다음을 참고하기를 바란다.

① 구글 클라우드 콘솔(https://console.cloud.google.com/)에 접속하여 화면 왼쪽 상단에서 줄 3개 아이콘을 누르고 [결제] 메뉴를 선택한다. 그다음 화면이 바뀌면 [결제 계정 관리]를 누른다.

② 앞서 Storage 사용 설정을 위해 만든 결제 계정이 목록에 보일 것이다. 그 계정을 선택하면 결제 대시보드가 나오는데, 화면 좌측에서 [예산 및 알림] 메뉴를 누른다.

③ 예산 및 알림 화면에서 해당 프로젝트를 선택한 후 예산을 수정하고 [Save]를 꼭 누른다.

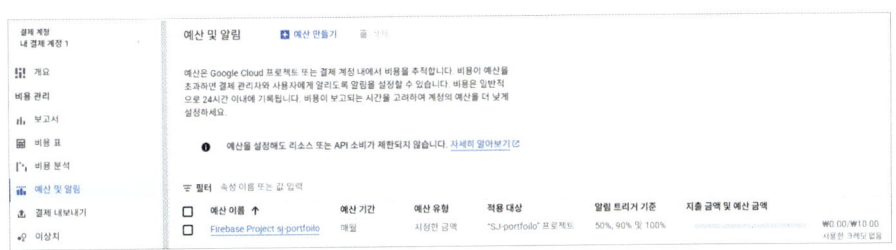

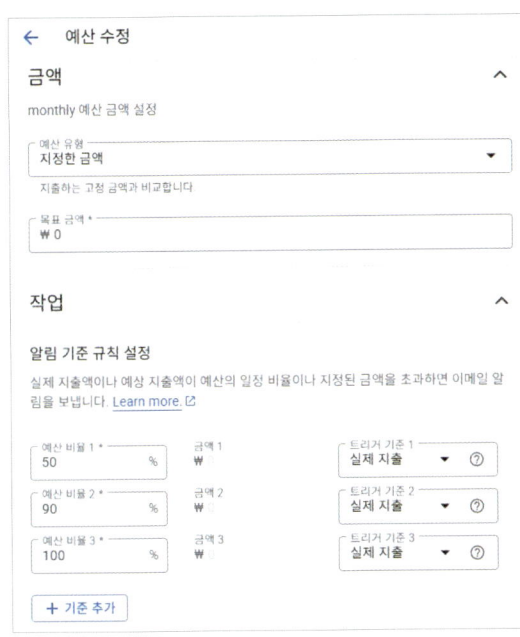

## 5장

바이브 코딩으로 실용적인 서비스 만들기

이 장에서 다루는 것

✦ **간단한 SNS**

네트워크의 대표 사례인 채팅 프로그램, 그중에서 가장 기본인 1:1 채팅을 만들며 실시간 상호 간 데이터를 주고받는 방법을 배워 본다.

✦ **회원 관리 앱**

최대 4명의 사용자가 참여할 수 있는 포커 게임을 만든다. 각 사용자가 자신의 차례에만 게임을 조작하게 하여, 순차적으로 데이터를 전송하는 방법을 배워 본다.

✦ **1인 쇼핑몰**

크롤링을 이용해 뉴스 정보를 가져와서 데이터베이스에 저장하고, 그 내용을 사이트에 보여주는 방법을 배워 본다.

✦ **AI를 활용한 영어 학습 서비스**

구글 드라이브, 원 드라이브처럼 계정을 로그인하여 파일을 업로드, 삭제, 공유할 수 있는 나만의 공유 드라이브를 만들어 본다.

3장에서는 네트워크 통신이 필요 없는 프로그램들을 4장에서는 네트워크 통신을 필요로 하는 프로그램들을 만들어 보았다. 이번에는 상용화되고 있는 서비스들의 MVP만 만들어 보면서 실제 서비스되고 있는 소프트웨어들이 어떻게 개발되고 운영되는지를 경험해 보자.

MVP란?

MVP^{Minimum Viable Product}는 핵심 기능만 담아 빠르게 만든 최소한의 제품이다. 예를 들어 쇼핑몰의 경우 상품을 주문하는 기능처럼 필수적인 기능만 가지고 있는 경우이다. 주로 스타트업에서 새로운 제품이나 서비스를 개발할 때 빠르게 시장 반응을 확인하기 위하여 MVP 제품을 개발한다.

다양한 사람들이 온라인으로 거래하는 E-커머스 서비스, 헬스장이나 학원에서 사용하는 회원관리 시스템, 콘텐츠를 서로 업로드하고 공유하는 SNS, 영어 온라인 교육 시스템 등은 우리나라뿐만 아니라 전 세계적으로도 많이 사용되는 대표적인 온라인 서비스이다.

이러한 대규모 서비스에는 4장에서 배운 네트워크 통신을 활용한 기능들이 많이 사용된다. 회원가입한 사용자들의 정보, 사용자들이 올린 콘텐츠 정보, 제품 정보 등 다양한 정보들이 백엔드의 데이터베이스에 저장되며 필요한 경우 사용자끼리 혹은 관리자와 사용자 간 채팅 기능도 제공된다.

다만 이번 장이 4장과 다른 점은 모든 서비스에 관리자 기능들을 만든다는 것이다. 그렇다면 **관리자 기능은 왜 필요할까?** SNS를 예로 들어서 생각해 보자. SNS에 다양한 사람들이 사진이나 영상들을 올리다 보면 누군가는 부적절한 이미지나 영상을 올릴 수도 있다. 그러한 콘텐츠가 계속해서 서비스 내에 존재하면 많은 사용자들이 불편을 느끼거나 서비스 사용을 멈출 것이다. 그래서 이를 관리하기 위해 관리자 기능이 필요하다. 그렇다면 어떤 기능이 제공되어야 할까? 사용자가 올린 콘텐츠(이미지, 영상 등)를 볼 수 있고, 부적절한 콘텐츠가 있다면 필터링하거나 수정·삭제할 수 있어야 한다. 경우에 따라서는 특정 사용자 계정을 정지해야 할 수도 있다. 공지사항을 올리거나 이벤트 페이지 등 데이터를 추가하는 작업도 할 수 있어야 한다. 이렇게 하나의 서비스를 운영하기 위해서 **관리자는 그 서비스의 모든 데이터에 대한 접근뿐만 아니라 관리자만 사용 가능한 기능도 제공되어야 한다.**

따라서 5장에서는 관리자가 로그인했을 때의 UX, 관리자가 아닌 사람이 로그인 했을 때의 UX가 달라지도록 설계할 것이다. 그리고 하나하나의 프로젝트의 전체 기능이 3장과 4장에 비해 더 많아질 것이다. 그러면 기능 명세서의 내용과 프로젝트 개요에 대한 내용이 많아진다. AI가 아무리 발전했다고 해도 기능 명세서와 프로젝트 개요가 점점 커지면 AI도 구현에서 실수를 한다. 일부 기능이 제대로 구현이 안 되어 있거나 제대로 동작이 안 되는 경우들도 생긴다. 3장과 4장에서 AI를 통한 구현은 대부분 하루 이내로 끝나는 간단한 일이었지만 5장에서는 몇일씩 걸리는 경우도 생길 것이다. 그리고 필자가 예로 만든 최소 기능뿐만 아니라 스스로 더 다양한 기능을 더해 나가면 AI가 실수를 더 많이 하거나 예상했던 것보다 안 될 수도 있다.

인내심을 가지고 그런 부분들도 스스로 고쳐 나가는 능력을 키우는 것이 이번 장을 통해서 배울 점이다. 소프트웨어를 만드는 것은 원래 많은 인내심과 생각, 시간이 필요하다. 그래도 바이브 코딩으로 개발할 때에는 예전보다 훨씬 적은 인내심과 생각과 시간으로 더 좋은 결과를 만들 수 있기 때문에 AI에게 항상 감사하는 마음을 가지고 여유 있게 개발하는 마음가짐이 중요하다.

5-1 간단한 SNS 만들기

학습 목표 구글 로그인 사용하는 방법 배우기
기능 명세서 작성하는 법 배우기

실습 자료 링크

`URL` https://myspace-drive-34309.web.app/

이 장의 처음은 다수가 사용할 수 있는 간단한 SNS를 만들어 보자. 페이스북이나 X(구 트위터)처럼 로그인한 후 사진이나 영상, 글 등을 올릴 수 있고 다른 사람의 게시물에 댓글을 달 수 있는 최소 기능만 갖춘 예제용 SNS이다. SNS를 만들 수 있으면 다양한 주제를 다루는 SNS로 확장할 수 있으며 다양한 서비스에서 활용할 수 있다.

이 프로젝트에서는 회원가입이나 로그인을 할 때 구글 로그인을 사용해 보기로 한다. 백엔드로 파이어베이스를 사용하면 AI가 간단하게 구글 로그인을 할 수 있도록 설정해 주기 때문에 쉽게 구글 로그인 기능을 구현할 수 있다.

전체적인 개발 흐름은 다음과 같다.

⊙ 개발 흐름 ─────────────────────────────────

1. 프로젝트 폴더 생성
2. 프로젝트 개요와 기능 명세서 작성
3. 코드 구현
4. 실행 및 테스트

1 프로젝트 폴더 생성

새 프로젝트 폴더를 만들고 안티그래비티의 Editor에서 폴더를 열자. 필자는 c:₩Sample 폴더에 mysns라는 폴더를 만들었다.

2 프로젝트 개요와 기능 명세서 작성

프로젝트 폴더 생성이 완료되었으면 이제 이 애플리케이션에는 어떤 기능들이 있으면 좋을지 생각해 보자. 이 프로젝트에도 관리자가 할 수 있는 기능과 일반 사용자가 할 수 있는 기능이 구분된다.

• 관리자 기능

사용자들이 작성한 게시물의 내용을 검사하거나 삭제할 수 있어야 하고 불량 사용자의 경우 접속 제한을 할 수도 있어야 한다.

• 사용자 기능

사용자는 일반적인 SNS에서 할 수 있는 기능과 거의 유사한 기능들이 가능해야 한다. 게시물을 쓰고, 수정하고, 삭제할 수 있어야 하고 다른 사람의 게시물의 내용을 조회하거나 댓글을 달 수 있어야 한다.

이러한 내용들을 조금 상세하게 기능 명세서로 만들어 보자. 사용자와 관리자 구분을 하고 어떤 화면(페이지)에 어떤 기능들이 존재해야 하며 각 기능에 대한 구체적인 내용을 하나씩 작성해 보자. 그리고 그것을 표로 만들면 다음과 유사한 기능 명세서를 만들 수 있다.

기능 명세서 예시

구분	페이지	기능명	설명
사용자	로그인 화면	로그인	구글 로그인 버튼을 눌러서 이미 계정이 있는 경우 바로 로그인되고 메인 화면으로 이동한다.
	로그인 화면	회원가입	• 구글 로그인하여 계정이 생성되어 있지 않으면 계정 생성 페이지로 이동한다. • 프로필 이미지, 닉네임, 남김말을 등록할 수 있다. • 닉네임은 필수로 입력해야 하며 서비스 이용약관, 개인정보 취급 방침을 체크하면 회원가입 버튼이 활성화된다. • 닉네임은 고유값으로 중복체크 버튼을 눌러서 중복이 있는지 확인할 수 있다. • 회원가입이 된 이후에는 메인 화면으로 이동한다.
	메인 화면	헤더	헤더의 왼쪽에는 로고가 표시되고 가운데에는 검색어를 입력할 수 있는 입력 창이 있다. 그리고 우측에는 검색 버튼, 등록 버튼, 설정 버튼, 로그아웃 버튼이 아이콘으로 표시되어 있다.
	메인 화면	게시물 검색	헤더의 검색 버튼을 누르면 헤더에서 검색을 할 수 있도록 검색어를 입력하고, 검색 버튼을 누르면 그 검색어에 해당하는 태그의 콘텐츠들만 필터링되어 표시된다.
	메인 화면	게시물 등록	헤더의 로그아웃 버튼을 누르면 로그아웃되고 로그인 페이지로 이동한다.
	게시물 상세 화면	게시물 표시	• 게시물 상세 화면에서는 여러 장의 이미지가 모두 표시된다. • 비디오의 경우 비디오가 재생된다. • 게시물의 등록된 댓글의 모두 표시된다. 댓글을 단 사람의 프로필 이미지와 닉네임, 댓글 메시지, 댓글 단 시각이 표시된다.
	게시물 상세 화면	게시물 댓글	• 다른 사람이 작성한 게시물에는 댓글을 달 수 있다. • 한 사람이 하나의 게시물에는 1개밖에 댓글을 달 수 있다. (한 게시물에 같은 사람이 여러 번 댓글을 달 수 없음) • 자신이 작성한 게시물에는 댓글을 달 수 없다.
	프로필 화면	프로필 표시	• 피드 화면에서 게시물을 작성한 사용자를 클릭하면 그 사용자의 정보를 볼 수 있는 페이지로 이동한다. • 사용자 프로필 화면에서 사용자의 프로필 이미지, 닉네임, 남김말, 회원가입일, 작성한 콘텐츠 개수, 댓글을 단 개수가 표시된다.
	설정 화면	회원 정보 수정	• 메인 화면 헤더의 설정 버튼을 누르면 설정 화면으로 이동한다. • 설정 화면에서는 회원가입시 등록했던 프로필 사진, 남김말, 닉네임을 수정할 수 있다. • 닉네임은 수정 전에 중복체크를 할 수 있다.
관리자	관리자 로그인 화면	로그인	• 관리자 로그인 페이지는 사용자 로그인 페이지와 진입 경로가 다르다. • 관리자는 구글 로그인이 아닌 이메일, 비밀번호로 로그인한다. • 관리자 이메일, 비밀번호는 미리 등록되어 있는 것으로 간주한다.
	관리자 페이지 구성	화면 구성	• 관리자는 좌측에 관리자가 사용 가능한 메뉴 리스트가 표시된다. • 대시보드, 사용자 관리, 콘텐츠 관리, 로그아웃 메뉴로 구성된다.

대시보드	대시보드	대시보드 페이지에서는 가입된 사용자의 수, 콘텐츠의 수가 표시된다.
사용자 관리	사용자 관리	회원가입 한 사용자들의 리스트를 볼 수 있고 정보 수정, 삭제, 접속불가(블랙) 설정을 할 수 있다.
콘텐츠 관리	콘텐츠 관리	• 사용자들이 작성한 콘텐츠를 모두 확인할 수 있고 콘텐츠 내용을 편집하거나 삭제를 할 수 있다. • 특정 콘텐츠를 선택하면 그 콘텐츠에 등록된 사진, 영상들을 확인할 수 있다. 사진이나 영상을 삭제할 수 있다. • 특정 콘텐츠를 선택하면 등록된 댓글들이 모두 표시되고 댓글들을 수정하거나 삭제할 수 있다.

Vibe Up 만들고 싶은 서비스에 대한 기능 명세서를 스스로 작성할 줄 아는 것이 중요하다

앞서 보인 예시는 AI가 만든 것만큼 상세하지는 않더라도 어떠한 기능들을 가지고 있는 서비스인지 명확히 알 수 있는 기능 명세서다. 필자가 여러 번 강조하지만 바이브 코딩에서 가장 중요한 부분이 바로 이것이다. 만들고 싶은 서비스가 있으면 그것을 기능 명세서로 작성하는 법을 배워야 한다. 무엇을 만들지에 대한 초기 기획서를 사람이 작성하고, 그것을 AI에게 알려줘서 AI가 더 자세한 기능 명세서와 프로젝트 개요, 설계서 등을 만드는 것이 바이브 코딩의 핵심이다. 기능 명세서를 스스로 작성하기 어려울 때는 다른 유사 서비스들을 사용해 보면서 어떤 기능들과 화면들로 구성되어 있는지 분석하여 유사하게 작성하여도 된다. 숙달되기까지는 시간이 걸리지만 조금만 하다 보면 누구나 할 수 있다.

기능 명세서를 엑셀이나 구글 스프레드시트에서 CSV 파일로 변환하여 안티그래비티 프로젝트 폴더에 추가한다. 필자는 my_function.csv라는 이름으로 CSV 파일을 저장하여 폴더에 저장해 두었다.

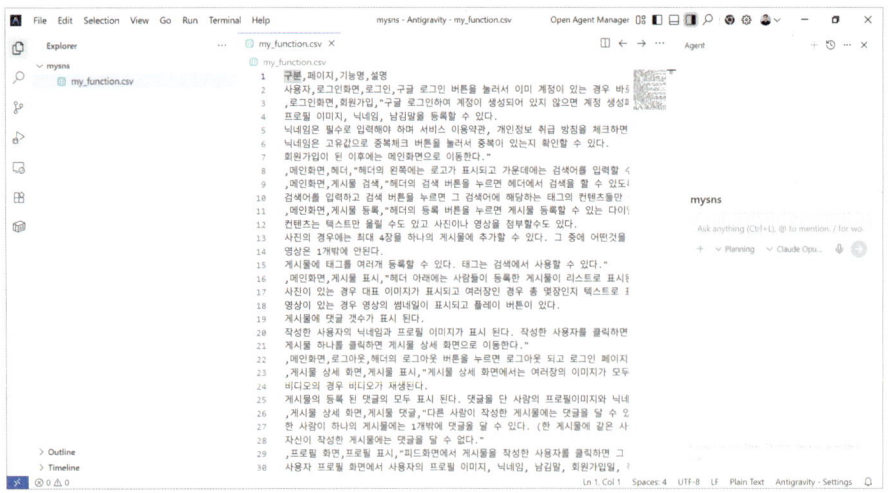

그다음은 어떠한 프레임워크나 프로그래밍 언어들을 사용하면 좋을지 설계 부분을 생각해 보자. 프론트엔드는 간단하게 웹 방식으로 하되, 리액트 프레임워크를 사용해 보자. 필자는 리액트를 사용했지만 기본 웹 방식이나 Vue와 같은 다른 프레임워크를 사용해도 무방하다. 혹은 모바일 앱을 만들고 싶으면 [3-4. 복합 타이머 앱 만들기]처럼 프론트엔드 부분을 플러터로 하는 것도 가능하다. 백엔드 개발은 그대로 파이어베이스를 사용하자. 구글 로그인 뿐만 아니라 SNS에 필요한 다양한 기능을 다 제공해 준다.

프롬프트를 다음 예시와 유사하게 입력하고 실행하자. 전체적인 내용만 같으면 된다.

> **⚙️ 프롬프트**
>
> 페이스북 같은 SNS를 만들고 싶어. 작성한 기능 명세서는 my_function.csv 파일에 있어. 이 내용을 기반으로 프로젝트 개요와 상세 기능 명세서 작성해 줘. 프론트는 리액트로 할 거고 백엔드는 firebase를 사용할 거야.

> **◑ Agent 응답**
>
> my_function.csv 파일을 기반으로 프로젝트 개요와 상세 기능 명세서 문서를 작성했습니다.
>
> **생성된 문서**
>
> | 문서 | 설명 |
> |------|------|
> | 프로젝트_개요.md | 기술 스택, 시스템 아키텍처, 데이터 모델, 페이지 구성, 개발 일정 |
> | 기능명세서.md | 18개 기능별 상세 명세 (처리 흐름, 유효성 검사, 화면 요소 포함) |
>
> **주요 내용 요약**
>
> Frontend: React (Vite)
> Backend: Firebase (Auth, Firestore, Storage, Hosting)
> 사용자 기능: Google 로그인, 게시물 CRUD, 댓글, 프로필, 태그 검색
> 관리자 기능: 이메일 로그인, 대시보드, 사용자/콘텐츠 관리
> 문서를 검토하신 후 수정이 필요한 부분이 있으면 말씀해 주세요. 승인되면 구현 계획을 작성하겠습니다.

Agent가 만든 프로젝트 개요와 기능 명세서를 살펴보자. 프로젝트 개요에는 시스템 아키텍처, 사용자와 관리자 역할, 주의 사항 등이 잘 작성되어 있고 기능 명세서에는 필자가 작성한 내용을 기반으로 상세한 내용들이 정리되어 있다. 필자의 경우에는 수정할 부분이 없어서 바로 구현으로 넘어가기로 했다.

코드 구현

프로젝트 개요와 기능 명세서의 내용을 다 검토했으면 Agent에게 구현을 요청하자.

> 🌟 **프롬프트**
>
> 프로젝트 개요와 기능 명세서 내용을 보고 구현해.

> 🌙 **Agent 응답**
>
> MySNS 애플리케이션 구현이 완료되었습니다!
>
> ☑ **완료된 작업**:
> - 42개 소스 파일 생성 (Services 5개, Components 7개, User Pages 6개, Admin Pages 4개)
> - 개발 서버 실행 확인 ☑ (http://localhost:5173)

구현이 완료되었지만 아직 파이어베이스 설정은 제대로 되지 않은 상태였다. 그래서 Agent에게 파이어베이스 프로젝트 폴더 생성 및 설정을 바로 이어서 요청했다.

> 🌟 **프롬프트**
>
> firebase 프로젝트 너가 생성하고 설정해. 프로젝트명은 'mysns' 이름으로 시작하도록 해.

> 🌙 **Agent 응답**
>
> ☑ **새로운 Firebase 프로젝트 'mysns-core-2026' 생성 완료**
>
> 요청하신 대로 새로운 프로젝트를 생성하고 설정을 완료했습니다.
>
> 수행된 작업
> - 프로젝트 폴더 생성: mysns-core-2026
> - 웹 앱 생성: mysns-web
> - 설정 업데이트: .env, .firebaserc, firebase.json
> - 보안 규칙 배포: Firestore 및 Storage 규칙 배포 완료
>
> ⚠ **필수 수동 작업**
>
> 앱이 정상 작동하려면 Firebase Console에서 다음 서비스를 반드시 활성화해야 합니다:

1. Authentication 활성화
   - Firebase Console 접속
   - Google 및 Email/Password 로그인 활성화
2. Firestore Database 확인
   - Firestore 설정 접속
   - 데이터베이스가 생성되었는지 확인 (자동 생성되었을 수 있음)
3. Storage 활성화
   - Storage 설정 접속
   - Get Started를 눌러 버킷 생성 (Production mode 권장)

위 작업을 완료하신 후 알려주시면 개발을 계속 진행하겠습니다.

Agent가 파이어베이스 프로젝트 폴더 생성은 하였지만 일부 작업은 수동으로 진행을 해야 한다. 그래서 파이어베이스 사이트로 접속하여 Agent가 알려준 필수 수동 작업을 진행해 보았다.

기본적인 파이어베이스 콘솔 및 설정 방법은 [4-4. 나만의 공유 드라이브 만들기]에서 했던 방법과 유사하다. 다만 이번 프로젝트의 이름은 'MySNS'이기 때문에 그 프로젝트를 선택하고 들어온 것만 차이가 있다. 프로젝트 이름은 각자가 다르게 만들 수 있기 때문에 자신이 만든 프로젝트 이름을 기억해야 한다.

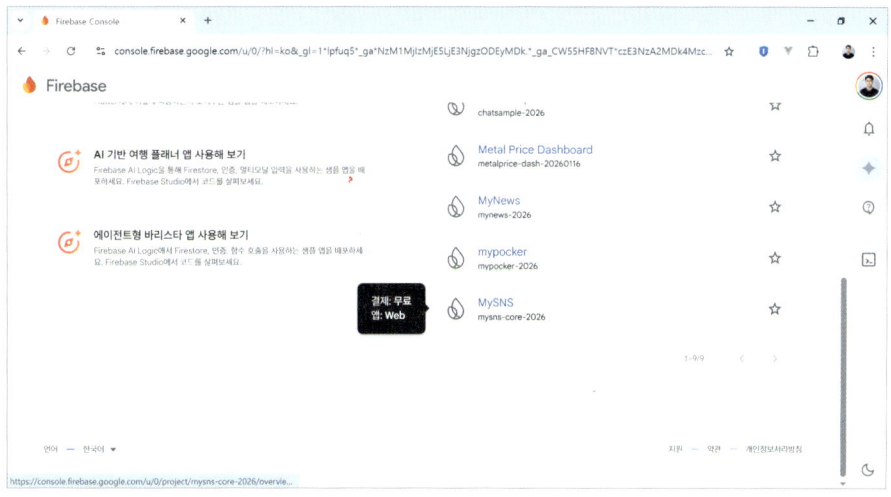

파이어베이스 좌측 메뉴 중에 [빌드 → Authentication]을 선택하고 [시작하기]를 누르면 다음과 같이 화면에 어떤 로그인 방법을 사용할 것인지 표시된다. Agent가 알려준 대로 [이메일/비밀번호]와 [Google]을 선택한다.

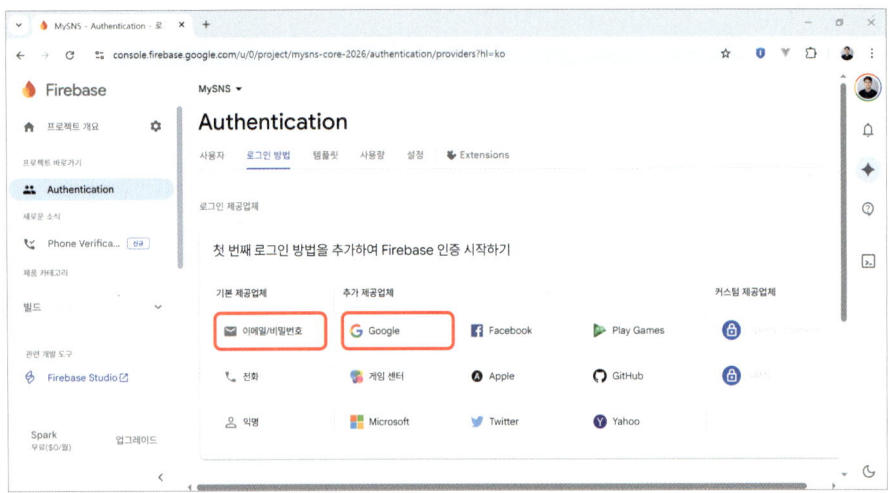

정상적으로 로그인 설정이 완료되면 다음 화면처럼 제공업체에 '이메일/비밀번호'와 'Google'이 사용 설정되었다고 표시된다.

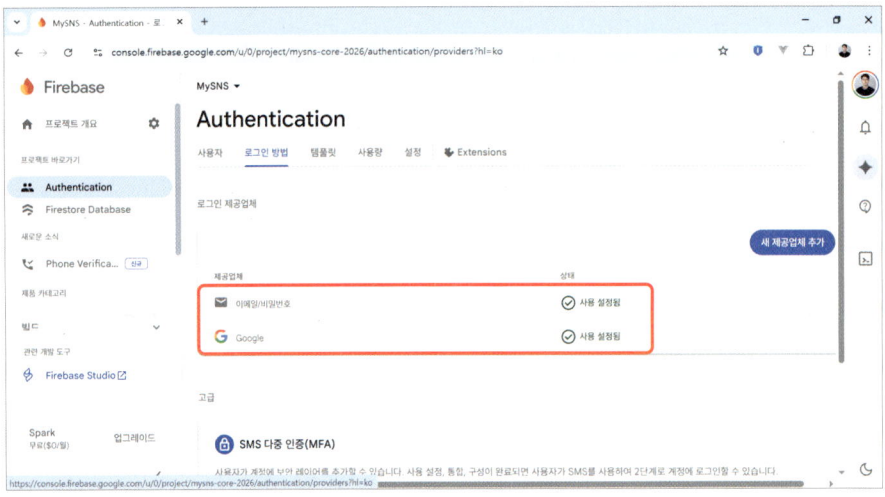

파이어베이스 좌측 메뉴 중에서 [빌드 → Firestore Database], [빌드 → Storage]를 눌러서 Firestore와 Storage도 사용 설정을 하자.

Note Storage와 Firestore를 설정하는 방법은 [4-4. 나만의 공유 드라이브 만들기]의 [3. 코드 구현]을 참고하자.

Agent가 알려준 대로 차근차근 파이어베이스의 수동 설정을 완료하면 다시 안티그래비티의 Agent Manager에서 Agent에게 프롬프트로 다음 일을 요청하자.

> **⊙ 프롬프트**
>
> 너가 알려준 대로 Firebase 설정 완료했어. 나머지는 너가 알아서 설정 완료하고 호스팅까지 해 줘.

⊙ Agent 응답

MySNS 프로젝트 배포 완료!

요청하신 대로 React 앱 빌드 및 Firebase Hosting 배포를 완료했습니다. 이제 아래 주소에서 웹사이트에 접속하실 수 있습니다.

🔗 **라이브 데모**

- **웹사이트**: https://mysns-core-2026.web.app
- **Firebase Console**: 프로젝트 대시보드

☑ **완료된 작업**:

1. **프로덕션 빌드**: npm run build 실행 (최적화 모드)
2. **호스팅 배포**: firebase deploy로 정적 파일 업로드
3. **문서 업데이트**: task.md 및 walkthrough.md에 배포 정보 반영

📋 **참고 사항**

- **초기 로딩**: 최초 접속 시 Firebase 콜드 스타트로 인해 약간의 지연이 있을 수 있습니다.
- **관리자 로그인**: /admin/login 경로로 접속하여 이전에 설정한 관리자 계정으로 로그인하시면 됩니다.
- **이미지 업로드**: Storage 룰이 배포되었으므로 프로필/게시물 이미지 업로드가 가능합니다.

추가적인 수정이나 기능 개발이 필요하시면 언제든 말씀해 주세요!

---

4 실행 및 테스트

이제 Agent가 알려준 웹사이트로 접속해 보면 정상적으로 웹 페이지가 표시되는 것을 확인할 수 있다. 로고나 정식 서비스명이 없어서 디자인이 조금 부족해 보인다. 그런 부분은 로고 이미지나 정식 서비스명이 나온 뒤에 Agent에게 알려주고 적용해 달라고 하면 금방 개선될 것이다.

❶ 사용자 기능 테스트

[Google로 시작하기]를 눌러 자신의 구글 계정을 선택하고 회원가입을 한다.

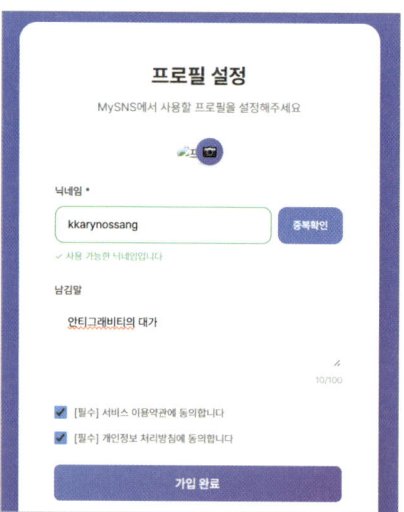

회원가입을 완료하면 페이스북 스타일의 SNS 메인 화면이 나오고 게시물 등록, 수정, 삭제를 할 수 있다. 다만 처음부터 잘되는 것은 아니었다. 이미지 등록이 안 되거나 특정 버튼을 누르면 동작이 안 되는 등 버그가 상당히 많았다. 그래서 필자는 안 되는 기능들이 있으면 어떤 기능이 어떻게 비정상적으로 동작되는지 설명한 후 고쳐 달라고 했다. 다음 프롬프트 예시를 참고하길 바란다.

> ### 🔍 프롬프트
>
> 게시물에 사진을 추가하고 등록하면 업로드 중이라고 표시만 되고 업로드 완료가 안 돼. 버그 수정해.

그렇게 수십 번의 버그 수정을 한 뒤에야 기능 명세서에 있는 대로 다 동작을 하였다.

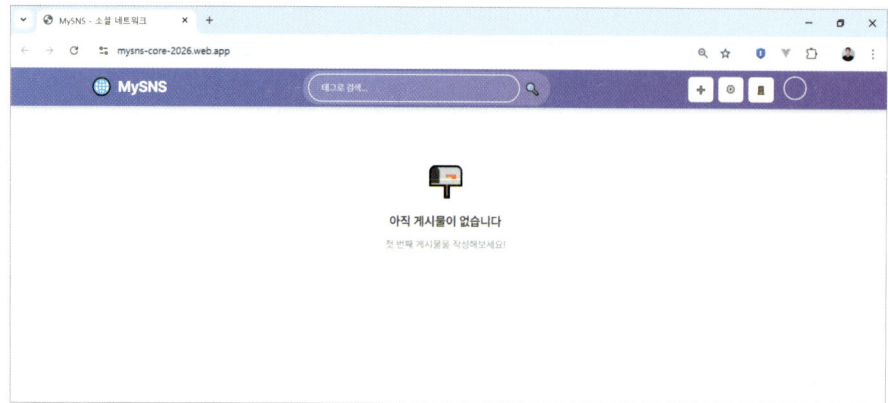

❷ 관리자 사이트 테스트

관리자 사이트는·Agent가 알려준 대로 URL 뒤에 /admin/login을 추가하여서 들어갔다.

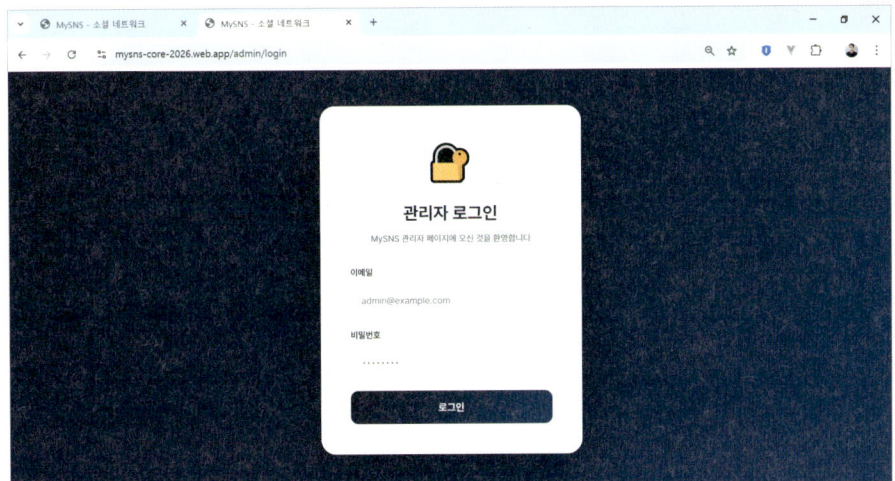

관리자 사이트에 접속하려면 관리자 계정이 필요하다. 파이어베이스 콘솔^{Firebase Console}의 Firestore Database에서 새 컬렉션을 추가하는 방법으로 관리자 계정을 생성할 수 있다.

추가하는 방법은 Agent에게 어떻게 추가하면 되는지 알려달라고 하면 상세히 알려준다. 사용자마다 데이터베이스의 구조가 다를 수 있기 때문에 Agent가 알려주는 대로 하는 것이 정확하다. (참고로 이 과정은 Agent에게 해달라고 해도 방법만 알려주고 자동으로 생성되지 않았다.)

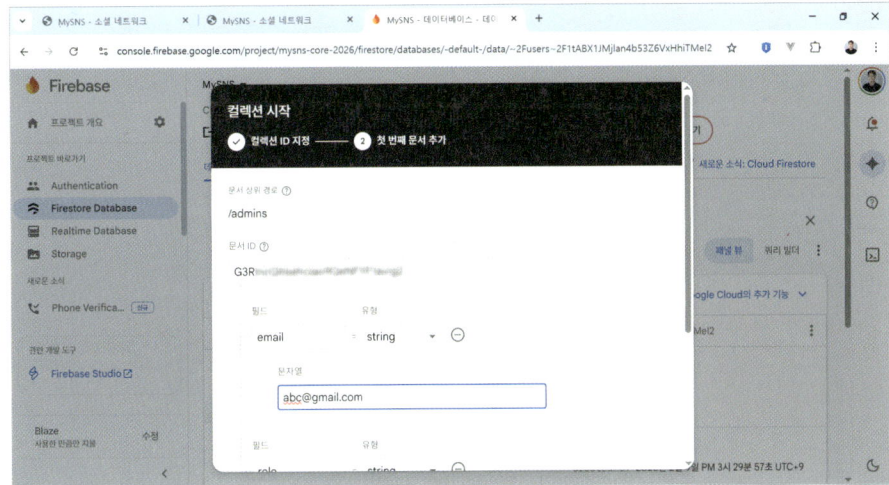

생성된 관리자 계정으로 로그인하면 기능 명세서의 내용대로 대시보드, 회원 관리, 콘텐츠 관리 페이지에서 각각의 기능대로 동작하는 것을 확인할 수 있었다.

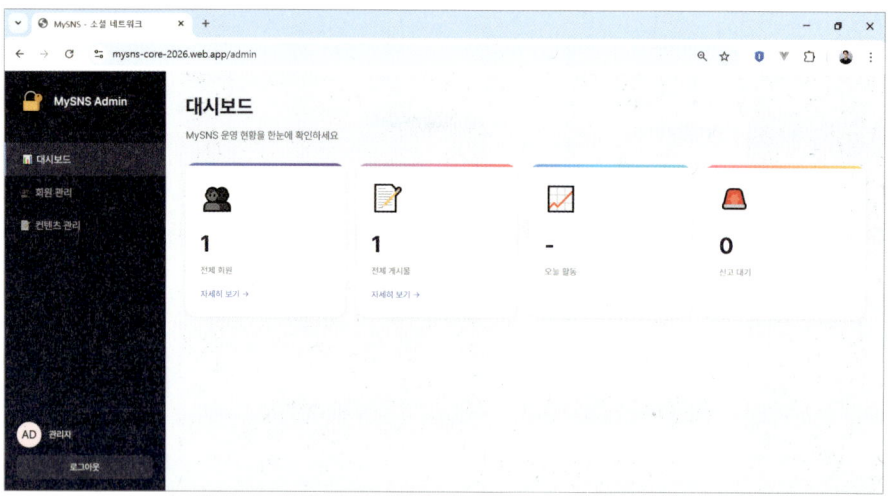

3장과 4장에 비해, 이번 프로젝트는 규모가 커진 만큼 발생하는 버그의 수나 에러의 수도 증가했다. 그렇지만 수십 개의 버그가 발생해도 Agent에게 명확하게 어떤 경우에 어떻게 에러가 나는지만 알려주면 빠르게 수정된다.

참고로 필자는 이 프로젝트를 완성하기까지 하루밖에 걸리지 않았다. 상당히 놀라운 개발 속도이다. 만약 바이브 코딩이 아닌 순수 코드 작성부터 백엔드 시스템 설계까지 모두 하려면 적어도 일주일은 걸리는 작업이기 때문이다. 게다가 SNS의 초급 개발자가 설계하고 만들려면 꽤 머리 아프고 제대로 구현하기 어렵다. 그런데 아무런 개발 지식이 없이도 순수 바이브 코딩만으로 하루 안에 이 정도의 SNS를 만들 수 있는 것은 참으로 놀라운 일이 아닐 수 없다.

물론 디자인이나 레이아웃은 원하는 대로 나오지 않을 것이다. 그럴 때는 Agent에게 구체적으로 어떻게 해달라고 요청하거나 **피그마** 같은 UI 제작 도구을 이용하여 직접 GUI를 제작하고 피그마 MCP를 통해서 Agent에게 보여주면 AI가 그 디자인대로 개발해 준다.

피그마란?
피그마Figma는 디자이너와 개발자가 함께 사용하는 웹 기반 디자인 협업 도구이다.
화면(UI) 디자인을 직접 할 수 있고 만들어진 디자인을 공유하거나 프로토타입으로 만들어 UX가 어떻게 되는지 보여줄 수 있다.

참고로 이 책에서는 피그마를 이용하여 GUI를 제작하는 법은 다루지 않는다. 필자보다 훨씬 뛰어난 전문 디자이너들이 어떻게 피그마를 이용하는지 알려주는 강의나 교육서적 등이 시중에 많기 때문이다. 보다 세련된 서비스를 만들고 싶으면 GUI 제작 방법도 꼭 익히도록 하자.

5-2 회원 관리 앱 만들기

학습 목표 로그인 계정에 기능이 달라지는 앱 개발하는 방법

실습 자료 링크

URL https://myspace-drive-34309.web.app/

이번에는 회원 관리 시스템을 만들어 보자. 피트니스 센터나 필라테스 센터 등이나 회원 대신 학생으로 이름을 바꾸면 학원에서도 유용하게 사용할 수 있는 서비스이다. 관리자가 회원들을 등록 수정할 수 있고 등록된 회원이면 앱에서 로그인하여 출석(체크인)을 하면 관리자가 확인할 수 있는 기능을 만들어 보자.

이전 프로젝트와 다르게 이번에는 하나의 앱에서 로그인하는 계정이 관리자 계정인지, 아니면 사용자 계정인지에 따라서 앱 내에서 보여지는 화면의 흐름이 달라지도록 할 것이다.

전체적인 개발 흐름은 다음과 같다.

개발 흐름

1. 프로젝트 폴더 생성
2. 프로젝트 개요와 기능 명세서 작성
3. 코드 구현
4. 실행 및 테스트

프로젝트 폴더 생성

안티그래비티의 Editor에서 [File → Open Folder]를 선택하고 파일 탐색기에서 폴더를 하나 만들고 선택하자. 필자는 C:\Sample 폴더에 mymembers라는 폴더를 만들어서 선택했다.

2 **프로젝트 개요와 기능 명세서 작성**

프로젝트 폴더 생성이 완료되었으면 이제 이 애플리케이션에는 어떤 기능들이 있으면 좋을지 생각해 보자. 기능은 크게 두 가지로 나누어서 생각해야 한다. 관리자의 입장과 회원의 입장에서 각각 어떠한 기능들이 있으면 좋을지를 생각해 보자.

• **관리자 기능**

회원들을 관리하는 관리자는 회원 등록 및 관리, 출결 확인 및 관리, 회원과 1:1 채팅 관리 등의 전체적인 매니지먼트 기능이 가능해야 한다.

• **회원 기능**

회원은 관리자만큼 많은 기능을 할 필요는 없다. 출석체크를 하고, 관리자에게 1:1 채팅을 요청할 수 있으면 좋을 것이다.

이 정도면 가장 기본적인 기능들은 완성이 된 것 같다. 그럼 설계 부분을 생각해 보자. 프론트엔드 개발은 회원들이 사용하기 편하게 앱 형태로 만들고, 안드로이드와 아이폰 앱을 동시에 개발할 수 있는 플러터 프레임워크를 사용하는 것이 좋겠다. 백엔드 개발은 기존 그대로 파이어베이스를 사용하면 좋을 것이다. 계정 관리, 회원 정보 저장을 위한 DB 등 모든 기능을 갖추고 있다.

이제 안티그래비티의 Agent와 함께 전체 기능 명세서와 프로젝트 구조를 설계해 보자. 안티그래비티의 Agent Manager에서 새로운 대화(Start converstation)를 열고 생성한 프로젝트 폴더를 선택하자. 그리고 다음 예시와 비슷하게 프롬프트를 입력한다.

> 🔧 **프롬프트**
>
> 회원 관리와 출결 관리를 위한 애플리케이션을 개발할 거야. 주요 기능은 다음과 같다.
> - 관리자 기능: 회원들을 관리하는 관리자는 회원 등록 및 관리, 출결 확인 및 관리, 회원과 1:1 채팅 관리 등의 전체적인 매니지먼트 기능이 가능해야 한다.

- 회원 기능: 회원은 관리자만큼 많은 기능을 할 필요는 없다. 출석체크를 하고, 관리자에게 1:1 채팅을 요청할 수 있어야 한다.

프론트엔드는 Flutter로 안드로이드, iOS 앱을 동시에 개발할 거야. 앱 로그인 화면에서 로그인하는 계정에 따라서 관리자 UI와 학생 UI로 나누어질 거야.

백엔드는 firebase를 사용할 거야.

프로젝트의 개요를 만들고 전체 기능 명세서 리스트 만들어줘. 기능 명세서에는 각 페이지들의 정보, 상세 설명, 테스트 시나리오, 기능 분류, 관리자/학생 구분 등의 정보가 필수로 들어가야 해.

Agent가 일을 마무리하면 그림과 같이 md 파일이 생성된다. [Open]을 누르면 우측에 프로젝트에 대한 전체 개요와 기능 명세서가 표시된다.

Note 바이브 코딩에서 주의할 점은 같은 프롬프트를 입력하더라도 다른 결과물이 나올 수 있다는 것이다. 반드시 필자와 같은 프로젝트 개요나 기능 명세서가 나올 것으로 기대해서는 안 된다.

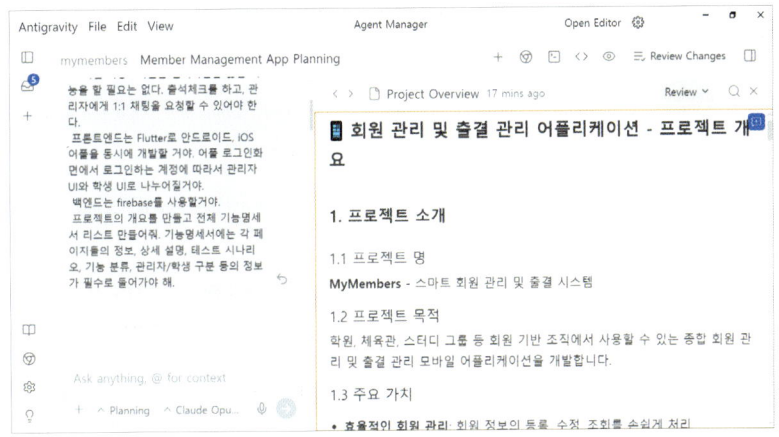

Agent가 만든 기능 명세서의 내용을 표로 만들면 훨씬 보기 좋다. 그래서 엑셀이나 구글의 스프레드시트에서 불러올 수 있게 CSV 파일로 변환하자. 다음 프롬프트 예시처럼 요청하면 된다.

> **프롬프트**
>
> 기능 명세서만 csv로 추출해 줘.

그러면 Agent가 기능 명세서만 CSV 파일로 생성해 준다. 생성된 CSV 파일은 Editor에 보면 프로젝트 폴더에 있다.

이제 이 CSV 파일을 엑셀(또는 구글 스프레드시트)에서 불러오자. (필자는 구글 스프레드시트를 사용했기 때문에 이를 기준으로 설명하겠다.)

크롬 브라우저를 열어 구글 Sheets로 이동한 다음 빈 스프레드 시트를 클릭하여 새로운 스프레드 시트를 생성한다.

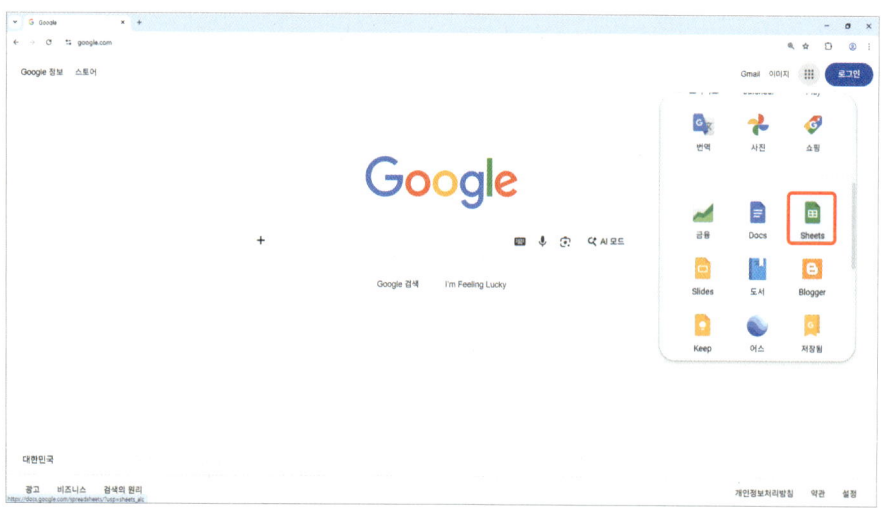

[파일 → 가져오기]를 선택하고 [업로드] 탭의 [찾아보기]를 눌러서 Agent가 만든 CSV 파일을 선택한다. 그리고 가져오기 위치를 [현재 시트 바꾸기]를 선택하고 [데이터 가져오기]를 누른다.

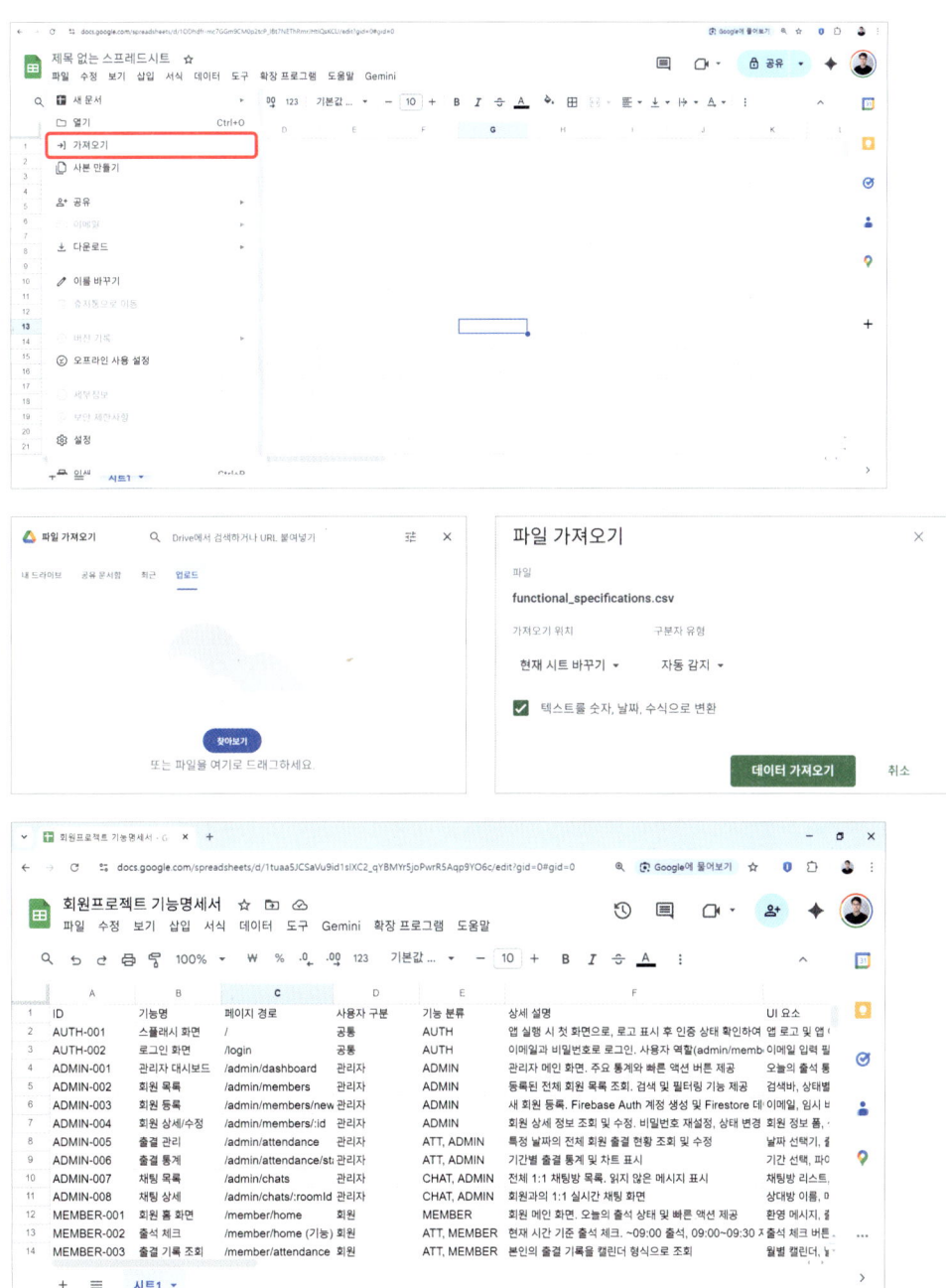

이렇게 하면 스스로 직접 기능 명세서를 작성했던 것과 유사하게 AI의 도움을 받아서 기능 명세서를 쉽게 작성할 수 있다. 테스트 시나리오를 보면서 전체적인 UX가 어떻게 될지도 상상해 볼 수 있다.

Agent가 만든 기능 명세서 파일을 하나씩 다시 살펴보자. 바이브 코딩에서는 AI가 만든 결과물(기능 명세서, 프로젝트 개요)이 모두 동일하지 않다. 그렇기 때문에 각자가 만들어진 기능 명세서를 꼼꼼하게 보면서 내용 파악을 하여야 한다. 필자도 여러 번 수정하고 나서야 최종 기능 명세서를 뽑을 수 있었다. 만약 스스로 기능 명세서를 만들기 어렵다면 이 절의 처음에 안내한 [실습 자료 링크]를 통해 필자가 만든 기능 명세서를 참고해 보길 바란다.

3 코드 구현

만들어진 기능 명세서의 내용을 다 검토했으면 안티그래비티의 Agent Manager에서 다음과 같이 프롬프트를 입력하여 구현을 요청하자.

> 💠 **프롬프트**
>
> 프로젝트 개요와 기능 명세서의 내용을 구현해. 플러터 프로젝트 폴더 생성 후에 기능 명세서의 전체 내용을 구현해. 백엔드는 Firebase에 새로운 프로젝트 폴더 생성하여 설정해 줘.

ⓖ Agent 응답

MyMembers 앱 구현 완료 보고서

🗒 구현 요약

Flutter + Firebase 기반의 회원 관리 및 출결 관리 애플리케이션 전체 구현을 완료했습니다.

…(중략)…

☑ Firebase 설정 안내

앱을 실행하려면 Firebase 프로젝트 연결이 필요합니다.
1단계: FlutterFire CLI 설치
dart pub global activate flutterfire_cli

2단계: Firebase 프로젝트 연결
cd c:₩Sample₩mymembers
flutterfire configure

3단계: Firebase Console에서 서비스 활성화

    1. Authentication → "Email/Password" 로그인 활성화

    2. Firestore Database → 데이터베이스 생성 (테스트 모드로 시작)

    3. Realtime Database → 데이터베이스 생성 (테스트 모드로 시작)

4단계: 관리자 계정 생성

Firebase Console → Authentication에서 직접 관리자 이메일 계정 추가 후, Firestore에 users 컬렉션 문서 생성:

```
{
  "email": "admin@example.com",
  "name": "관리자",
  "role": "admin"
}
```

AI가 플러터와 파이어베이스의 기본 코드를 모두 구현한 후에 파이어베이스 설정 방법을 알려준다. 필자는 아직 파이어베이스 프로젝트를 생성하지 않아서 Agent에게 프롬프트로 파이어베이스 프로젝트 폴더 생성 및 설정을 요청했다.

☄️ 프롬프트

Firebase 프로젝트 폴더 생성 및 설정해 줘. 프로젝트 이름은 MyMembers로 해 줘.

☾ Agent 응답

☑ **Firebase 프로젝트 설정 완료!**

프로젝트 정보:
- 프로젝트 ID: mymembers-2026
- 프로젝트 이름: MyMembers
- Firebase Console: https://console.firebase.google.com/project/mymembers-2026/overview

완료된 작업:
1. ☑ Firebase 프로젝트 mymembers-2026 생성
2. ☑ FlutterFire CLI 설치
3. ☑ Android 앱 등록 (1:508479797762:android:f5e2a9d22169162468051b)
4. ☑ iOS 앱 등록 (1:508479797762:ios:66915ae84b9647c168051b)
5. ☑

firebase_options.dart 파일 자동 생성

☑ 다음 단계: Firebase 서비스 활성화

앱을 완전하게 실행하려면 Firebase Console에서 다음 서비스들을 활성화해야 합니다:

1. Authentication
   - Console → Build → Authentication → Get Started
   - 이메일/비밀번호 로그인 활성화
2. Cloud Firestore
   - Console → Build → Firestore Database → Create database
   - 테스트 모드로 시작 (개발용)
3. Realtime Database
   - Console → Build → Realtime Database → Create database
   - 테스트 모드로 시작

이전 프로젝트와 마찬가지로 프로젝트 폴더 생성은 자동으로 되었지만 일부 기능은 Agent가 직접하지 못했다. 이번에도 파이어베이스 콘솔에 접속하여 MyMembers 프로젝트르 선택하고 Agent가 알려준 대로 Authentication, Cloud Firestore, Realtime Database 페이지에 들어가서 설정을 하였다.

Note   파이어베이스 콘솔에서 파이어베이스 서비스들을 설정하는 방법은 [4-4. 나만의 공유 드라이브 만들기]의 [3. 코드 구현]을 참조하길 바란다.

파이어베이스 서비스 설정을 마쳤으면 Agent에게 나머지 작업을 해달라고 요청한다.

🪄 **프롬프트**

너가 알려준 대로 Firebase 서비스들 활성화했어. 나머지 설정은 너가 알아서 마무리해 줘.

✴️ **Agent 응답**

Firebase 설정 및 프로젝트 완료!

☑ **완료된 작업 요약:**

1. Firebase 프로젝트 설정
   - ☑ Firebase 프로젝트 mymembers-2026 생성
   - ☑ Android/iOS 앱 등록 완료
   - ☑ firebase_options.dart 자동 생성

2. Firebase 서비스 초기화
- ☑ Firestore 초기화 및 보안 규칙 배포
- ☑ Realtime Database 초기화 및 보안 규칙 배포
- ☑ 역할 기반 접근 제어(RBAC) 보안 규칙 설정
3. 코드 수정 및 빌드
- ☑ 모든 에러 수정 완료
- ☑ Android APK 빌드 성공: build₩app₩outputs₩flutter-apk₩app-debug.apk

---

☑ **다음 단계**: 앱 테스트

앱을 테스트하려면:

bash

```
# Android 에뮬레이터 또는 기기에서 실행
flutter run
# 또는 빌드 된 APK 설치
adb install build₩app₩outputs₩flutter-apk₩app-debug.apk
```

☑ **첫 관리자 계정 생성**

Firebase Console에서 첫 관리자 계정을 생성해야 합니다:

1. Firebase Console → Authentication
2. Add user 클릭
3. 이메일/비밀번호 입력
4. Firestore에서 users 컬렉션에 해당 UID로 문서 추가:

json

```
{
  "email": "admin@example.com",
  "role": "admin",
  "createdAt": [현재 timestamp]
}
```

앱을 실행하거나 다른 도움이 필요하시면 알려주세요!

Agent가 알려준 대로 관리자 계정을 하나 등록하자. 파이어베이스 콘솔에 접속하여 관리자로 사용할 계정을 하나 등록하고 Firestore database에 users 컬렉션에 Agent가 알려준 내용 중 이메일을 관리자 이메일 정보로 수정하고 저장하자. 어려우면 Agent에게 더 자세한 방법을 요청하거나 어디에서 막히는지 알려주면 다음 할 일을 상세하게 알려준다.

앱이 제대로 개발되었는지 확인해 보자. 안드로이드 스튜디오를 실행해서 [File → Open]을 누르고 개발 중인 프로젝트 폴더(C:\Sample\mymembers\Android)를 선택한다.

Note 안드로이드 스튜디오 설치가 안 된 사람은 [3-4. 복합 타이머 앱 만들기]의 [3. 개발환경 설정]을 참고하여 안드로이드 스튜디오 설치 후 가상 기기(AVD) 등록까지 먼저 진행하자.

❶ 관리자 앱 테스트

프로젝트가 제대로 열리면 화면 상단에서 테스트할 기기(3-4에서 만든 가상 기기)를 선택하고 상단 메뉴 중 실행 버튼(▷)을 누르자. 그러면 개발된 프로젝트가 자동으로 빌드 후 설치된다.

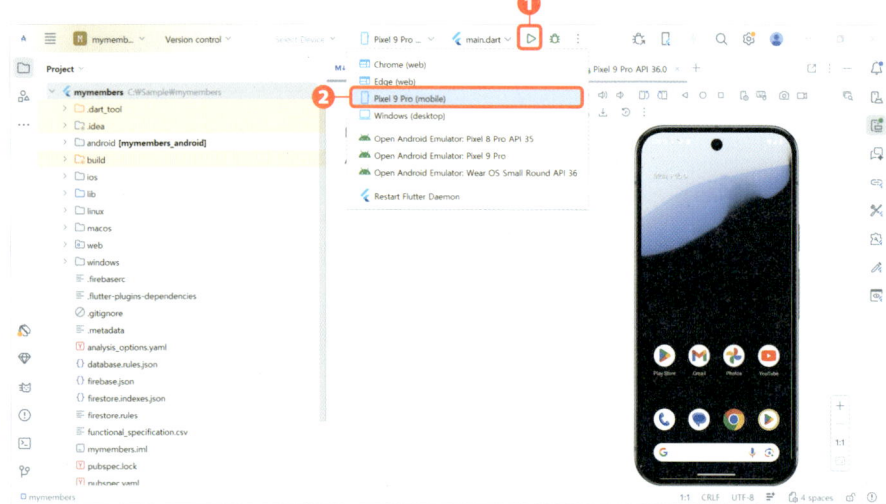

필자는 한 번에 제대로 빌드되지 않고 화면 하단의 콘솔(Console) 창에 많은 에러가 발생되었다. 이 에러들의 내용을 복사하고 안티그래비티 Agent Manager로 돌아와 내용을 붙여넣고 버그를 수정해 달라고 하였다.

바이브 코딩은 이런 방법으로 계속해서 AI가 만들어 내는 에러와 버그를 잡아야 한다. 여러 번의 버그 수정 끝에 성공적으로 빌드하여 가상 기기에 앱이 실행되었다. 필자는 앱을 실행하면 다음과 같은 로그인 화면이 표시된다.

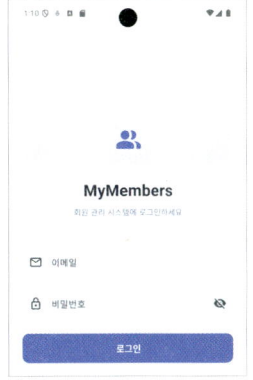

Vibe Up **화면 디자인을 원하는 대로 바꾸고 싶다면?**

바이브 코딩의 특성상 AI가 만든 디자인은 개개인이 모두 다를 수 있다. 이런 디자인을 자신이 원하는 대로 바꾸고 싶으면 피그마와 같은 GUI 제작 도구로 먼저 화면을 다 그린 이후 Agent에게 화면을 보여 주고 그대로 개발해 달라고 요청하면 된다.

이메일, 비밀번호 입력하는 부분에 파이어베이스에 등록한 관리자 이메일 주소와 비밀번호를 넣고 로그인 하자. 필자는 일부 화면이 깨지는 경우가 있어서 어떤 화면에 어떤 부분이 깨지는지 Agent에게 설명하여 몇 번의 수정을 거치고 나서야 화면이 정상적으로 표시되었다.

기능 명세서의 내용대로라면 관리자 계정 외의 회원 계정 정보는 관리자가 앱 내에서 만들 수 있어야 한다. 그래서 관리자로 로그인 이후에 [회원 관리]에서 신규 회원을 추가해 보았다. 회원을 등록하는 UI는 조금씩 다를 수 있다.

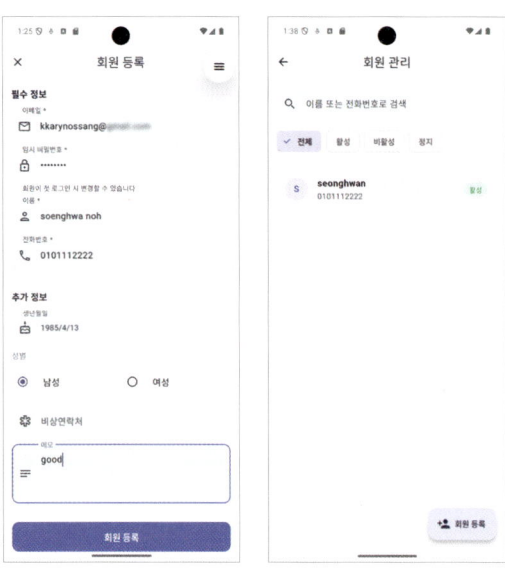

❷ 관리자-회원 채팅 기능 테스트

가상 기기에서 관리자 계정은 로그아웃하고 새로 만든 회원 계정으로 로그인해 보면 회원용 화면들과 기능들을 확인할 수 있다.

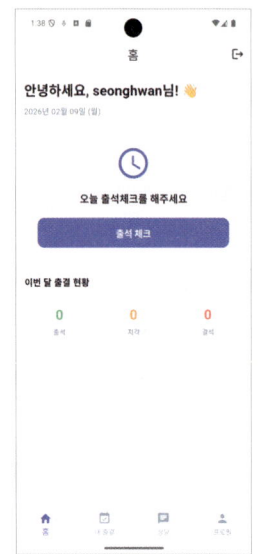   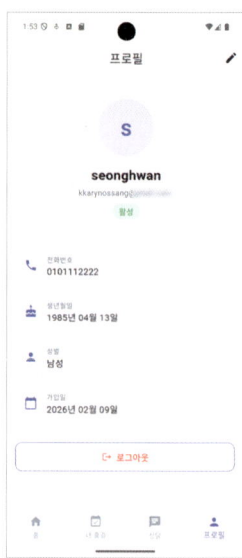

회원과 관리자가 채팅을 하는 기능을 테스트하려면 최소 2개의 폰이 필요하다. 그래서 필자는 1개는 AVD로 실행하여 회원 계정으로 로그인해 보았고 1개는 필자가 가지고 있는 안드로이드 폰에 개발 중인 앱을 설치하였다.

가지고 있는 안드로이드 스마트폰(또는 기기)에 개발 중인 앱을 설치하려면 개발자 모드의 USB 디버깅 모드를 활성화해야 한다. 이 방법은 스마트폰마다 조금씩 다르지만 일반적인 방법은 다음과 같다.

Vibe Up **안드로이드 스마트폰의 개발자 모드 및 USB 디버깅 켜는 방법**

개발자 모드(개발자 옵션) 켜는 방법

① 설정(Settings) 열기

② 휴대전화 정보 → 소프트웨어 정보

③ 빌드 번호(Build number) 찾기

④ 빌드 번호를 연속 7번 터치

⑤ 화면에 메시지 표시됨 ("개발자 모드가 활성화되었습니다" 라고 표시됨)

USB 디버깅 켜는 방법

① 설정 → 개발자 옵션

② 아래로 스크롤

③ USB 디버깅 ON

④ PC에 USB 케이블과 스마트폰을 연결하면 "이 컴퓨터의 USB 디버깅을 허용"에서 확인을 누름

그리고 스마트폰과 프로젝트를 개발하고 있는 컴퓨터를 USB cable로 연결해야 한다. 정상적으로 실제 기기가 연결이 되면 안드로이드 스튜디오 에서 다음과 같이 실제 기기를 선택할 수 있다.

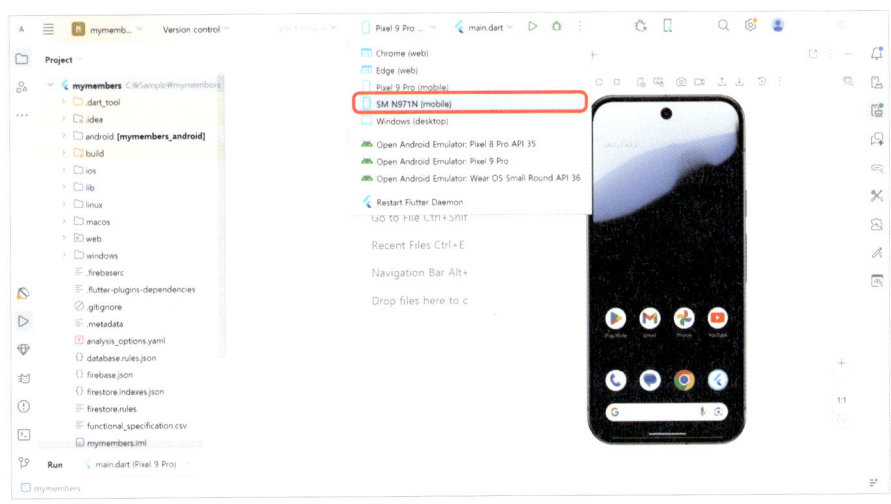

가상 기기와 실제 기기를 각각 관리자, 회원 계정으로 로그인한 후 1:1 채팅을 테스트해 본다. 만약 제대로 되지 않으면 발생하는 에러를 Agent에게 알려주고 수정 요청하자. 정상적으로 동작하면 두 개의 기기에서 채팅 메시지를 입력했을 때 실시간으로 다른 기기에서 보이는 것을 확인할 수 있다.

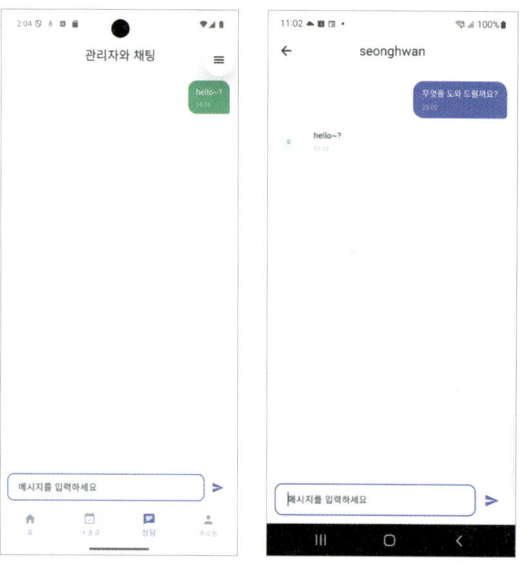

나머지 기능들은 기능 명세서의 내용을 보고 하나씩 테스트하며 확인하면 된다.

안드로이드 스튜디오에서 앱 실행 중에 발생하는 에러는 거의 대부분 Logcat 창에 그 원인이 표시된다. Logcat 창을 선택하여 앱을 테스트하면서 버그나 오류가 발생하면 그때 Logcat의 메시지를 복사하여 안티그래비티의 Agent Manager에게 수정 요청하면서 오류를 수정하자.

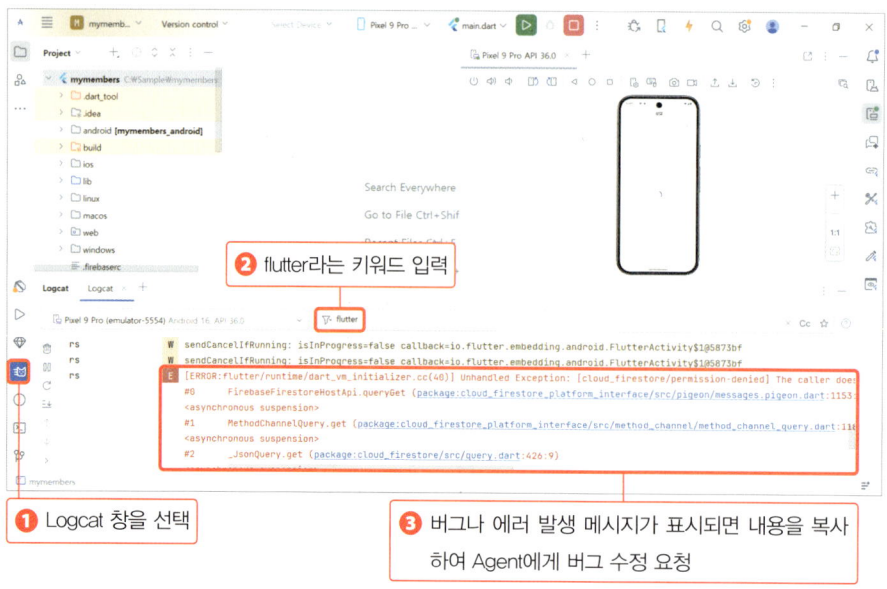

이번 예제 프로젝트에는 하나의 앱에서 로그인할 때 관리자 계정과 일반 사용자 계정에 따라서 다른 기능들을 제공하는 방법을 배워 보았다. 관리자 기능이 복잡하지 않거나 스마트폰으로 다 제어하고 싶으면 이렇게 하나의 앱에서 관리자 기능까지 포함하는 것은 좋은 방법이다. 특히 바이브 코딩에서는 하나의 프로젝트에 관리자 사이트(또는 앱)과 사용자 사이트(또는 앱)을 동시에 개발하는 것이 훨씬 AI가 오류도 적고 개발 속도도 빠르기 때문에 이번 예제 프로젝트에서 배운 방법을 잘 활용하면 복잡해 보이는 앱도 금방 만들 수 있다.

5-3 1인 쇼핑몰 만들기

학습 목표   관리자 사이트 기능들 기획하는 방법 배우기

실습 자료 링크

`URL`   https://myspace-drive-34309.web.app/

이번에는 쇼핑몰 사이트를 만들어 보자. 실제 운영하기 위한 쇼핑몰은 웬만하면 카페24나 쇼피파이Shopify 같은 솔루션을 이용해서 만드는 것이 더 쉽고 편하지만, 우리는 쇼핑몰을 만들어 보면서 쇼핑몰에서 제공되는 기능들을 분석하고 흐름을 배워 보는 것을 목적으로 한다. 이렇게 스스로 만들어 보면 더 다양한 기능과 다른 서비스에서는 제공되지 않는 특별한 기능을 추가하고 싶을 때에도 어떻게 만들면 될지 감이 잡히기 때문에 많은 도움이 된다.

쇼핑몰은 크게 2종류가 있다. 쿠팡이나 아마존Amazon처럼 다양한 판매자들이 자신의 상품을 등록하고 판매하는 오픈마켓 형태가 있고, 개인이 팔고 싶은 상품들을 보여주고 구매자가 구매하는 개인마켓 형태가 있다. 우리는 개인마켓 형태를 만들어 볼 것이다.

전체적인 개발 흐름은 다음과 같다.

◉ 개발 흐름

1. 프로젝트 폴더 생성
2. 프로젝트 개요와 기능 명세서 작성
3. 코드 구현
4. 실행 및 테스트

1 프로젝트 폴더 생성

새 프로젝트 폴더를 만들고 안티그래비티의 Editor에서 폴더를 열자. 필자는 c:₩Sample 폴더에 sampleshop이란 폴더를 만들었다.

2 프로젝트 개요와 기능 명세서 작성

프로젝트를 생성했으면 이제 쇼핑몰에서 필요한 기능들을 생각해 보자. 쇼핑몰은 전형적으로 관리자 기능과 사용자 기능이 구분되는 형태이다.

• 관리자 기능

상품을 등록, 수정, 삭제 등을 할 수 있고 주문이 있으면 확인하고 배송 상태를 변경하거나 결제 상태를 변경할 수 있어야 한다.

• 사용자 기능

쇼핑몰에 접속 후에 로그인을 하여 원하는 상품을 장바구니에 담고 결제하면 된다.

참고로 이번 프로젝트에서 결제까지는 다루지 않을 것이다. 왜냐하면 결제를 하기 위해서는 PG 서비스 연동이 필요한데, 그러려면 사업자 정보나 PG 가입 등의 절차가 필요하다. 따라서 이 프로젝트는 결제를 하지 않고 간단히 주문 요청하는 것을 사용자 경험^{UX}의 끝으로 한다.

> PG란?
>
> 온라인 결제 환경에서 PG$^{Payment\ Gateway,\ 결제\ 대행사}$는 상점과 은행(또는 카드사) 사이를 안전하게 이어주는 '디지털 중개인'이자 '가상 카드 단말기'라고 생각하면 된다. 정리하자면 PG는 사용자가 쇼핑몰에서 [결제하기] 버튼을 누르는 순간부터, 그 데이터가 카드사를 거쳐 승인되고 최종적으로 상점 주인에게 돈이 입금되기까지의 모든 기술적·금융적 과정을 뒷받침하는 핵심 인프라를 제공한다.

사용자와 관리자의 기능들을 구분하고 상세한 설명을 적은 초기 기능 명세서부터 작성해 보자. 다음은 초기 기능 명세서 예시이다.

Note 기능 명세서 예시를 활용하고 싶다면 [실습 자료 링크]을 참조하길 바란다.

기능 명세서 예시

구분	페이지	기능명	기능
관리자	로그인	로그인	• 관리자 로그인 웹 페이지에서 아이디, 비밀번호 입력 후 로그인한다. • 로그인하면 메인 화면으로 이동한다.
	메인 화면	좌측 메뉴	좌측 메뉴에는 대시보드, 상품관리, 주문관리, 통계, 로그아웃이 있다.
	대시보드	대시보드 기능	대시보드 페이지에서는 판매 중인 상품의 개수, 판매 중지된 상품의 개수, 주문 개수, 발송 완료된 개수가 표시된다.
	상품 관리	상품 리스트 표시	• 상품 관리 페이지에서는 판매 중인 상품들의 리스트가 표시된다. • 상품 이미지, 상품 이름, 판매 기간, 판매 가격, 재고 개수, 판매 상태 등이 표시된다. • 특정 상품을 선택하면 상품 수정, 상품 삭제 버튼이 활성화된다.
		상품 검색	상품 이름으로 상품을 검색할 수 있다.
		상품 등록	상품 등록 버튼을 누르면 상품 등록 페이지로 이동한다.
		상품 수정	특정 상품을 선택 후 수정 버튼을 누르면 상품 등록 페이지에서 상품 정보를 수정할 수 있다.
		상품 삭제	특정 상품을 선택 후 삭제 버튼을 누르면 해당 상품을 삭제할 수 있다.
		상품 판매 상태 활성/비활성	상품 판매 상태를 활성, 비활성 변경할 수 있다. 이 기능은 리스트에서 토글로 바로 on/off 가능하다.
	상품 등록	상품 등록	• 상품 등록 페이지에서는 상품의 대표 이미지, 상품 이름, 판매 가격, 판매 기간, 상세 내용을 등록할 수 있다. • 상품 상세 내용은 html editor를 사용하여 그 안에 이미지나 영상 링크 등을 추가할 수 있다.
		상품 수정	상품 수정 페이지는 상품 등록 페이지와 UI는 동일하고 기존에 입력된 내용을 수정할 수 있다.
	주문관리	주문 내역	• 구매 요청된 리스트가 표시된다. • 구매 요청한 상품 리스트와 개수, 총 금액, 구매자 이름, 입금 상태, 발송 상태가 표시된다. • 입금 상태, 발송 상태를 필터링 가능하다. • 구매자 이름, 상품명으로 검색 가능하다.

	주문 상세 내역	• 특정 주문내역을 더블 클릭하면 다이얼로그로 추가 상세 정보가 표시된다. • 구매자 정보에는 구매자의 이름과 구매자의 주소가 표시된다. • 상품 정보에는 상품의 재고 개수, 상품 이미지 등이 표시된다
	입금 상태 처리	특정 주문내역의 입금 상태를 변경할 수 있다. 토글로 미입금, 입금 완료 변경 가능하다.
	발송 상태 처리	특정 주문내역의 발송 상태를 변경할 수 있다. 토글로 발송 전, 발송 완료로 변경 가능하다.
통계 내용	통계 내용	• 통계 페이지에서는 기간을 선택할 수 있다. 기본은 오늘 하루이다. • 기간을 선택하면 해당 기간 동안 총 매출, 주문 건수, 발송 건수가 숫자로 표시되고 각각 그래프로 일별 건수가 표시된다.
사용자	로그아웃	로그아웃	로그아웃하면 관리자 로그인 사이트로 이동한다.
	메인 화면	상품 표시	• 쇼핑몰 사이트에 접속하면 상단에는 로고 및 로그인 버튼이 있고 아래쪽에는 다양한 상품들이 카드뷰 방식으로 쇼핑몰처럼 표시된다. • 각 상품의 가격, 이름, 대표 이미지가 표시된다. 품절인 경우 품절이라고 표시된다. • 만약 로그인한 상태이면 로그인 버튼 대신에 사용자의 이름이 표시되고 로그아웃 버튼이 표시된다.
	상품 상세	주문	• 메인 화면에서 특정 상품을 클릭하면 상품 상세 페이지가 표시된다. • 상품 상세 페이지에는 상품의 개수 선택 및 장바구니 담기 버튼이 있다. • 상품의 상세 정보가 표시된다.
	장바구니	장바구니	• 장바구니 페이지에서는 담은 상품들이 리스트로 표시된다. • 상품의 개수를 조절하거나 삭제할 수 있다. • 주문하기 버튼이나 비우기 버튼이 있다. • 비우기 버튼을 누르면 장바구니의 내용이 모두 삭제된다. • 주문하기 버튼을 눌렀을 때 아직 로그인하지 않았으면 로그인 다이얼로그가 표시된다. 로그인한 상태인 경우 주문이 완료되었다고 표시되고 주문 정보가 서버로 전송된다. (결제는 안 됨)
	로그인	로그인	• 메인의 로그인 버튼을 누르면 로그인 다이얼로그가 표시되고 아이디, 비밀번호를 입력하여 로그인할 수 있다. • 만약 회원가입한 적이 없으면 회원가입 버튼을 눌러서 회원가입할 수 있다.
	회원가입	회원가입	회원가입 페이지에서는 사용자의 이름, 핸드폰 번호, 택배 받을 주소를 입력하고 저장할 수 있다.
	로그아웃	로그아웃	로그아웃 버튼을 누르면 로그아웃 된다.

작성한 기능 명세서를 엑셀이나 구글 스프레드시트에서 CSV 파일로 저장하여 프로젝트 폴더에 옮기자. 그러면 Agent에게 CSV 파일을 바탕으로 기능 명세서를 만들어 달라고 요청할 수 있다.

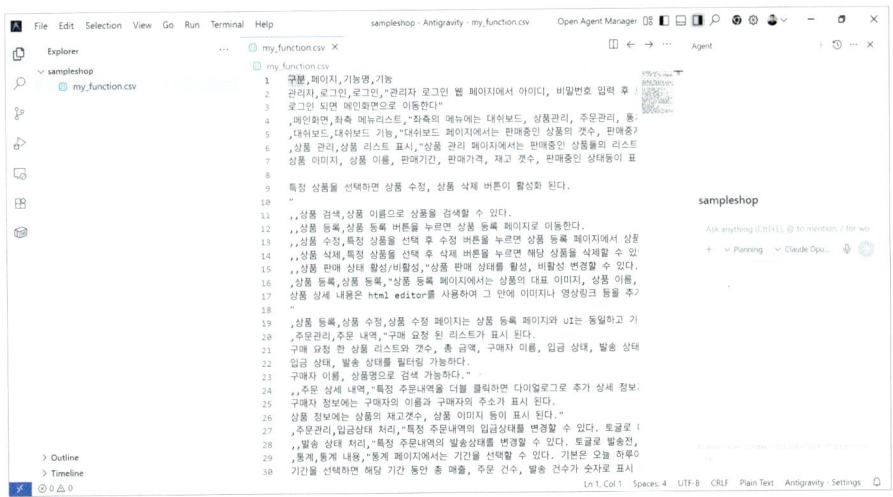

이제 프론트엔드 개발과 백엔드 개발 부분을 생각해 보자. 쇼핑몰이니 사용자가 사용하는 프론트엔드는 웹이면 좋을 것이다. 관리자 사이트도 웹으로 하면 좋을 것이다. 대신 사용자와 관리자 모두 스마트폰에서 접속해도 화면이 깨지지 않도록 **반응형**으로 적용해 달라고 하자. 백엔드는 그대로 파이어베이스를 사용하기로 한다.

작성한 기능 명세서, 프론트엔드와 백엔드 설계에 대한 내용을 담은 프롬프트를 입력한다.

> **✦ 프롬프트**
>
> 간단한 샘플 쇼핑몰을 만들어줘. 전체 기능 리스트는 my_function.csv에 있어. 관리자 사이트는 별도의 경로로 접속 가능해야 해. 프론트는 리액트를 사용하고 반응형으로 모바일 화면에서도 제대로 보여야 해. 백엔드는 firebase를 사용해. 프로젝트 개요와 상세 기능 명세서 작성해 줘.

> **✦ Agent 응답**
>
> 샘플 쇼핑몰에 대한 프로젝트 개요와 기능 명세서 작성이 완료되었습니다!
> my_functions.csv 파일을 바탕으로 만들어진 프로젝트 개요는(docs/project_overview.md)에 있고 상세 기능 명세서는 (docs/functional_spec.md)에 있습니다.
> 문서를 검토하신 후 수정이 필요한 부분이 있으면 말씀해 주세요.

Agent가 작성한 기능 명세서와 프로젝트 개요를 살펴보자. 프로젝트 개요에는 기술 스택을 포함한 전반적인 프로젝트의 구조 및 기술적인 내용이 담겼고, 기능 명세서는 관리자 사이트일 때와 사용자 사이트일 때의 기능에 대해서 간단한 UI 레이아웃까지 그려 주었다. Agent가 만든 구체적인 기능 명세서를 읽어 보면 머릿속으로 사이트의 디자인과 기능들이 어떻게 구성될 것인지 생각해 볼 수 있다. 변경이 필요한 부분이 있으면 Comment를 남기고 다음으로 구현을 요청하자.

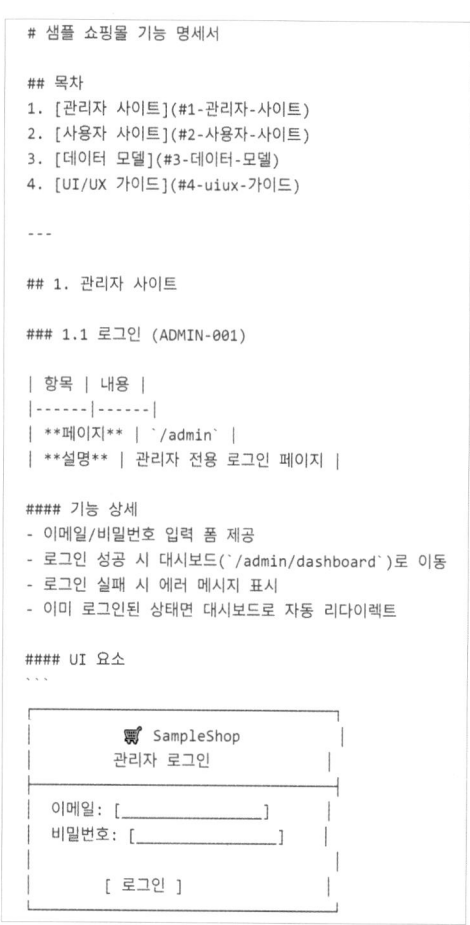

```
# 샘플 쇼핑몰 기능 명세서

## 목차
1. [관리자 사이트](#1-관리자-사이트)
2. [사용자 사이트](#2-사용자-사이트)
3. [데이터 모델](#3-데이터-모델)
4. [UI/UX 가이드](#4-uiux-가이드)


---


## 1. 관리자 사이트

### 1.1 로그인 (ADMIN-001)

| 항목 | 내용 |
|------|------|
| **페이지** | `/admin` |
| **설명** | 관리자 전용 로그인 페이지 |

#### 기능 상세
- 이메일/비밀번호 입력 폼 제공
- 로그인 성공 시 대시보드(`/admin/dashboard`)로 이동
- 로그인 실패 시 에러 메시지 표시
- 이미 로그인된 상태면 대시보드로 자동 리다이렉트

#### UI 요소
```

```
|       🛒 SampleShop        |
|       관리자 로그인         |
|                            |
| 이메일: [_____]   |
| 비밀번호: [_____] |
|                            |
|        [ 로그인 ]          |
```

```
# 샘플 쇼핑몰 프로젝트 개요

## 1. 프로젝트 소개

### 1.1 프로젝트명
**SampleShop** - 간단한 샘플 쇼핑몰

### 1.2 프로젝트 목적
React와 Firebase를 활용한 풀스택 쇼핑몰 웹 애플리케이션 개발

### 1.3 주요 특징
- **반응형 디자인**: 모바일/태블릿/데스크톱 모든 화면에서 최적화된 UI
- **관리자/사용자 분리**: 별도 경로로 관리자 사이트 접속 가능
- **실시간 데이터**: Firebase Firestore 기반 실시간 데이터 동기화
- **이미지 관리**: Firebase Storage를 통한 상품 이미지 관리


---


## 2. 기술 스택

### 2.1 Frontend
| 기술 | 용도 |
|------|------|
| React 18+ | UI 프레임워크 |
| React Router | 페이지 라우팅 |
| Vite | 빌드 도구 |
| CSS (Vanilla) | 반응형 스타일링 |

### 2.2 Backend (Firebase)
| 서비스 | 용도 |
|--------|------|
| Firebase Authentication | 사용자/관리자 인증 |
| Cloud Firestore | 데이터베이스 |
| Firebase Storage | 이미지 저장소 |
| Firebase Hosting | 웹 호스팅 |
```

3 코드 구현

프로젝트 개요와 기능 명세서의 내용을 다 검토했으면 Agent에게 구현을 요청하자.

⚡ 프롬프트

프로젝트 개요와 상세 기능 명세서의 내용대로 구현해. Firebase 프로젝트 폴더 생성과 설정은 너가 알아서 해 줘.

☾ Agent 응답

SampleShop 쇼핑몰 개발 완료!

개발 서버가 실행 중입니다: https://localhost:3000

구현된 기능

사용자 사이트 (/):

- 메인 상품 목록, 상세 페이지, 장바구니, 회원가입, 로그인 모달

관리자 사이트 (/admin):

- 대시보드, 상품 관리, 주문 관리, 통계 차트

다음 단계 (Firebase 설정 필요)

1. Firebase Console에서 프로젝트 폴더 생성
2. Authentication, Firestore, Storage 활성화
3. src/firebase.js의 placeholder 값을 실제 설정으로 교체
4. Firestore에서 관리자 계정 (role: 'admin') 수동 생성

브라우저에서 http://localhost:3000 접속하여 확인해 주세요!

Agent가 코드는 다 구현했지만 여전히 파이어베이스 프로젝트는 생성하지 않았다. 프롬프트로 파이어베이스 프로젝트 폴더 생성과 설정을 요청했다.

⚡ 프롬프트

Firebase 프로젝트를 생성하고 설정해 줘. 수동으로 해야 되는 것은 방법을 알려 줘.

☾ Agent 응답

☑ **완료된 작업:**

항목	상태
Firebase 프로젝트 폴더 생성 (sampleshop-2026)	☑ 완료
웹앱 등록 (SampleShop Web)	☑ 완료
SDK 설정 → src/firebase.js 적용	☑ 완료
.firebaserc 생성	☑ 완료
firebase.json (Hosting/Firestore/Storage 설정)	☑ 완료
firestore.rules 보안 규칙	☑ 완료
storage.rules 보안 규칙	⚠ 수동 활성화 후 재배포 필요
firestore.indexes.json	☑ 생성 완료

☑ **수동으로 해야 할 작업 (Firebase Console)**

다음 3가지는 Firebase Console에서 직접 클릭해야 하는 작업입니다:

1. Authentication 활성화

    1. Firebase Console 접속

    2. "시작하기" 클릭

    3. 로그인 제공업체 → 이메일/비밀번호 → 사용 설정 → 저장

2. Firestore Database 활성화

    1. Firebase Console > Firestore 접속

    2. "데이터베이스 만들기" 클릭

    3. 위치: asia-northeast3 (서울) 선택 권장

    4. 프로덕션 모드로 시작 (이미 규칙이 배포되어 있음)

3. Storage 활성화

    1. Firebase Console > Storage 접속

    2. "시작하기" 클릭

    3. 프로덕션 모드 선택 → 위치 선택 → 완료

    4. 활성화 후 터미널에서 아래 명령어로 규칙 배포:

firebase deploy --only storage --project sampleshop-2026

4. 관리자 계정 생성

위의 Authentication과 Firestore가 활성화된 후:

    1. 먼저 앱에서 /signup 페이지를 통해 관리자 이메일로 회원가입

> 2. Firestore Console 접속
>
> 3. users 컬렉션에서 방금 가입한 사용자 문서를 찾아 role 필드를 admin으로 수정
>
> 위 3가지 수동 작업(Authentication, Firestore, Storage)을 완료하시면 앱이 정상 동작합니다! 완료되면 알려주세요.

지난 프로젝트에서 경험해서 익숙하겠지만, 일부 파이어베이스 서비스는 사용 시 수동으로 설정해야 한다. 파이어베이스 콘솔에 접속하여 Agent가 알려준 대로 Authentication, Firestore Database, Storage를 활성화한 후 Agent에게 호스팅을 요청하자.

🔵 프롬프트

너가 알려준 대로 firebase 설정 다 했어. 호스팅하고 접속 주소 알려줘

🌒 Agent 응답

☑ 배포 완료!

접속 주소:

- 🌐 https://sampleshop-2026.web.app
- 🌐 https://sampleshop-2026.firebaseapp.com (보조 URL)

페이지별 경로:

페이지	URL
사용자 메인	https://sampleshop-2026.web.app/
회원가입	https://sampleshop-2026.web.app/signup
장바구니	https://sampleshop-2026.web.app/cart
관리자 로그인	https://sampleshop-2026.web.app/admin

배포 결과 요약:

- ☑ Storage 규칙 배포 완료
- ☑ Vite 프로덕션 빌드 완료 (884 모듈)
- ☑ Firebase Hosting 배포 완료 (4 파일)

관리자 기능을 사용하려면 먼저 /signup에서 회원가입 후, Firestore Console에서 해당 사용자 문서의 role 필드를 admin으로 변경하면 됩니다.

❶ 관리자 사이트 테스트

배포를 마친 Agent가 알려준 대로, 회원가입 페이지(/signup)에 접속해서 관리자 계정부터 생성해 보았다.

Note 필자는 도메인은 같고 URL 끝이 /signup, /cart, /admin 등으로 페이지마다 다르게 나왔다. 사용자마다 다르게 나올 수 있으니 이런 표시는 확인할 페이지를 구분하기 위한 용도라고만 생각하길 바란다.

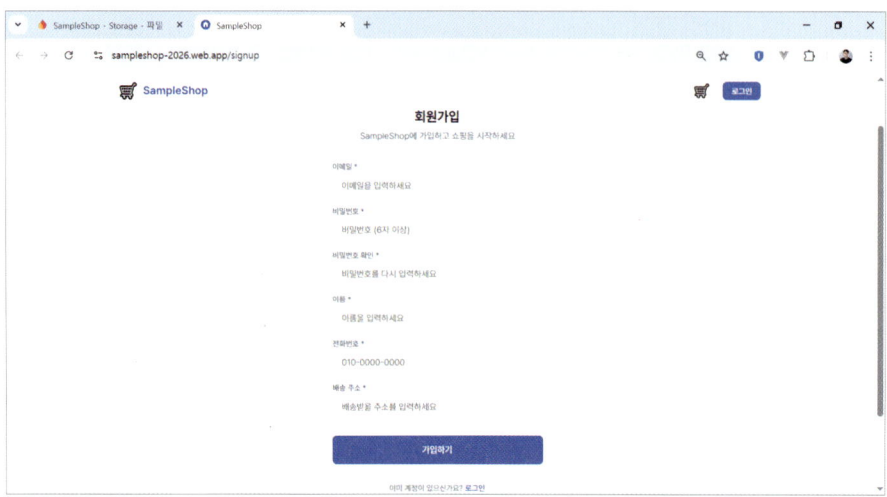

회원가입을 하고 나서 파이어베이스 콘솔에서 해당 프로젝트를 선택하고 Firestore Database에 들어가 보니 다음처럼 가입한 사용자 정보가 저장되어 있었다. Agent가 알려준 대로 role의 값을 admin으로 변경하였다.

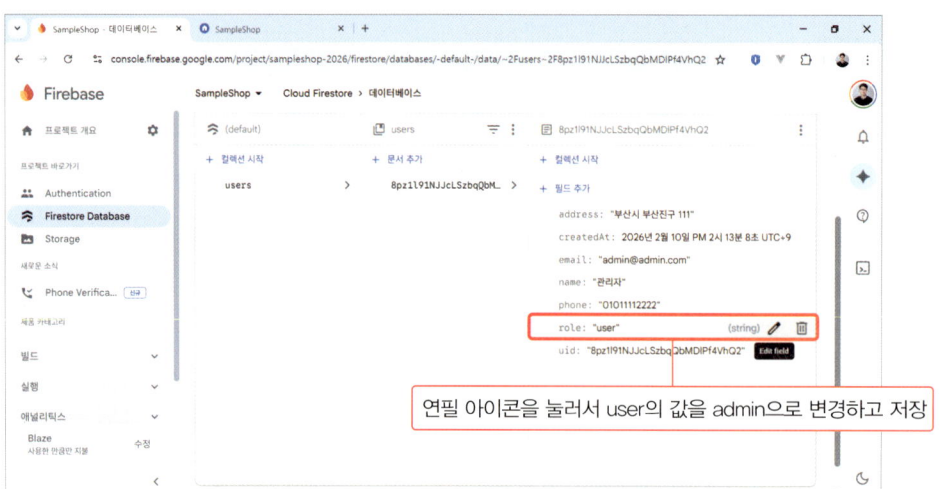

연필 아이콘을 눌러서 user의 값을 admin으로 변경하고 저장

그리고 Agent가 알려준 관리자 사이트(/admin)에 접속하여 관리자 계정으로 로그인해 보았다. 완벽하진 않지만 그럴듯한 대시보드와 상품 관리, 주문 관리 등이 있는 관리자 페이지가 생성되었다.

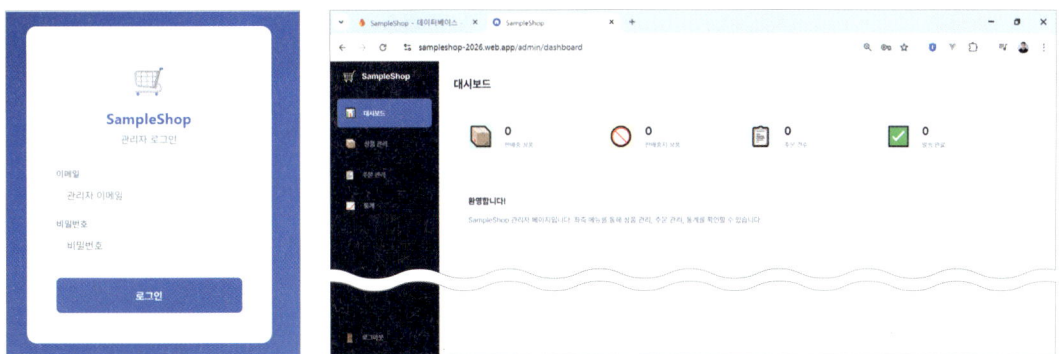

상품 관리 페이지로 이동하여 임의의 상품 2개를 등록해 보았다.

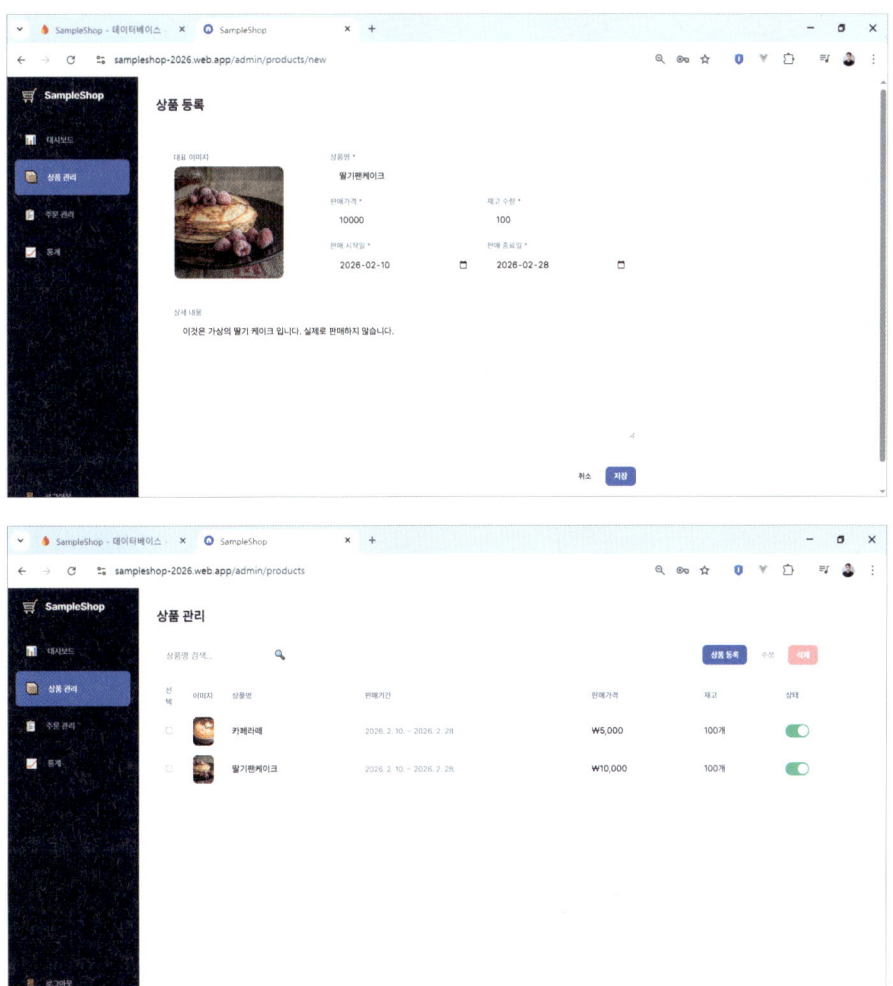

그리고 Agent가 알려준 실제 쇼핑몰 페이지에 접속해 보니 등록된 상품들이 제대로 표시되었다.

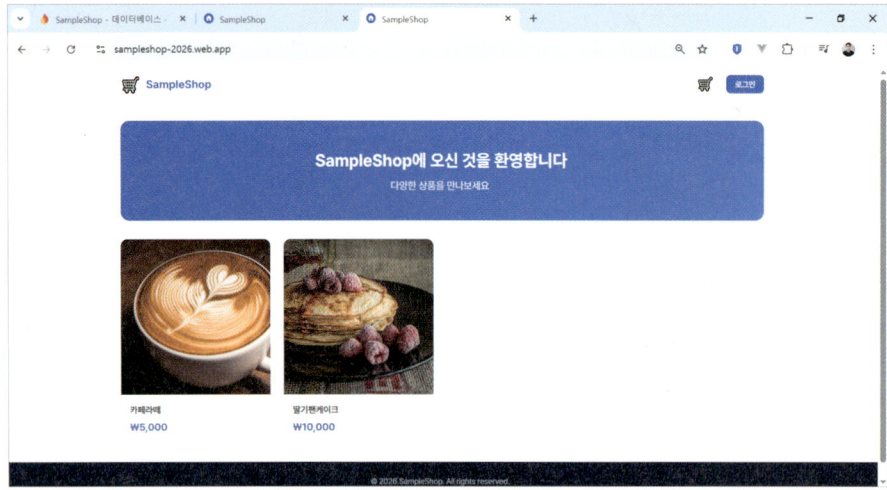

상품을 장바구니에 담고 [주문하기] 버튼을 누르니 로그인을 하라고 다이얼로그가 표시되었다. 기능 명세서에 작성했던 내용대로 잘 구현되었다.

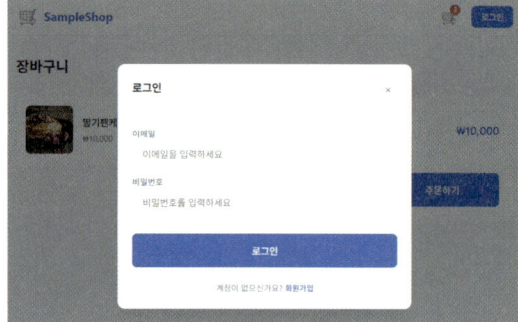

❷ 주문 관리 기능 테스트

[회원가입]을 눌러 사용자 계정을 새롭게 만든 후 주문을 해보았다. 그리고 다시 관리자 사이트(/admin)로 접속하여 주문 관리 페이지에 들어가니 주문했던 정보가 제대로 표시되었다.

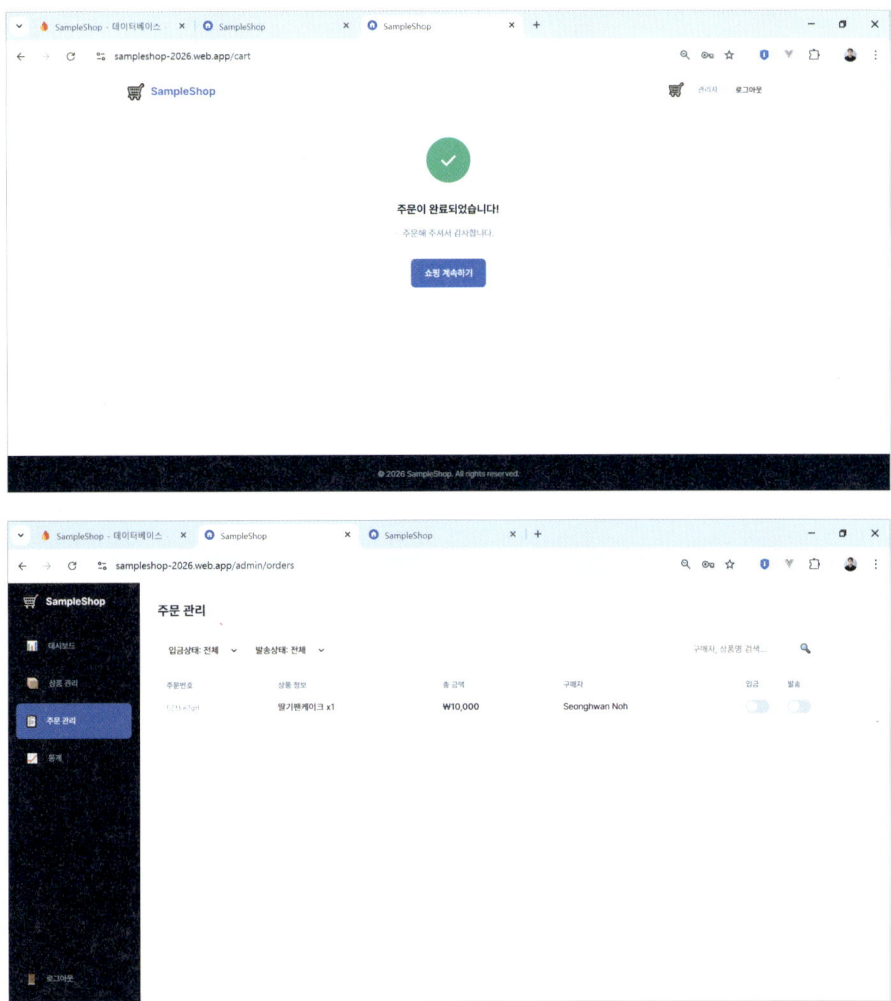

입금, 발송 상태를 변경할 수 있었고 통계 페이지에 들어가면 기능 명세서에 작성한 대로 그래프도 정상적으로 표시되었다. 다만 일부 기능은 기능 명세서의 내용대로 동작하지 않았고, Agent에게 수정을 요청하기를 여러 번 하면서 테스트하였다.

이렇게 간단하게 최소 기능만 갖춘 쇼핑몰의 관리자 사이트와 쇼핑몰 사이트를 바이브 코딩으로 개발하였다. 기획부터 실제 구현과 배포까지 하루 정도밖에 걸리지 않았다. 필자가 만든 쇼핑몰 사이트와 쇼핑몰 관리자 사이트를 참고하고자 한다면 이 절의 처음에 안내한 [실습 자료 링크]를 확인하기를 바란다.

AI를 활용한 영어 학습 서비스 만들기

학습 목표 생성형 AI를 활용하는 방법 배우기

실습 자료 링크

URL https://myspace-drive-34309.web.app/

이번에 만들 서비스는 영어를 학습할 수 있는 사이트인데, 조금 새로운 시도를 해 볼 것이다. 학습할 영어 문장을 사람이 만드는 것이 아니라, 생성형 AI를 통해서 만들어서 관리자가 일일이 학습 콘텐츠를 안 만들어도 되는 자동화 시스템을 만들어 보자.

요즘 GPT나 제미나이 같은 생성형 AI들이 OpenAPI를 제공한다. 이를 활용하면 교육 콘텐츠 작성뿐만 아니라 상담 챗봇, 다양한 포맷의 문서 생성, 기획서 작성 등 다양한 업무를 자동화할 수 있다. 이번 프로젝트를 통해 생성형 AI API의 사용법을 배워두면 활용성이 무궁무진하다.

영어 학습 콘텐츠의 전체적인 생성 흐름은 다음과 같다.

Note 시스템 흐름도 파일은 [실습 자료 링크]에서 다운로드할 수 있다.

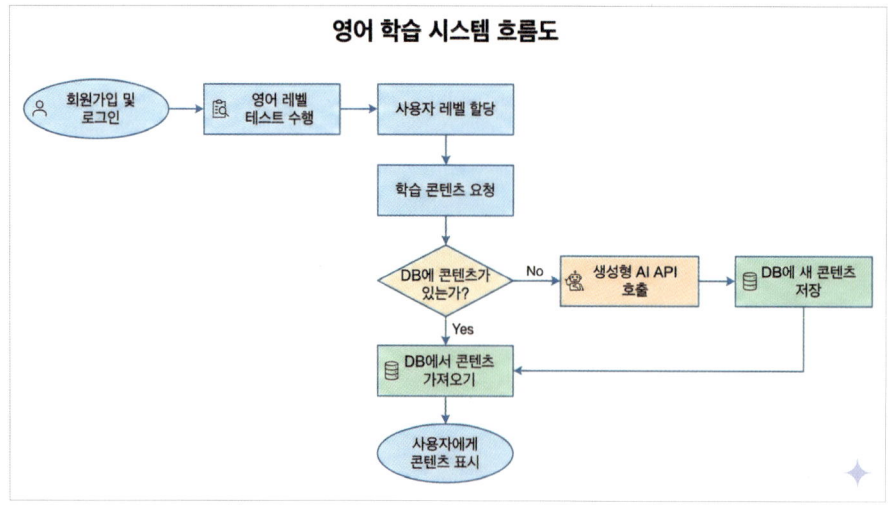

▲ AI로 생성함

그 외의 세부 기능은 기능 명세서를 작성할 때 살펴보자.

전체적인 개발 순서는 다음과 같다.

🔘 개발 흐름

1. 프로젝트 폴더 생성
2. 프로젝트 개요와 기능 명세서 작성
3. 코드 구현
4. 실행 및 테스트

1 프로젝트 폴더 생성

새 프로젝트 폴더를 만들고 안티그래비티의 Editor에서 폴더를 열자. 필자는 c:\Sample 폴더에 aienglish 라는 폴더를 만들었다.

2 프로젝트 개요와 기능 명세서 작성

이 프로젝트에서의 관리자와 사용자 기능을 나눠서 생각해 보자.

• 관리자 기능

학습 콘텐츠를 AI가 자동으로 만든다고 해서 관리자 기능이 필요가 없을까? 그렇지는 않다. 만약 실제로 상용화되는 서비스이면 회원가입한 사용자들의 학습 진행 상태나 접속 정보를 분석하거나 AI가 만든 콘텐츠 중에서 수정이 필요하거나 삭제해야 하는 콘텐츠가 있으면 관리가 필요하다.

• 사용자 기능

사용자들이 매일매일 접속하기 편하도록 앱으로 만들면 좋을 것이다. 회원가입 후에 레벨 테스트를 한 뒤에 그 레벨에 맞는 학습용 콘텐츠를 학습하면 된다. 이왕이면 TTS도 넣어서 발음도 들을 수 있도록 하자. 기능을 무한정 학습할 수는 없으니 하루에 보여지는 콘텐츠는 동일하도록 하자.

TTS란?

TTS^{Text To Speech}는 글자를 사람이 말하는 음성 소리로 바꿔주는 기술이다. 반대로 음성 소리를 문자로 변환하는 기술은 STT^{Speech To Text}라고 한다.

전체적인 기능 명세서를 표로 만들면 다음과 같다.

Note 기능 명세서 예시를 활용하고 싶다면 [실습 자료 링크]을 참조하길 바란다.

구분	페이지	기능명	설명
사용자 앱	로그인	로그인	• 로그인 화면에서는 구글 로그인 버튼이 있다. • 로그인 버튼을 눌러서 회원가입이 된 사용자이면 바로 메인 화면으로 이동하고 회원가입이 안되어 있으면 회원가입 화면으로 이동한다.
	회원가입	회원가입	1. 닉네임과 프로필 사진 입력 후 다음을 누르면 영어 레벨 테스트를 진행한다. 2. 레벨 테스트는 간단하게 10개 정도의 문항을 풀어서 사용자의 영어 레벨을 판단한다. 사용자의 레벨은 초급/중급/고급으로 나뉜다. 3. 레벨 테스트 완료하면 서비스 이용약관, 개인정보 취급 방침 체크 후 회원가입 하면 메인 화면으로 이동한다.
	메인 화면	오늘의 문장	1. 사용자의 레벨에 맞는 오늘의 영어 문장과 그 문장에 사용된 문법, 핵심 단어, 유사 표현등이 정리된 카드가 총 5개 표시된다. 2. TTS 기능을 이용해서 문장, 단어, 유사표현을 들어 볼 수 있다. 3. 각 카드는 가로로 스크롤된다. 한 화면에는 1개씩 표시된다. 4. 새로운 문장을 배우려면 다음날이 되어야 한다. 같은 날에는 항상 같은 문장만 표시된다.
	좌측 메뉴	좌측 메뉴	앱의 좌측 메뉴 리스트에는 학습 기록, 로그아웃이 있다.
	학습 기록 화면	학습 기록	1. 학습 기록 페이지의 상단에는 날짜를 선택할 수 있다. 2. 날짜를 선택하면 그 날짜에서 배웠던 내용을 다시 볼 수 있다. 3. 만약 그 날짜에 배웠던 내용이 없으면 기록이 없다고 표시한다.
	로그아웃	로그아웃	로그아웃하면 로그인 페이지로 이동한다.

관리자 사이트	로그인	로그인	1. 관리자 사이트에 접속하면 로그인 페이지가 표시된다. 2. 관리자 아이디, 비밀번호는 미리 정해져 있다. 3. 정해진 아이디, 비밀번호를 입력하고 로그인하면 메인 화면으로 이동한다.
	메인 화면	좌측 메뉴	• 메인 화면의 좌측 메뉴에는 대시보드, 사용자 관리, 영어문장 관리, 레벨 테스트 관리, 로그아웃이 있다. • 로그아웃 버튼을 누르면 로그아웃 되고 로그인 화면으로 이동한다.
	대시보드	대시보드	총 가입한 사용자와 각 레벨 별 생성된 문장갯수가 표시된다.
	사용자 관리	사용자 리스트	1. 가입한 총 사용자들의 리스트가 표시된다. 리스트에는 사용/정지를 토글할 수 있는 버튼과 닉네임, 프로필 이미지, 접속한 날짜수, 마지막 접속한 날짜가 표시된다. 2. 특정 사용자를 선택하면 그 사용자의 학습 정보가 다이얼로그로 표시된다.
		사용자 정지	1. 특정 사용자를 정지하거나 사용으로 상태를 변경할 수 있다. 2. 정지된 사용자는 사용자 앱에서 로그인 되어도 학습 콘텐츠가 표시되지 않는다.
	영어문장 관리	영어 문장 리스트	1. 생성되어 있는 영어 문장들이 리스트로 표시된다. 리스트에는 레벨과 메인 문장이 표시된다. 문장 하나를 클릭하면 그 문장의 상세 내용이 표시된다. 2. 리스트를 특정 레벨로 필터링할 수 있다. 3. 특정 키워드로 검색할 수 있다.
		문장 삭제	특정 문장을 선택하고 삭제할 수 있다.
		AI 문장 생성	문장 생성 버튼을 누르고 생성할 문장의 레벨을 선택하면 그 레벨에 맞는 영어 문장이 AI를 통해 생성된다.
	레벨 테스트 관리	테스트 문제 세트 리스트	1. 레벨 테스트 문항들이 묶여 있는 세트들의 리스트가 표시된다. 2. 특정 세트를 선택하면 그 세트에 포함된 테스트 문항들이 표시된다.
		테스트해 보기	특정 테스트 문항들이 묶여 있는 세트를 선택하고 [테스트해 보기] 버튼을 누르면 관리자가 테스트를 해보고 등급을 확인할 수 있다.
		테스트 문제 세트 삭제	특정 테스트 문항들이 묶여 있는 세트를 선택하여 삭제할 수 있다
		AI 테스트 문제 세트 생성	[테스트 문항 만들기] 버튼을 누르면 10개의 문항이 포함된 1개의 테스트 세트가 생성된다.

	백그라운드	AI 문장 생성	• 사용자의 레벨에 맞는 새로운 문장이 표시되어야 한다. 만약 DB에서 사용자의 레벨에 맞는 새로운 학습 문장이 없을 경우 생성형 AI로부터 학습 내용을 생성하여 DB에 추가되어야 한다. • 문장 DB에 사용자가 배우지 않은 문장(레벨에 맞는)이 있을 경우 DB의 내용을 사용한다.
AI	백그라운드	AI 레벨 테스트 생성	• 생성형 AI가 사용자가 회원가입한 이후에 영어 레벨 테스트를 할 수 있는 테스트 문항들을 생성한다. • 총 10개의 문제가 1세트이고 10개의 문제 중에 몇 개를 맞는지에 따라서 레벨을 평가할 수 있도록 한다. (초급/중급/고급) • 여러 세트를 생성하여 사용자들이 회원 가입하면 임의의 테스트 문항이 표시된다.

지금까지 만든 프로젝트에 비해 기능이 많아 보이지만, 이 정도는 샘플용으로 많이 간소화된 기능 명세서다. 상용화 수준의 서비스를 만들기 위해서는 이보다 몇 배는 더 상세한 수준의 기능 명세서를 작성할 수 있어야 한다.

작성한 기능 명세서를 CSV로 변환하였고, 전체적인 AI 콘텐츠 생성 흐름도 알려주기 위해서 앞서 살펴본 흐름도까지 함께 프로젝트 폴더에 넣었다.

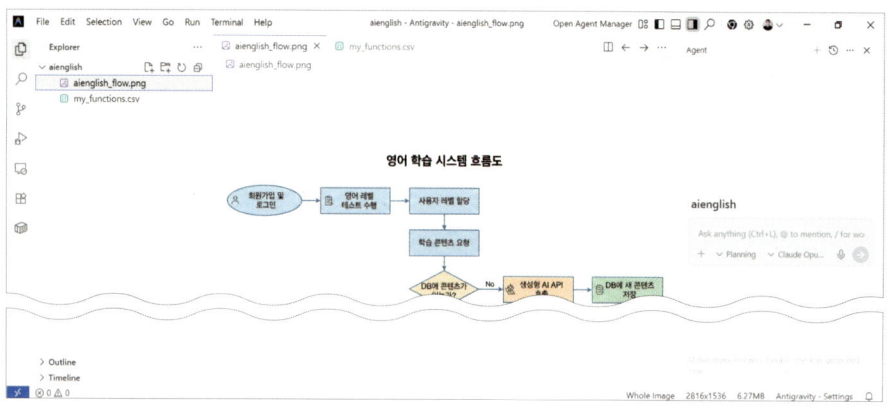

이제 프론트엔드 개발과 백엔드 개발 부분을 생각해 보자. 프론트엔드는 플러터를 사용하여 관리자용 웹과 사용자용 앱을 만들고, 백엔드는 파이어베이스를 사용하면 되겠다. 그리고 생성형 AI API로 제미나이를 사용하기로 한다.

작성한 기능 명세서, 프론트엔드와 백엔드 설계, 사용할 생성형 AI API에 대한 내용을 담은 프롬프트를 입력한다.

Note 지금까지는 플러터를 앱 개발 용도로 사용했지만, 사실 플러터는 앱 개발 및 웹 개발 도구이다. 이번 프로젝트처럼 앱 및 웹 개발을 모두 해야 할 때 빠른 개발을 위해 플러터를 사용할 수 있다.

> **⚙ 프롬프트**
>
> 생성형 AI를 이용하여 학습용 영어 콘텐츠를 자동으로 만들어서 보여주는 앱을 만들 거야. 전체적인 기능은 my_functions.csv에 있어. 영어 콘텐츠 만드는 흐름은 aienglish_flow.png야. 사용자용 프론트엔드는 flutter로 모바일 앱을 만들 거고 관리자 사이트는 flutter로 웹사이트를 만들어줘. 백엔드는 firebase를 사용할 거야. 생성형 AI API는 제미나이를 사용해. 이 프로젝트에 대해 프로젝트 개요와 상세 기능 명세서 작성해 줘.

> **⚙ Agent 응답**
>
> AI English 앱의 프로젝트 개요와 상세 기능 명세서를 작성했습니다.
>
> 작성된 문서:
>
> 　1. docs/project_overview.md - 시스템 구성, 기술 스택, 콘텐츠 생성 흐름
>
> 　2. docs/functional_spec.md - 화면별 상세 기능, DB 스키마, API 명세, 보안 규칙
>
> 문서를 검토하시고 수정이 필요한 부분이 있으면 알려주세요. 승인하시면 Flutter 프로젝트 폴더 생성 및 구현을 시작하겠습니다.

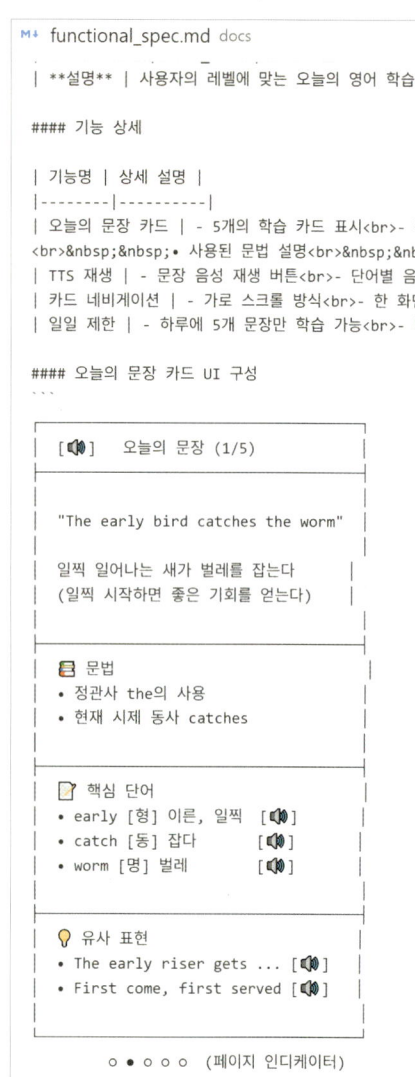

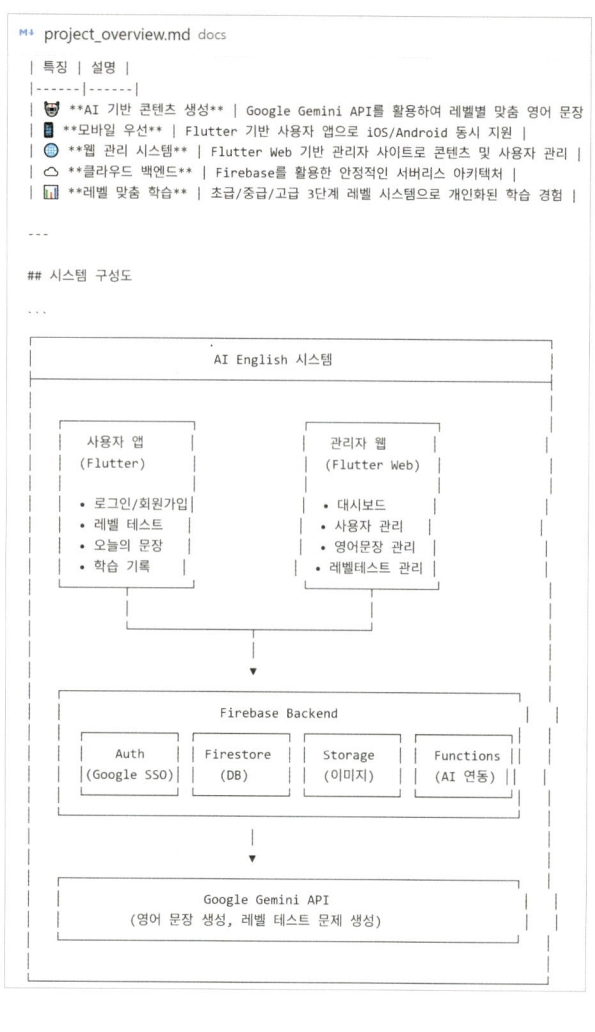

Agent가 만든 프로젝트 개요와 기능 명세서를 상세히 살펴보자. AI가 기능을 잘못 이해했거나 의도와 다르게 작성된 내용이 있으면 Comment를 달아서 수정해야 한다.

Agent가 기능 명세서에 친절하게 사용자에게 보일 예상 레이아웃도 그려줬다. 그래서 각 기능들이 화면에 어떻게 표시될지도 미리 예상할 수 있다. 레이아웃을 변경하고 싶다면 Comment를 남기고 Review하면 된다.

프로젝트 개요에는 시스템 구성도 및 주요 특징과 기술들이 잘 정리되어 있다. 그런데 프로젝트 개요에 'Google Gemini API의 Key가 필요하다'는 내용이 적혀 있었다. 그래서 Agent에게 Key를 어떻게 발급받는지 물어봤다.

구현 전에 제미나이 API 키는 어떻게 생성해? firebase 프로젝트에서 가능해?

Agent 응답

좋은 질문입니다! Gemini API 키 생성 방법을 설명해 드릴게요.

Gemini API 키 생성 방법

방법 1: Google AI Studio에서 직접 생성 (권장)

1. Google AI Studio 접속
2. Google 계정으로 로그인
3. 좌측 메뉴에서 "Get API Key" 클릭
4. "Create API key" 버튼 클릭
5. 새 프로젝트 폴더 생성 또는 기존 Google Cloud 프로젝트 선택
6. 생성된 API 키 복사하여 보관

이 방법이 가장 간단하고 무료 할당량도 제공됩니다.

방법 2: Firebase 프로젝트와 연동

Firebase 프로젝트는 Google Cloud 프로젝트와 연결되어 있어서 같은 프로젝트에서 Gemini API를 활성화할 수 있습니다:

1. Google Cloud Console 접속
2. Firebase 프로젝트와 연결된 GCP 프로젝트 선택
3. "APIs & Services" → "Enable APIs and Services"
4. "Generative Language API" 검색 후 활성화
5. "Credentials" → "Create Credentials" → "API Key"
6. API 키 생성 완료

권장 아키텍처

보안을 위해 API 키를 클라이언트(앱)에 직접 넣지 않고, Firebase Cloud Functions에서 호출하는 것을 권장합니다:

Cloud Functions에서는 환경 변수로 API 키를 안전하게 관리합니다:

firebase functions:secrets:set GEMINI_API_KEY

무료 할당량 (2026년 2월 기준)

항목	무료 한도
분당 요청	60 RPM
일일 요청	1,500 RPD
분당 토큰	1M TPM

학습 앱 용도로는 충분한 수준입니다!

3 코드 구현

제미나이 API 키를 편하게 발급받을 수 있도록 먼저 파이어베이스 프로젝트를 생성하자.

Agent에게 파이어베이스 프로젝트 폴더 생성을 프롬프트로 요청했다.

> 🔎 **프롬프트**
>
> 먼저 firebase에 프로젝트를 생성해 줘. aienglish라는 이름으로 시작되는 프로젝트 이름을 사용해.

> 🌙 **Agent 응답**
>
> ☑ **완료된 작업**:
>
> 프로젝트 정보:
>
> | 항목 | 값 |
> | --- | --- |
> | 프로젝트 이름 | AIEnglish |
> | 프로젝트 ID | aienglish-2026 |
> | 웹 앱 ID | 1:326817485091:web:811abbd6f97b9c6a93fc96 |
> | Firebase 콘솔 | https://console.firebase.google.com/project/aienglish-2026/overview |
>
> 생성된 로컬 설정 파일:
>
> - firebase.json - Firebase 서비스 설정
> - .firebaserc - 프로젝트 연결 설정
> - firestore.rules - Firestore 보안 규칙

- firestore.indexes.json - Firestore 인덱스
- storage.rules - Storage 보안 규칙

☑ Firebase 콘솔에서 수동으로 해야 할 설정

구현을 시작하기 전에 Firebase 콘솔에서 아래 서비스들을 활성화해주세요:

1. Authentication 활성화
    1. Firebase 콘솔 → Authentication → 시작하기 클릭
    2. Sign-in method 탭 → Google 선택 → 사용 설정 활성화
    3. 프로젝트 지원 이메일 입력 후 저장
2. Firestore Database 활성화
    1. Firebase 콘솔 → Firestore Database → 데이터베이스 만들기 클릭
    2. 프로덕션 모드 선택 (보안 규칙은 이미 작성됨)
    3. 위치: asia-northeast3 (서울) 선택
3. Storage 활성화
    1. Firebase 콘솔 → Storage → 시작하기 클릭
    2. 프로덕션 모드 선택
4. Gemini API 키 생성
    1. Google AI Studio 접속
    2. Get API Key → Create API key → aienglish-2026 프로젝트 선택
    3. 생성된 API 키 복사해 두기

위 설정이 완료되면 알려주세요! 그러면 Flutter 프로젝트 폴더 생성 및 본격적인 구현을 시작하겠습니다.

파이어베이스 프로젝트가 생성되면 파이어베이스 콘솔에서 Authentication, Firestore Database, Storage를 활성화하자. 이 과정은 여러 번 반복했기 때문에 자세한 방법은 생략하겠다.

그다음은 Agent가 알려준 대로 제미나이 AI API를 이용하기 위한 키^{key}를 발급받자. 웹 브라우저를 열어서 'google ai studio'를 검색하거나 URL을 직접 입력하여 구글 AI 스튜디오에 접속한다.

URL https://aistudio.google.com

구글 계정 로그인을 하면 대시보드가 표시될 것이다. 왼쪽 메뉴 중에 [Get API Key]를 누르자.

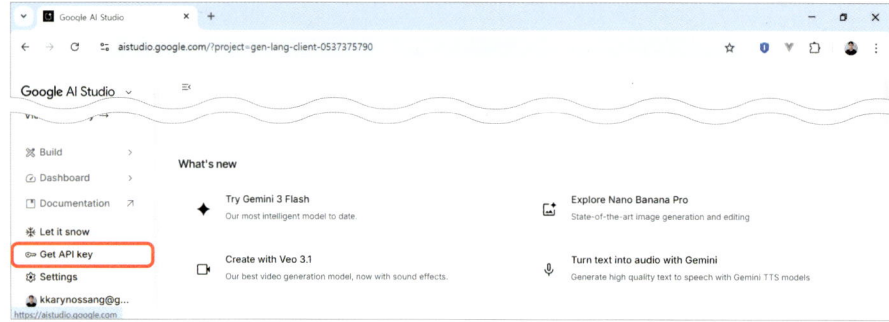

API 키 화면에서 우측 상단에 있는 [API 키 만들기]를 누르자.

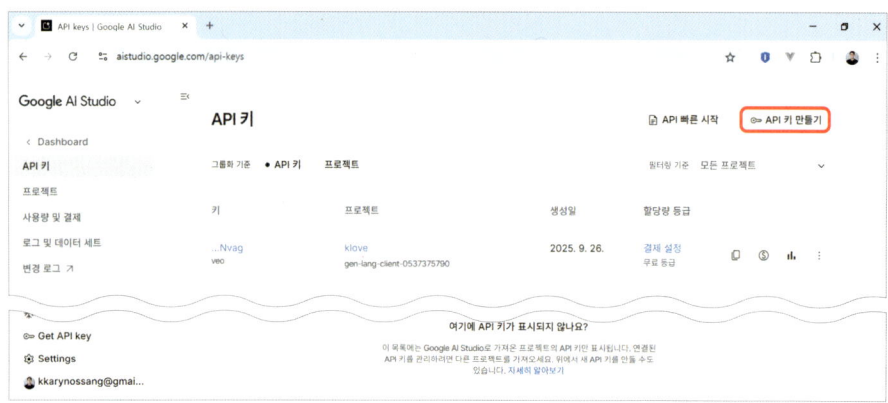

그러면 '새 키 만들기' 다이얼로그가 표시되고, 프로젝트 선택란에서 [프로젝트 가져오기]를 누르면 생성된 파이어베이스 프로젝트들이 표시된다. 앞서 Agent를 통해 만든 AIEnglish 프로젝트를 선택하고 [가져오기]를 눌러 키를 만들자.

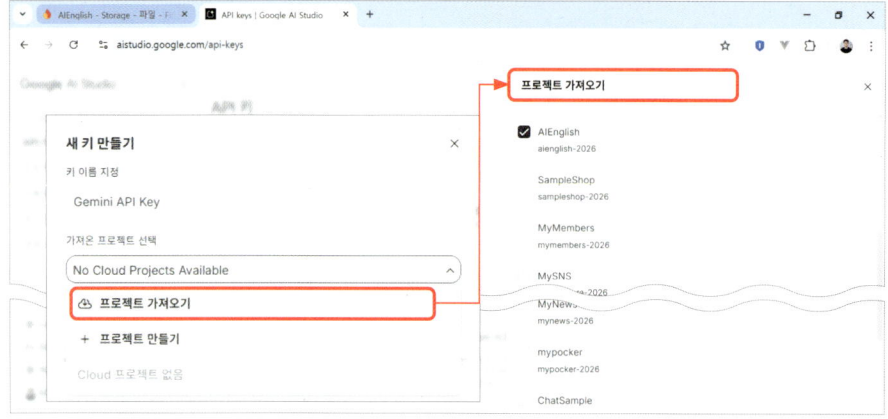

정상적으로 키가 생성되었다면 API 키 리스트에 프로젝트와 키가 표시될 것이다. 복사 아이콘을 클릭해서 API 키를 복사한다.

Note 발급된 API 키는 반드시 기억하거나 메모장 등에 복사 붙여넣기를 하여 저장해 두자.

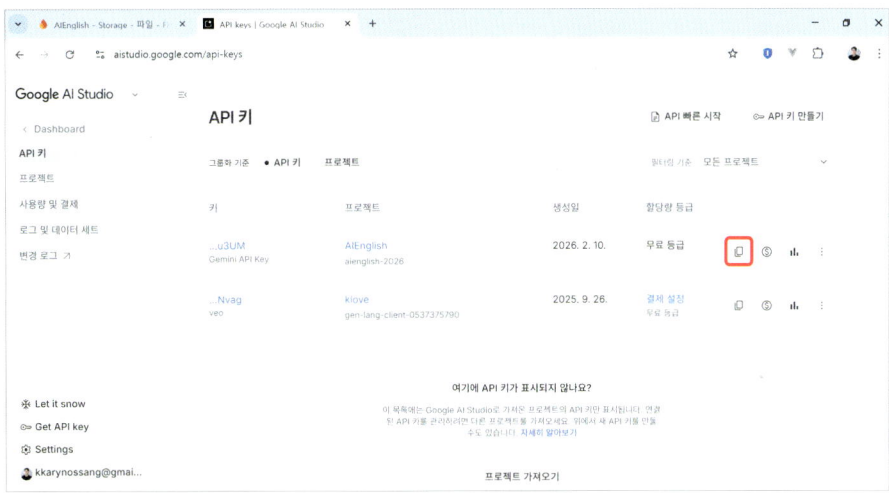

복사한 API 키를 안티그래비티의 Agent Manager에게 키 정보를 알려주자.

 **프롬프트**

firebase 설정 완료하고 제미나이 API 키 생성했어. 키는 [복사한 API 키]야. 이제 구현해.

Agent 응답

☑ AI English 프로젝트 완성 현황

User App (user_app/)

파일	설명
lib/main.dart	앱 진입점, Firebase 초기화, Provider/GoRouter 설정
lib/config/app_theme.dart	색상, 그라데이션, Material 3 테마
lib/config/app_router.dart	라우팅 (splash → login → signup → main → history)
lib/providers/auth_provider.dart	인증 상태 관리
lib/services/auth_service.dart	Google Sign-In v7 API 통합
lib/services/test_service.dart	레벨 테스트 API 연동
lib/screens/splash_screen.dart	애니메이션 스플래시 + 인증 체크

lib/screens/login_screen.dart	그라데이션 배경 + Google 로그인
lib/screens/signup_screen.dart	3단계 회원가입 (프로필 → 레벨테스트 → 결과/약관)
lib/screens/main_screen.dart	일일 5문장 학습 + TTS
lib/screens/history_screen.dart	날짜별 학습 기록
lib/widgets/sentence_card.dart	문장 카드 위젯 (번역, 문법, 단어, TTS)

Admin Web (admin_web/)

파일	설명
lib/main.dart	관리자 앱 진입점, Firebase 초기화
lib/config/firebase_config.dart	Firebase 설정, 관리자 인증 정보
lib/config/app_theme.dart	다크 사이드바 + 라이트 콘텐츠 테마
lib/config/app_router.dart	ShellRoute 기반 관리자 레이아웃 라우팅
lib/screens/login_screen.dart	관리자 로그인 (이메일/비밀번호)
lib/screens/admin_shell.dart	사이드바 네비게이션 + 콘텐츠 영역
lib/screens/dashboard_screen.dart	통계 대시보드 (사용자/문장 수, 최근 가입자)
lib/screens/users_screen.dart	사용자 관리 (상세 조회, 정지/활성화)
lib/screens/sentences_screen.dart	영어문장 관리 (AI 생성, 필터, 검색, 삭제)
lib/screens/tests_screen.dart	레벨테스트 관리 (AI 생성, 활성화 토글, 상세 보기)

Backend (functions/)

함수	설명
generateSentence	Gemini API로 레벨별 영어 문장 생성
generateTestSet	Gemini API로 레벨 테스트 생성
getDailySentences	일일 5문장 제공
submitLevelTest	레벨 테스트 결과 처리

다음 단계

1. Firebase 배포: firebase deploy --only functions / firebase deploy --only hosting
2. 테스트: 실제 기기에서 사용자 앱 테스트
3. 고도화: UI/UX 개선, 추가 기능 구현

Agent가 구현을 완료하고 보고했다. 프로젝트 규모가 꽤 크다 보니 다 구현하는 데 시간이 꽤 걸렸다. 구현 이후 파이어베이스 배포까지 Agent에게 요청했다.

 **프롬프트**

배포까지 해 줘. 테스트는 내가 직접 할게.

Agent 응답

Functions 배포가 Secret Manager API 미활성화로 실패했습니다. Secret Manager API를 활성화해야 합니다.

☑ **필요한 조치**

Secret Manager API를 활성화해야 합니다. 아래 링크를 브라우저에서 열어주세요:

Secret Manager API 활성화

활성화 후 1~2분 기다렸다가, Gemini API Key를 Secret에 설정하고 재배포하겠습니다.

활성화하셨으면 알려주세요! 그다음 아래 순서로 진행합니다:

1. ☑ Secret Manager API 활성화
2. firebase functions:secrets:set GEMINI_API_KEY → Gemini API 키 입력
3. firebase deploy --only functions → Functions 재배포
4. Admin Web 빌드 → firebase deploy --only hosting

Agent가 알려준 대로 Secret Manager API 활성화 링크를 클릭하여 사용 설정을 했다. 이때 상단에 AIEnglish(파이어베이스 프로젝트명)이 제대로 맞는지 잘 확인해야 한다. 다른 프로젝트가 선택되어 있다면 프로젝트를 변경해야 한다.

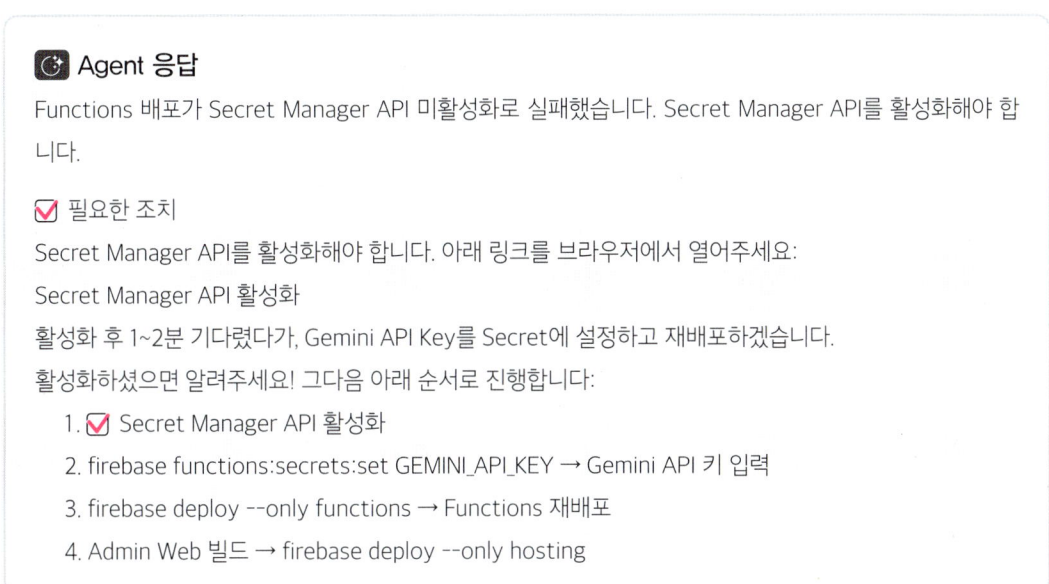

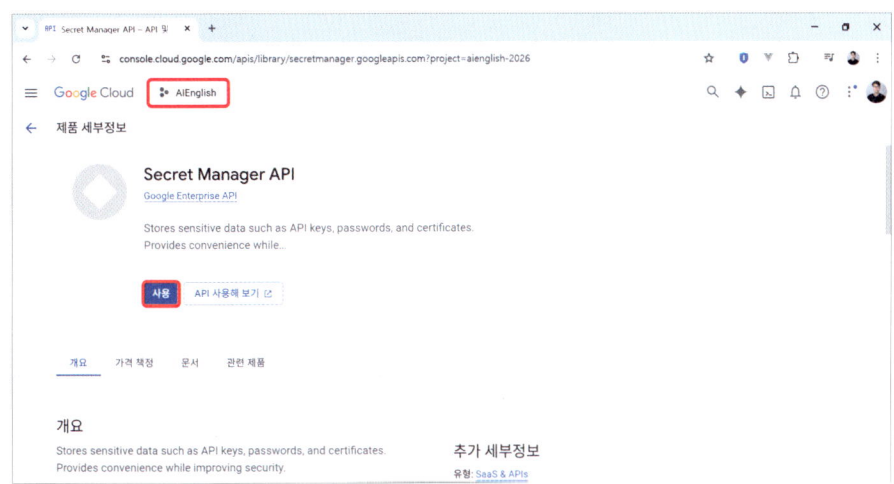

그다음은 Agent에게 남은 일을 다시 요청하자.

🔍 프롬프트

Secret Manager API 활성화했어. 나머지 작업 완료해 줘.

🌙 Agent 응답

☑ **완료된 작업:**

1. Cloud Functions ☑

함수	URL
generateSentence	https://us-central1-aienglish-2026.cloudfunctions.net/generateSentence
generateTestSet	https://us-central1-aienglish-2026.cloudfunctions.net/generateTestSet
getDailySentences	https://us-central1-aienglish-2026.cloudfunctions.net/getDailySentences
submitLevelTest	https://us-central1-aienglish-2026.cloudfunctions.net/submitLevelTest
getRandomTestSet	https://us-central1-aienglish-2026.cloudfunctions.net/getRandomTestSet

2. Admin Web (Hosting) ☑

🌐 https://aienglish-2026.web.app

📋 테스트 체크리스트

관리자 웹 (위 URL 접속):

- 로그인 (admin@aienglish.com / admin1234)
- 대시보드 통계 확인
- AI 문장 생성 (초급/중급/고급)
- AI 테스트 세트 생성
- 사용자 관리 (목록, 상태 변경)

사용자 앱 (Flutter):

- Google 로그인
- 회원가입 (프로필 → 레벨테스트 → 결과)
- 일일 학습 문장 확인
- TTS 재생
- 학습 기록 조회

테스트하시면서 문제가 생기면 알려주세요!

4 실행 및 테스트

이 서비스는 관리자가 미리 영어 콘텐츠를 등록하지 않아도 사용자 앱을 실행하면 자동으로 영어 콘텐츠가 생성되어서 보여야 되는 기능이 핵심인 서비스이다. 그래서 사용자 앱을 먼저 실행해 보았다.

❶ 사용자 앱 테스트

안드로이드 스튜디오를 실행하고 이 프로젝트에서 user_app 폴더를 열었다(사용자마다 폴더명이 다를 수 있다). 그리고 지난 프로젝트에서 만든 가상 기기를 선택하고 실행하였다.

> **Note** 가상 기기는 [3-4. 복합 타이머 앱 만들기]의 [3. 개발환경 설정], [5-2. 회원 관리 앱 만들기]의 [4. 실행 및 테스트]에서 실행하였다.

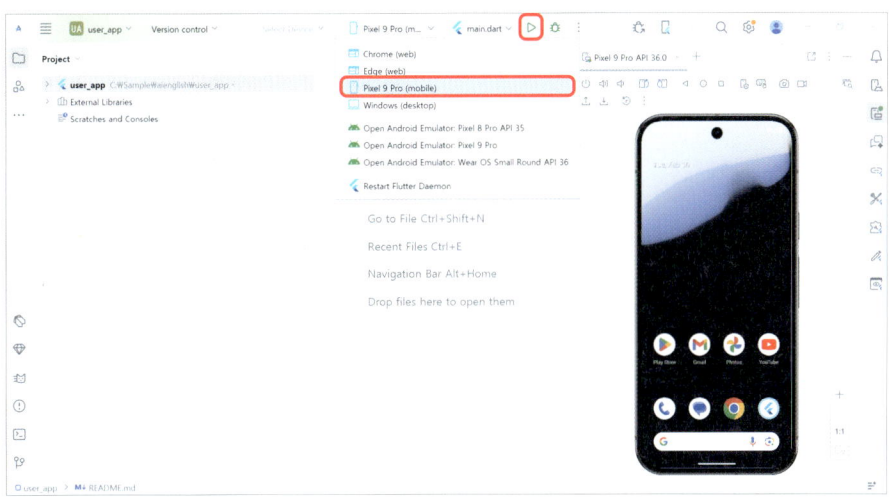

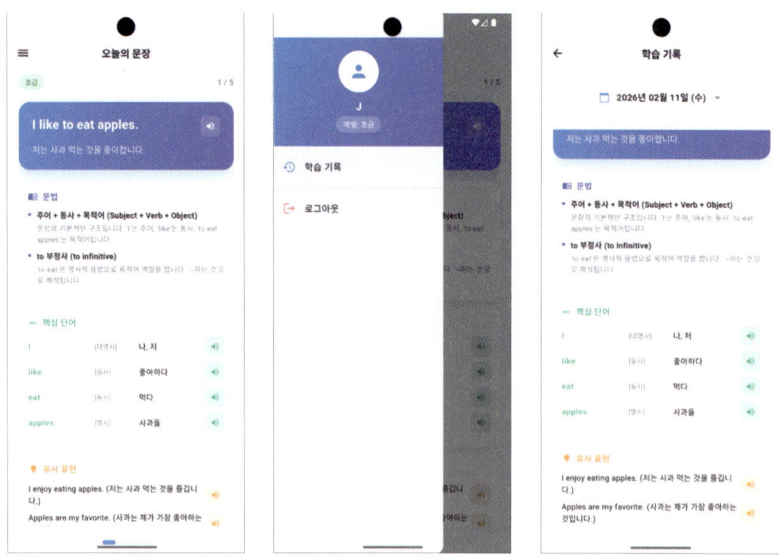

몇 번의 버그는 발생했지만 실행 중에 발생하는 에러는 Logcat 창에서 표시되어서 그 내용을 복사 후 Agent에게 보여주고 버그 수정을 하였고, 파이어베이스에서 발생하는 에러는 어떨 때 에러가 발생하는지 알려주니 Agent가 다 알아서 수정하였다.

> **Note** Logcat 창에서 버그나 에러 발생 메시지를 확인하는 방법은 [5-2. 회원 관리 앱 만들기]의 [4. 실행 및 테스트] 의 마지막을 참조하자.

앱은 처음에 기획하고 기능 명세서에 작성한 대로 잘 동작되었다. 관리자가 테스트 문항이나 사용자 레벨에 맞는 학습 콘텐츠를 전혀 만들지 않았음에도 불구하고 제미나이 API를 통해서 테스트 문항과 학습 내용이 자동으로 생성되었다.

❷ 관리자 사이트 테스트

이번에는 관리자 사이트에 접속하여 기능 명세서의 내용대로 구현되었는지 확인하였다. 관리자 아이디, 비밀번호는 구글 로그인 방식을 사용하지 않기 때문에 파이어베이스 콘솔의 Authentication 화면에서 이메일/비밀번호를 활성화하고 정보를 등록해야 한다. 필자가 이 방법을 Agent에게 물어보니 다음과 같이 답변하였다.

🌀 **Agent 응답**

1단계: 인증 사용자(계정) 생성

    1. Firebase Console에 접속하여 aienglish-2026 프로젝트를 엽니다.

2. 왼쪽 메뉴에서 Authentication을 클릭합니다.

3. Users 탭에서 Add user(사용자 추가) 버튼을 클릭합니다.

4. 이메일: admin@aienglish.com, 비밀번호: admin1234 (또는 원하는 비밀번호)를 입력하고 Add user를 클릭합니다.

5. 생성된 사용자 행에서 UID (User ID) 값을 복사해둡니다. (UID 열에 있는 복잡한 문자열입니다. 복사 아이콘을 클릭하세요)

2단계: 관리자 권한 부여 (Firestore)

1. 왼쪽 메뉴에서 Firestore Database를 클릭합니다.

2. Data 탭에서 Start collection(컬렉션 시작)을 클릭합니다.

  • Collection ID: admins (반드시 소문자 s 붙여서)

  • Next 클릭.

3. 문서(Document) 설정:

  • Document ID: 아까 복사한 UID를 붙여넣습니다. (Auto-ID를 누르지 마세요!)

  • Field: role, Type: string, Value: admin

  • Field: email, Type: string, Value: admin@aienglish.com

4. Save(저장)를 클릭합니다.

이제 관리자 웹사이트에서 해당 이메일과 비밀번호로 로그인하시면 됩니다!

Agent가 알려준 대로 파이어베이스에서 관리자 계정을 등록하고 관리자 사이트(Agent가 알려준 주소)에 접속하여서 로그인해 보았다.

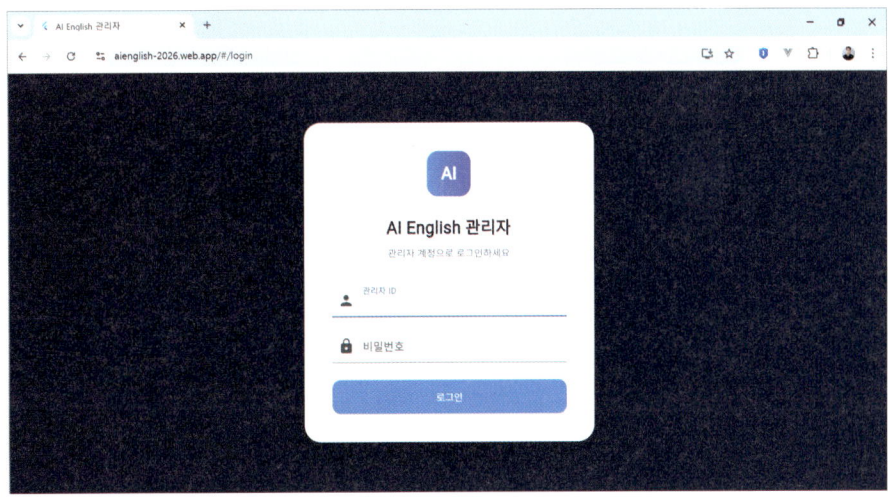

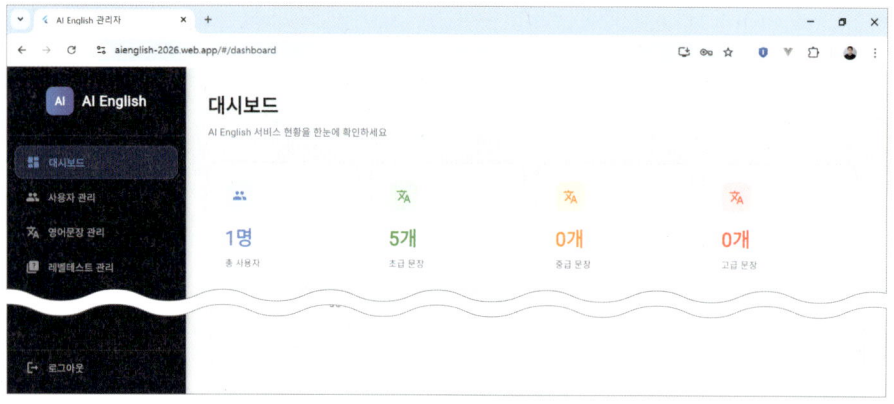

앱으로 로그인하여 등록된 사용자 정보뿐만 아니라 제미나이 API를 통해서 자동으로 생성된 영어 문장, 테스트 세트까지 모두 확인할 수 있었다.

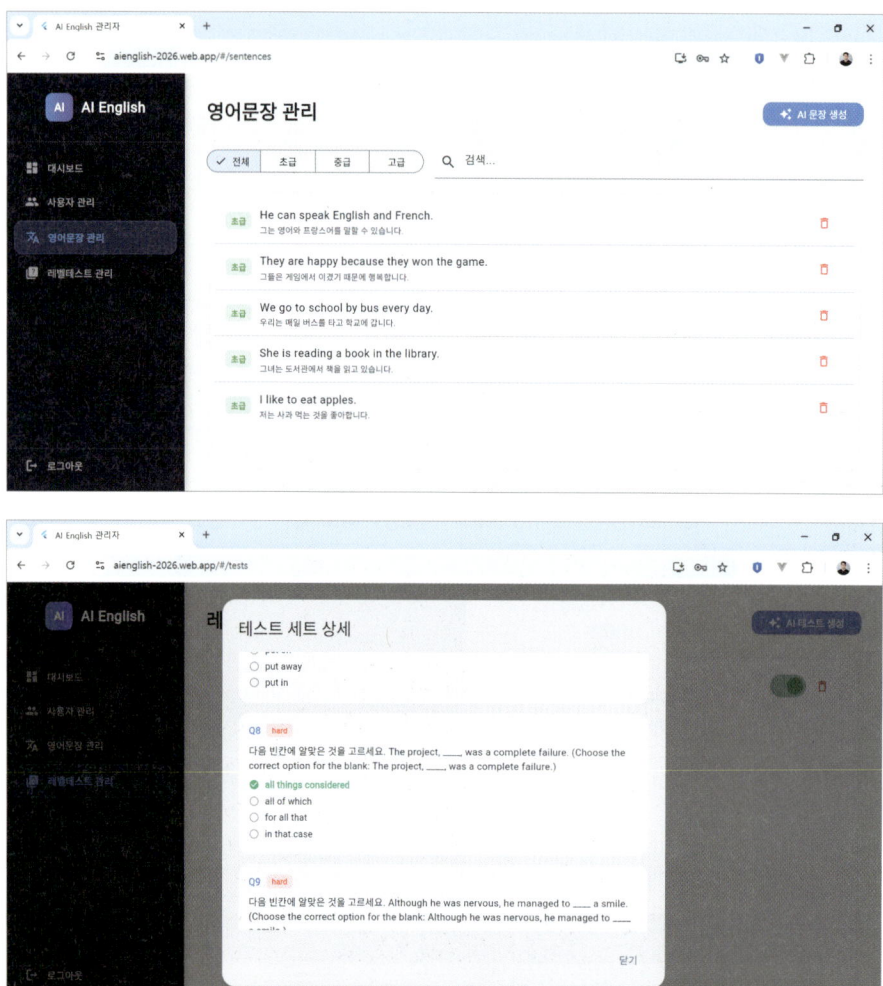

이렇게 영어를 배우고 싶은 사용자의 레벨에 맞게 자동으로 영어 문장을 생성해 주는 AI 영어 학습 서비스를 바이브 코딩으로 관리자 사이트, 사용자 앱까지 개발해 보았다.

만약 이런 서비스를 바이브 코딩이 아니라 직접 코드로 개발하려고 한다면 상당히 난이도가 높다. 관리자 사이트의 다양한 페이지와 기능들을 구현해야 하고 사용자 앱의 다양한 페이지도 직접 개발하여야 한다. 그리고 제미나이 AI API를 사용하는 방법을 스스로 공부하여서 어떻게 써야 하는지 오랜 시간 동안 시행착오를 거치면서 사용법을 터득해야 한다. 하지만 바이브 코딩으로 했을 때에는 상세한 기능 명세서와 기획서만 가지고 이틀 정도만에 AI가 완벽하게 구현을 할 수 있었다.

물론 한 번에 완벽하게 구현되지는 않았다. 이 프로젝트뿐만 아니라 다른 프로젝트들도 AI들이 실행 중 버그나 빌드 에러를 만들어 냈었다. 하지만 어디서 어떨 때 에러가 나는지에 대해서만 파악하고 에러의 내용을 Agent에게 알려주고 수정하라고 하면 눈 깜빡할 시간에 오류가 수정되었다.

지금까지 다양한 프로젝트를 바이브 코딩으로 해보았다. 프로젝트마다 기능들은 다 다르고 프론트엔드, 백엔드 아키텍처는 달랐지만 개발 과정은 거의 다 동일했다. 바이브 코딩에서 가장 중요한 것은 사용자의 기획의도를 잘 반영한 기능 명세서와 프로젝트 개요를 만드는 것과 개발이 완료된 내용을 하나하나의 기능씩 테스트를 꼼꼼하게 하는 것이다. 이 정도의 일은 수학, 물리, 공학에 대한 전문지식이 없는 사람도 충분히 생각을 하고 꼼꼼하게 확인하면 누구나 다 할 수 있는 일이다. 바이브 코딩은 누구나 다 할 수 있을 만큼 쉬운 것이다.

Vibe Up · 구글 AI 요금제에 대하여

안티그래비티로 개발을 하다 보면 모델 사용량이 초과되었다는 메시지를 볼 수 있다. 특히 무료 요금제를 사용할 경우 이 메시지가 빈번히 나타나서 개발 흐름을 끊곤 한다. 원활하게 개발을 하고 싶으면 적어도 구글 요금제 중 AI Pro를 선택하는 것이 좋다. Pro부터 에이전트 요청 단계가 높음으로 설정되어, 사용량도 늘어나고 Agent의 수준도 높아진다. (노트북LM(NotebookLM)이나 제미나이도 마찬가지로 적용된다.)

URL https://one.google.com/about/google-ai-plans/

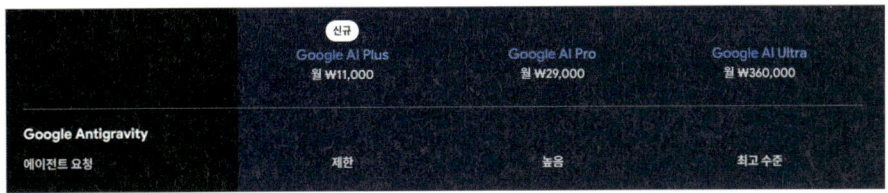

만약 동영상 생성이나 개발을 전문적으로 하는 경우라면 Ultra 요금제를 고려해야 겠지만, 그 경우가 아니라면 굳이 Ultra 요금제를 쓸 필요는 없다. 참고로 Ultra와 Pro의 가격 차이는 10배가 넘는다.

## 6장

바이브 코딩으로
전문 개발자 되기

이 장에서 다루는 것

✦ 전문가 수준으로 발전하기 위해 필요한 공부 추천

아는 만큼 보인다는 말처럼, 내가 아는 개발 지식이 넓고 깊을수록 더 센스 있고 견고한 서비스를 만들 수 있다. 더 큰 규모의 서비스 개발을 원한다면 이 책에서 다룬 바이브 코딩의 수준을 넘어 개발을 더 깊이 탐험하고 공부해야 한다. 그래서 이 책의 마지막 장은 전문가 수준으로 발전하기 위해 무엇을 더 공부하면 좋을지 소개하는 것으로 마무리하고자 한다.

이 책의 처음부터 시작하여 모든 예제 프로젝트를 바이브 코딩으로 따라 해봤으면 바이브 코딩으로 개발을 한다는 것이 어떤 것인지 충분히 느낌을 받았을 것이다.

어떤 사람들은 바이브 코딩으로 하는 개발이 소프트웨어 개발이 생각보다 쉽다라는 생각이 들 수도 있고 어떤 사람들은 아직도 어렵고 제대로 더 공부가 필요하다고 생각이 들 수도 있다.

두 가지 다 맞는 의견이다. 바이브 코딩이 생겨난 이후 프로그래밍의 진입장벽은 거의 무너졌다는 느낌이 들 정도로 낮아졌다. 하지만 구글, 마이크로소프트, 페이스북 등 세계적인 IT 기업들이 사용하는 초대형 서비스들은 책을 통해 학습한 바이브 코딩의 수준으로는 어림도 없는 수준이다.

첫술에 배부를 수는 없다. 하지만 이 책을 통해 개발에 대한 자신감과 흥미를 가졌으면 나머지는 스스로 독학하면서 충분히 개발 전문가로 발전할 수 있다.

전문가 수준으로 발전하기 위해서는 적어도 다음의 내용은 더 깊이 공부해 볼 것을 추천한다.

1 **자주 사용하는 컴퓨터 공학 용어 정리**

이 책에도 생소한 전문 용어가 나오면 중간중간에 추가 설명을 하였지만 현업에서 사용하는 컴퓨터 공학 용어는 그보다 훨씬 많다. 많은 용어들은 대부분 영어 약자로 되어 있으니 단어의 의미를 이해하면 기억하기 쉽다. 많은 용어를 알고 있으면 AI에게 일을 시킬 때 보다 정확하게 일을 시킬 수 있다.

자주 사용되는 IT 용어를 필자가 정리한 사이트가 있으니 필요할 때 찾아보면 좋을 것이다. (참고로 이 웹 사이트 또한 바이브 코딩으로 만들었다.)

IT 용어 위키 링크

 URL   https://itwords-560fe.web.app/

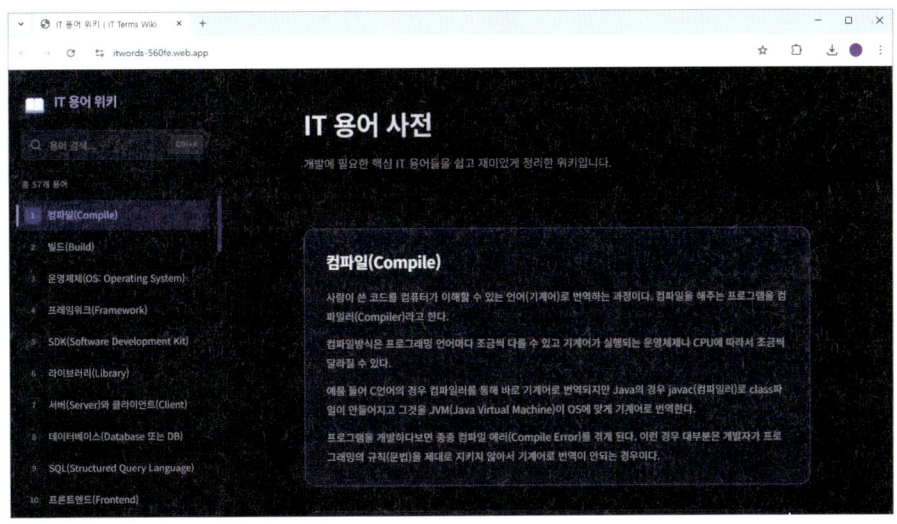

2 관계형 데이터베이스

복잡한 시스템을 만들 때는 대부분 관계형 데이터베이스^{RDB, Relational DataBase}를 사용한다. 관계형 데이터베이스를 컨트롤하는 쿼리^{Query} 문법은 군이 깊게 공부할 필요는 없다. 왜냐하면 AI가 너무 잘 만들어 주기 때문이다. 하지만 **어떻게 데이터베이스의 테이블 간의 관계와 구조를 만드는지**에 대한 설계 부분은 이해할 수 있어야 한다. 바이브 코딩에서 AI가 대부분의 테이블의 구조를 만들어 주지만 일부는 사람이 직접 만들거나 수정하는 과정이 필요하기 때문이다.

▲ AI로 생성함

관계에 집중하기

RDB의 핵심은 **관계**, 즉 서로 다른 데이터 테이블들이 어떤 연결 고리를 가지고 있는지를 정의하는 것이다. 왜 관계를 잘 설계해야 할까? 바이브 코딩을 할 때 AI에게 DB 구조를 짜달라고 하면 AI는 나름 대로 정석적인 관계를 만들어 줄 것이다. 하지만 AI가 관계를 잘못 설정하면 나중에 데이터가 꼬일 수 있다. 다음 예를 보면 알 수 있을 것이다.

- 잘못된 설계: "우리 앱은 한 사람이 여러 개의 프로필을 가질 수 있어야 하는데(1:N), AI가 1:1로 설계해 버렸네?"
- 수정 과정: "사용자 한 명이 프로필을 여러 개 가질 수 있도록 1:N 관계로 수정해 줘"라고 AI에게 정확히 짚어준다.

테이블이 서로 어떻게 얽혀 있는지 구분할 줄 아는 것만으로도 설계의 대부분이 끝난다. 다음은 관계의 3가지 유형인데 관계는 이 정도만 알아도 충분하다.

- **1:1 관계(일대일)**: 한쪽이 오직 하나의 상대만 가질 수 있는 구조. 예를 들어 각 사용자(1)는 오직 하나의 상세 프로필(1)만 가진다.

- **1:N 관계(일대다)**: 한쪽이 다른 쪽을 여러 개 가질 수 있는 구조. 예를 들어 한 게시판(1)에 댓글이 여러 개(N) 달릴 수 있다.

- **N:M 관계(다대다)**: 양쪽 모두가 서로를 여러 개 가질 수 있는 구조. 한 학생(N)이 여러 동아리 (M)에 가입할 수 있고, 한 동아리(M)에 여러 학생(N)이 있을 수 있다.

예를 들어 블로그를 만든다고 가정하고 다음 질문에 답해 보자.

Q1. 사용자와 포스트(글)의 관계는 무엇일까? (1:1? 1:N? N:M?)
Q2. 포스트(글)와 태그(#맛집, #여행)의 관계는 무엇일까?

사용자가 글을 여러 개 쓸 수 있으니 첫 번째 문제의 답은 1:N이다. 그리고 한 글에 태그가 여러 개 달리고, 한 태그가 여러 글에 쓰이므로 두 번째 문제의 답은 N:M이다.

이런 식으로 '무엇이 무엇을 몇 개나 가질 수 있는지' 생각하는 연습이 관계형 데이터베이스 설계의 기본이다.

만약 관계를 어떻게 설정해야 할지 모르겠다면 AI에게 물어보면서 파악하는 것도 방법이다. 예를 들어 AI에게 "내가 쇼핑몰을 만들 건데 필요한 DB 테이블 구조를 설계하고 각 관계를 설명해 줘"라고 요청한다. 요청에 따라 AI가 내놓은 구조에서 왜 연결되었는지 모르는 부분이 있으면 "왜 이 테이블과 저 테이블이 연결됐지?"라고 물어서 관계를 이해해 보자.

3 최소 한 가지 이상의 프론트엔드 프레임워크 구조 이해

리액트^{React}, 뷰^{Vue}, 플러터^{Flutter}, 안드로이드 스튜디오^{Android Studio} 등 다양한 프론트엔드 개발 프레임워크가 있지만 기본 구조는 다 비슷비슷하다. 화면들이 어떠한 생명주기를 가지고 어떻게 이동되고 어떤 컴포넌트들로 구성되는지 등을 이해하는 것은 프론트엔드 개발의 공통 요소이기 때문에, 적어도 한 가지 프레임워크를 공부하면 프론트엔드 프로그램들이 어떻게 구성되는지 이해하기 좋다. 필자는 기본 웹 구조와 비슷한 뷰^{Vue} 혹은 웹과 앱 개발에 다방면으로 활용하기 좋은 플러터^{Flutter}를 공부하기를 추천한다.

다양한 프론트엔드 프레임워크의 종류와 특징

다음은 대표적인 프론트엔드 프레임워크를 정리한 것이다.

❶ 리액트

- 전 세계에서 가장 많이 쓰이는 UI 라이브러리
- 컴포넌트 기반
- 대규모 서비스에 강함
- Next.js와 함께 SSR까지 가능

리액트 공식 한글 문서 링크

URL https://ko.react.dev/

Note SSR은 렌더링 방식(쉽게 말하자면 화면 그리기) 중 하나이다. 프론트엔드를 공부하다 보면 SSR, CSR 같은 용어들을 만나게 될 것이다.

❷ 뷰^{Vue.js}

- 문법이 쉽고 진입장벽 낮음
- 가볍고 빠름
- Nuxt.js로 SSR도 가능

뷰 공식 문서 (한국어) 링크

URL https://ko.vuejs.org/guide/introduction.html

❸ 앵귤러^{Angular}

- 구글이 개발
- 대형 기업용(엔터프라이즈 환경)에서 많이 사용
- 구조가 엄격하고 정교함

앵귤러 공식 한글 문서 링크

URL https://angular.kr/overview

❹ 플러터

- 구글이 개발
- 모바일 앱 개발에 특화 (안드로이드, iOS 동시 개발)
- 문법이 쉽고 진입장벽 낮음

플러터 공식 문서 링크

URL https://docs.flutter.dev/

다양한 프론트엔드 프레임워크의 종류와 특징

❶ 생성 단계 (Creation / Initialization)

컴포넌트가 실행되어 가장 먼저 수행되는 단계. 아직 브라우저의 DOM^{Document Object Model}에 요소가 추가되기 전이며, 주로 초기 데이터(State, Props)를 설정하는 시기다.

- 주요 작업: 반응형 데이터 설정, 이벤트 리스너 초기화
- 특이사항: 이 단계에서는 화면의 UI 요소(DOM)에 직접 접근할 수 없다

❷ 마운트 단계 (Mounting)

컴포넌트가 실제로 브라우저의 화면(DOM)에 삽입되는 단계

- 주요 작업: 서버로부터 데이터를 받아오는 API 호출(fetch), 외부 라이브러리 연결, 실제 DOM 요소 조작.
- 대표 사례: 화면이 뜨자마자 실행되어야 할 작업들이 이 시점에 이루어진다

❸ 업데이트 단계 (Updating)

사용자가 버튼을 클릭하거나 입력창에 글을 쓰는 등 데이터(State, Props)가 변경되어 화면을 다시 그려야 할 때 발생하는 단계

- 주요 작업: 변경된 데이터를 바탕으로 가상 DOM^{Virtual DOM}과 실제 DOM을 비교하여 바뀐 부분만 반영
- 특이사항: 무한 루프에 빠지지 않도록 주의해야 한다 (데이터 변경 -> 업데이트 -> 또 데이터 변경)

❹ 소멸 단계 (Unmounting / Destruction)

컴포넌트가 더 이상 필요하지 않아 화면에서 제거되는 단계 (예: 페이지 이동, 팝업 닫기 등)

- 주요 작업: 메모리 누수를 방지하기 위한 청소(Cleanup) 작업
- 대표 사례: 설정했던 타이머(setTimeout) 제거, 등록된 전역 이벤트 리스너 해제

Note DOM과 가상 DOM은 웹페이지의 구조를 나타내는 개념이다. 단순히 데이터를 화면에 담는 것을 넘어, 사용자가 버벅거림을 느끼지 않도록 효율적으로 화면을 갈아 끼우는 것이 핵심이다. 더 자세한 내용은 공부하면서 알아 가기를 추천한다.

4 최소 한 가지 이상의 백엔드 프레임워크 구조 이해

노드.js^{Node.js}, 라라벨^{Laravel}, FastAPI 등 다양한 백엔드 개발 프레임워크가 있는데 적어도 어떤 식으로 백엔드 프로그램들이 동작되고 서버와 클라이언트가 어떻게 네트워크 통신하는지 이해하면 시스템을 설계하는 데 도움이 된다. 백엔드 프레임워크에 대해 공부하다 보면 자연스럽게 네트워크에 대해서도 공부하게 된다. 필자는 배우기 쉽고 설치도 쉬운 이유로 노드.js^{Node.js}를 추천한다.

다양한 프론트엔드 프레임워크의 종류와 특징

다음은 대표적인 프론트엔드 프레임워크를 정리한 것이다.

❶ 자바스크립트 / 노드.js 기반

익스프레스^{Express.js}

- 가장 기본적인 Node 서버 프레임워크
- 가볍고 자유도가 매우 높음

익스프레스 공식 한글 문서 링크

URL https://expressjs.com/ko/starter/installing.html

❷ 파이썬 기반

장고^{Django}

- 배터리 포함(Batteries included) 프레임워크
- 관리자 페이지, ORM, 인증 등 거의 모든 기능 기본 탑재
- 빠르게 강력한 웹앱 개발 가능

장고 공식 한글 문서 링크

URL https://docs.djangoproject.com/ko/6.0/

Note 여기서 '배터리 포함'이란 웹 개발에 필요한 기능을 대부분 자체 제공하여, 외부 라이브러리를 설치하지 않아도 된다는 의미이다.

❸ 루비^{Angular} 기반

루비 온 레일즈 ^{Ruby on Rails}

- 구글이 개발
- 대형 기업용(엔터프라이즈 환경)에서 많이 사용
- 구조가 엄격하고 정교함

루비 온 레일즈 공식 한글 문서 링크

URL   https://angular.kr/overview

---

❹ PHP 기반

라라벨 ^{Laravel}

- 현대적인 PHP 프레임워크
- 문법 깔끔하고 기능 풍부
- 유지보수와 생산성이 높음

라라벨 공식 한글 문서 링크

URL   https://angular.kr/overview

---

❺ 자바 기반

스프링^{Spring} / 스프링 부트 ^{Spring Boot}

- 대기업 백엔드의 표준
- 안전성·확장성 최강
- 대규모 트래픽 처리에 강함

스프링 공식 한글 문서 링크

URL   https://docs.spring.io/spring-framework/reference/overview.html

스프링 부트 공식 한글 문서 링크

URL   https://docs.spring.io/spring-boot/index.html

❻ 앵귤러

진^{Gin} / 에코^{Echo}

- 현대 Go 서버 개발의 대표 인기 프레임워크
- 매우 빠르고 가벼움
- 단순 API 서버에 최적

진 공식 한글 문서 링크

URL https://gin-gonic.com/en/docs/

에코 공식 한글 문서 링크

URL https://echo.labstack.com/docs

---

5 UI/GUI 제작 방법 배우기

바이브 코딩을 통해서 화면 디자인을 모두 AI에게 맡기다 보면 어딘가 AI가 만든 듯한 레이아웃 구성과 디자인의 느낌은 피할 수 없다. 보다 상세한 디자인적 변경이나 자신만의 테마, 스타일을 가지는 화면들을 만들고 싶을 때는 피그마^{Figma}와 같은 UI 제작 도구 사용법을 익힌 다음에 MCP를 통해서 만들어진 GUI 화면들을 AI에게 보여주고 AI가 그 페이지를 똑같이 만들게 하는 방법을 추천한다.

Note 피그마는 구글 계정이 있으면 쉽게 가입할 수 있고 스타터(무료 요금제)로 시작하면 된다. 피그마 커뮤니티 (figma.com/community)에서 다양한 디자인 리소스를 찾을 수 있는데, 이를 활용하면 빠르게 화면 디자인을 할 수 있을 것이다.

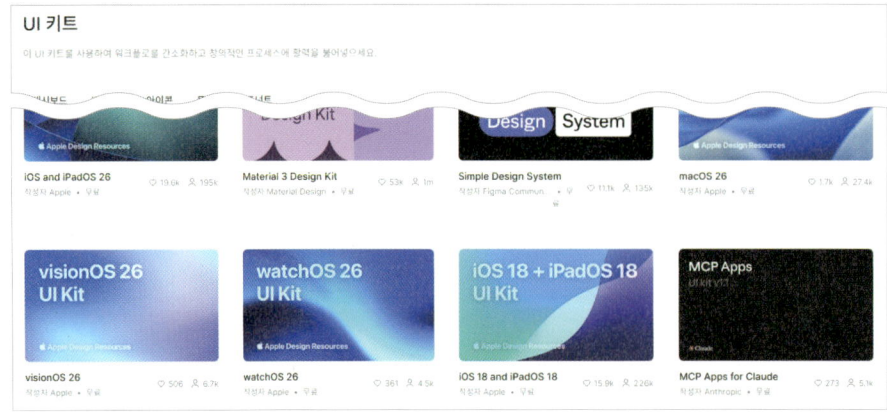

시스템 설계

간단한 모바일/웹 애플리케이션 수준을 넘어선 글로벌 수준의 거대한 시스템을 만들고 싶으면 AWS^Amazon Web Service 같은 클라우드 서비스를 활용하여 대규모 트래픽을 처리하는 방법을 배워야 한다.

군이 AI에게 맡기지 않고 바이브 코더가 시스템 설계를 직접 알아야 하는 이유는 무엇일까? AI가 코드는 잘 짜주더라도 "사용자 100만 명을 감당하는 서버 구조를 만들어 줘"라고 물으면 그럴듯한 답을 줄 뿐, 중요한 결정은 결국 사람이 내려야 하기 때문이다.

- 트레이드오프 판단: 속도 vs 비용, 일관성 vs 가용성 중 어느 쪽이 내 서비스에 맞나?
- 요구사항 정의: 내 서비스가 어떤 규모와 특성을 가졌나?
- 검증 능력: AI가 준 설계가 틀렸는지 맞는지 판단할 기준
- 장애 대응: 실제로 서버가 터지거나 DB가 느려졌을 때 어디를 봐야 할까?

AWS 학습, 어디서부터 시작할까?

클라우드 서비스의 대표주자 AWS는 아마존이 가진 대규모 서버와 인프라를 바탕으로 가상 서버, 데이터 스토리지, 데이터베이스, 로드 밸런서, 네트워크 등을 사용자에게 대여한다.

AWS는 전문 자격증 취득도 가능하고, 아마존에서 다양한 교육 행사도 진행하기 때문에 관심을 가지면 독학도 할 수 있다. 다만 AWS가 워낙 많은 서비스를 제공하다 보니 AWS를 처음 공부하는 사람이라면 무엇부터 시작해야 할지 난처할 수 있다. 그래서 핵심 키워드를 중심으로 학습 로드맵을 간단히 준비했다. 참고하길 바란다.

Vibe Up **AWS 학습 로드맵**

1단계: 클라우드 개념 이해
- 목표: AWS가 무엇이고 왜 쓰는지 감 잡기
- 핵심 키워드: 리전/가용 영역, 온프레미스 vs 클라우드, IaaS/PaaS/SaaS

AWS 공식 사이트의 AWS Cloud Practitioner Essentials 무료 강의를 보자. 이 강의는 자격증 강의지만, 클라우드란 무엇인지 알고 AWS 서비스는 어떻게 쓰는지 흐름을 파악하는 것으로 충분하다. AWS 계정으로 로그인 후 수강할 수 있으며 한국어 자막도 제공한다.

2단계: 핵심 서비스 3종
- 목표: 내가 만든 프로그램을 AWS 콘솔에서 직접 배포, 호스팅 해보기
- 핵심 키워드: EC2(가상 서버), S3(스토리지), RDS(관리형 데이터베이스)

1단계에서 본 개념들을 실습해 본다. EC2로 서버 하나 띄워보고, S3에 파일 올리고 호스팅하고, RDS로 MySQL을 연결해 본다. '직접 AWS 콘솔을 클릭해 봤다'는 경험으로 AWS 서비스**의 구조가 조금씩 눈에 익기 시작할 것이다.**

> **Note** AWS 프리 티어 무료 플랜을 이용하기를 추천한다. [Vibe Up] AWS 무료 플랜 이용하기를 참고해 보자.

3단계: 확장성, 가용성 설계
- 목표: 트래픽 폭증으로 서버가 한 대 죽어도 서비스가 살아있는 구조 만들기
- 핵심 키워드: ELB(로드 밸런서), Auto Scaling(자동 서버 증감), CloudFront(CDN, 엣지 캐시)

'서버가 한 대면 그 서버 죽으면 끝인데, 어떻게 하지?'라는 질문에 답하는 단계이다. 위 세 서비스는 세트로 이해하면 좋다. 사용자가 어디에서 요청하든 빠르게 응답하고, 얼마나 많은 요청이 들어오든 서비스가 안정적으로 유지될 수 있는 구조를 만들어 본다.

4단계: 보안 + 비용 + 자격증
- 목표: 실무 수준 설계 + AWS SAA 자격증 취득
- 핵심 키워드: IAM(권한, 계정 관리), VPC(네트워크 격리), Cost Explorer(비용 모니터링)

IAM은 누가 어떤 서비스에 접근할 수 있는지를 관리하는 서비스이고, VPC는 AWS 안에 나만의 네트워크를 격리하는 개념이다. 그리고 실무 수준의 설계 능력을 갖추는 것을 목표로 한다면 AWS SAA 자격증 공부를 추천한다. 꼭 자격증을 따지 않더라도 공부하는 과정 자체가 설계 판단력을 키우는 훈련이 될 것이다.

이외에 AWS를 학습하거나 정보를 얻고 싶다면 AWS 스킬빌더에서 공식 무료 강의를 보거나 AWS 한국 블로그를 통해 AWS 관련 소식을 볼 수 있다.

- AWS 스킬빌더
> **URL** https://skillbuilder.aws/
- AWS 한국 블로그
> **URL** https://aws.amazon.com/ko/blogs/korea/

Vibe Up AWS 무료 플랜 이용하기

AWS 계정을 처음 생성한다면 프리 티어$^{Free\ Tier}$ 무료 플랜을 이용해 보자. 가입 시 무료 크레딧을 제공하는데, 크레딧이 소진될 때까지 최대 6개월 동안 AWS 서비스를 이용할 수 있다. 앞서 학습 로드맵에 소개한 서비스들을 무료 플랜으로도 이용할 수 있고, 유료 플랜을 선택하지 않는 한 요금이 청구되지 않는다.

참고로 초보자들이 자주 할 수 있는 실수가 EC2와 RDS를 실습 후 종료하지 않고 그냥 두는 것이다. 크레딧이 빠르게 소진되는 것을 막고 싶다면 사용하지 않는 EC2 인스턴스는 중지하거나 삭제하자.

4장에서 바이브 코딩을 할 때, 필수적인 컴퓨터 네트워크 지식에 대해서 간략하게 배웠다. 하지만 컴퓨터 네트워크는 훨씬 복잡하고 중요하다. 낮은 단계의 네트워크에서 높은 단계의 네트워크가 어떻게 이루어져 있는지 이해하고 다양한 통신 방법과 데이터를 보안하는 방법, 유선/무선으로 어떻게 데이터가 전달되는지 등에 대한 지식은 알고 있으면 그만큼 높은 수준의 네트워크 프로그램을 개발할 수 있다.

OSI 7 계층

컴퓨터 네트워크는 다양한 계층을 이루고 있고 각 계층마다 데이터를 주고받을 때 사용하는 단위나 **프로토콜**이 다르다.

프로토콜이란?

프로토콜[Protocol]은 컴퓨터나 네트워크 장치 사이에서 데이터를 주고받기 위해 따르는 통신 규칙이다.

OSI 7 계층[Open Systems Interconnection 7 Layer]은 프로토콜이 어느 단계에서 어떤 역할을 수행해야 하는지 분류한 가이드라인이다. 비유하자면 프로토콜이 한국어, 영어 같은 실제 언어라면, OSI 7 계층은 '인사하기 -> 본론 말하기 -> 작별 인사하기'처럼 대화의 순서와 구조를 정의한 매뉴얼이라고 볼 수 있다.

일반적인 웹사이트나 앱과 같은 응용 애플리케이션은 L7(Layer 7)을 주로 사용하지만, 임베디드 장치나 특수한 전자장치와 네트워크 하기 위해서는 더 낮은 계층의 네트워크를 사용하기도 한다. 각 계층에 대한 설명은 다음과 같다.

계층 (Layer)	이름	주요 기능	프로토콜 데이터 단위 (PDU)	대표 예시 / 프로토콜
L7	응용 (Application)	사용자 인터페이스, 이메일, 웹 서비스	데이터 (Data)	HTTP, FTP, DNS, SMTP
L6	표현 (Presentation)	데이터 인코딩/디코딩, 암호화, 압축	데이터 (Data)	JPEG, MPEG, SSL/TLS
L5	세션 (Session)	응용 프로세스 간 대화 연결 및 유지	데이터 (Data)	RPC, NetBIOS, SSH
L4	전송 (Transport)	종단 간 신뢰성 있는 전송, 오류 제어	세그먼트 (Segment)	TCP, UDP

L3	네트워크 (Network)	최적의 경로 설정 (라우팅), IP 주소 부여	패킷 (Packet)	IP, ICMP, 라우터
L2	데이터 링크 (Data Link)	물리 계층을 통한 물리적 전송, MAC 주소	프레임 (Frame)	이더넷, 스위치
L1	물리 (Physical)	전기적/기계적 신호로 비트 데이터 전송	비트 (Bit)	케이블, 허브, 리피터

8 보안

매년 사이버 범죄 및 해킹 문제가 점점 더 심각해지고 있다. 해커들이 어떻게 시스템을 해킹하는지와 그에 대해 어떻게 보안을 해야 하는지, 다양한 보안 기법과 구조 등을 배워 두면 보다 단단한 시스템을 만들 수 있다.

Note 앞서 소개한 네트워크 학습 로드맵에서 정리한 보안과 인증과 연계하여 볼 수 있다.

바이브 코더가 알면 좋을 보안 영역

바이브 코더의 관점에서 간단히 설명하자면, 보안에는 사용자를 식별하는 **인증·인가**, 악의적인 입력을 막는 **입력 보안**, 데이터 자체를 지키는 **데이터 보안**이 있다.

인증Authentication은 이 사람이 누구인지를 확인하는 절차(아이디/비밀번호 확인, 생체 인식 등)이고, 인가Authorization는 이 사람이 어떤 기능을 쓸 수 있는지를 확인하는 절차(일반 회원은 게시글 읽기만, 관리자는 삭제까지 가능)이다. 예를 들어 로그인 기능을 만들 때 AI에게 이 둘을 구분해서 지시해야한다. 이와 관련해서 알아 둘 용어로는 JWTJSON Web Token가 있다.

외부에서 들어오는 데이터는 신뢰하지 않는 것이 기본 원칙이다. SQL 인젝션, XSS 같은 악의적인 입력이 들어갈 수 있기 때문이다. SQL 인젝션SQL Injection은 입력창에 데이터 대신 SQL 구문을 넣어 DB를 공격하는 방식이다. XSS는 게시판 글에 악성 스크립트를 심어 다른 사용자의 정보를 훔치는 공격이다. 두 공격을 예방하기 위해 AI에게 다음과 같은 요청을 해 볼 수 있다.

SQL 인젝션, XSS 방어를 위한 요청 예시
- 이 코드가 SQL 인젝션 공격에 안전한지 확인해주고, Prepared Statement 방식을 사용해 줘.
- 사용자가 입력한 텍스트를 그대로 실행하지 말고 이스케이프(Escape) 처리를 해 줘.

데이터를 날 것 그대로 저장하는 것은 도둑에게 지갑을 열어주는 것과 같다. 대표적인 예가 비밀번호 관리이고, 이와 관련해 알아 둘 것이 비밀번호 해싱과 환경 변수이다. 비밀번호 해싱^{Hashing}이란 서버 주인도 알 수 없게 해시 함수로 비밀번호를 뭉개버리는 것이다. 환경 변수^{Environment Variables}는 API 키나 DB 비밀번호 같은 민감한 정보가 코드에 그대로 드러나지 않도록 방지해 주는 기술이다. 보통 개발 환경에서는 .env라는 이름의 텍스트 파일을 만들어 비밀 정보를 저장한다.

환경변수 설정 예
- 코드에 비밀번호가 그대로 노출된 경우: API_KEY = 1234asdf
- 환경 변수로 설정한 경우: API_KEY = process.env.API_KEY

예전에 일본에는 사무라이라는 직군이 있었다. 대규모 전쟁을 통해 부와 권력을 독차지하고 싶었던 쇼군들에게 뛰어난 기술을 가진 사무라이를 얼마나 많이 데리고 있는지가 가장 중요한 요소였다. 그래서 정말 뛰어난 사무라이에게는 아낌없는 지원과 재산을 제공하였다. 그러다가 총과 대포가 나왔다. 총은 검술을 한 번도 익히지 않은 소년도 사용법만 배우면 뛰어난 사무라이를 이길만큼 강력했다. 총과 대포의 시대에는 그런 무기를 대량으로 생산 가능한 재력가들이 시대를 장악했다. 그리고 더 이상 필요가 없어진 사무라이는 점차 버려지고 나중에는 검을 들고 다니는 것마저 제한되었다.

▲ AI로 생성함

필자는 지금 시대에서는 총을 다루는 기술은 AI를 다루는 기술이라고 생각한다. 그리고 AI를 다루지 않고 전통적인 방식만을 고집하는 개발자들은 칼로만 결투를 하려고 하는 사무라이라고 생각한다. 아주 가까운 미래에 전통적 방식으로 개발을 잘하는 엘리트 개발자보다 바이브 코딩으로 AI를 잘 다루는 신입 개발자들이 더 뛰어난 결과물이 나올 것이다. 그리고 점차 더 세상이 변하면 직접 코딩을 하는 일은 금지될지도 모른다.

역사 속에서는 이렇듯 새로운 신기술이 나옴에 따라서 기존에 인기 있었던 직종이나 직업군이 사라지는 일이 비일비재했다. 이렇게 급변하는 시기에는 새로운 기술과 문물을 빨리 받아들이는 것이 자신의 경쟁력 확보뿐만 아니라 생존에도 필수적이다.

이 책을 통해 바이브 코딩을 익힌 독자 중에서 위대한 개발자가 탄생해서 1인으로 거대 기업을 이끄는 글로벌 인재가 되기를 바란다.

▲ AI로 생성함

바이브 코딩 with 구글 안티그래비티

1판 1쇄 발행 2026년 4월 30일

저   자 | 노성환
발 행 인 | 김길수
발 행 처 | ㈜영진닷컴
주   소 | ㈜08512 서울 금천구 디지털로9길 32
　　　　　갑을그레이트밸리 B동 10층 ㈜영진닷컴
등   록 | 2007. 4. 27. 제16-4189호

2026. ㈜영진닷컴

ISBN | 978-89-314-8318-5

YoungJin.com **Y.**
영진닷컴